철학의 시선으로 본
갈등과 소통
2

철학적 소통학 총서 02
철학의 시선으로 본 갈등과 소통 2

2023년 2월 23일 초판 인쇄
2023년 2월 28일 초판 발행

엮은이 | 경북대 철학과 4단계 BK21 사업팀
교정교열 | 정난진
펴낸이 | 이찬규
펴낸곳 | 북코리아
등록번호 | 제03-01240호
전화 | 02-704-7840
팩스 | 02-704-7848
이메일 | ibookorea@naver.com
홈페이지 | www.북코리아.kr
주소 | 13209 경기도 성남시 중원구 사기막골로 45번길 14
우림2차 A동 1007호
ISBN | 978-89-6324-381-8 (93100)

값 22,000원

* 이 저서는 2020년도 정부(교육과학기술부)의 재원으로 한국연구재단(BK21 FOUR 사업)의 지원을 받아 연구되었음
(관리번호: 4299990214673, 사업팀명: 경북대학교 철학과 갈등해결 철학 전문인력 양성 교육연구팀)

02
철학적 소통학 총서

철학의 시선으로 본 갈등과 소통 2

경북대 철학과 4단계 BK21 사업팀 엮음

북코리아

서문

2021년 6월 영국의 킹스컬리지가 여론조사기관인 입소스에 의뢰해 조사한 보고서에 따르면, 한국 사회의 갈등 수준은 '세계 1위'로 나타났다. 한국은 빈부격차, 지지 정당, 정치이념 등의 영역에서 압도적으로 1위를 차지했다. 또한 2018년 같은 여론조사기관이 영국 BBC의 의뢰로 조사한 결과에서도 한국은 빈부갈등에서 4위, 세대갈등에서 2위, 남녀갈등에서 1위를 차지했다. 유사한 결과는 국내 조사에서도 비슷하게 나타났다. 2021년 전경련 자료에 따르면 한국의 정치 · 경제 · 사회 갈등지수는 OECD 소속 30개 나라 가운데 최상위권으로 나타났지만, 갈등에 대한 관리능력은 27위로 분석되었다. 한국 사회의 갈등 상황은 매우 심각하며, 현재의 상태를 타개하기 위한 다각도의 대처 방안이 모색되어야 한다. '갈등해결을 위한 철학 전문인력 양성교육팀'이라는 명칭으로 경북대학교 철학과에서 4단계 BK 사업팀을 운영해 나가는 당위성을 여기에서 찾을 수 있다.

갈등의 문제는 소통(communication)과 긴밀한 관계에 있다. 흔히 소통은 관계 개선이나 갈등 해소를 위한 것으로만 인식되는 경향이 있다. 그러나 모든 유형의 갈등은 갈등으로 구체화되는 과정을 거치며, 거기에는 다름 아닌 소통행위가 중요 요인으로 자리하고 있다. 첨단 커뮤니케이션 테크놀로지의 발달은 갈등과 불만을 고속으로 전파하여 확산시키는 역기능을 수행한다. 인터넷 검색 서비스의 알고리즘은 특정 구독자의 개인적 기호에 부합하는 내용만 제공하면서 편향된 시각을 부추긴다. 수많은 단체가 소셜 미디어 영역에 뛰어들어 상대 세력을 적대적으로 만들고 사회적 분열을 가속화하고 있다. 몸집 부풀리기에 매몰된 상당수 정치인은 마치 독버섯처럼 갈등과 혐오의 분위기를 자양분으로 삼아 증식해나가고 있다. 그럼에도 건전한 사회를 만들어가기 위한 노력을 포기할 수는 없다. 그 어느 때보다 협력적 삶으로 나아가기 위한 소통 담론의 활성화가 절실히 요구된다고 할 수 있다.

이번에 출간하는 철학적 소통학 총서는 현대사회에서 다양하게 표출되는 갈등 현상을 철학적 관점에서 심도 깊게 이해하는 데 목적을 두었다. 나아가 갈등을 넘어서는 방안으로서 소통의 길을 모색하는 데도 적지 않은 공력을 들였다. 이렇게 해서 『철학의 시선으로 본 갈등과 소통』 1권과 2권을 엮게 되었다. 이 두 권의 총서는 고대부터 현대에 이르기까지 갈등과 소통의 문제를 다룬 동서양의 철학적 시선들을 소개한다. 갈등이란 칡덩굴[葛]과 등나무[藤]의 뒤엉킴에서 유래된 말로, 그 자체로는 인간사회의 자연스러운 현상일 수 있다. 바로 그것이 불필요한 사회비용을 유발하고 우리의 삶을 피폐하게 만들 때 해결이나 해소의 대상으로 바뀌게 된다. 소통 역시 양날을 지닌 칼에 비유할 수 있다. 협력적이고 개방적인 소통이 있는가 하면, 경쟁적이고 폐쇄적인 소통이 있다. 이번 총서는 철학이라는 학문 특유의 반성적 고찰을 통해 그러한 갈등의 본성(nature)을 탐구하고, 그것에 대한 장기적인 대처 방안으로서의 소통 가능성을 다각적으로 탐구해보고자 했다.

이번 총서의 주목할 만한 특징 중 하나는 철학 각 분야의 중진 연구자들과 학문 후속 세대의 연구를 함께 담아내고 있다는 점이다. 『철학의 시선으로 본 갈등과 소통』 1권에서는 총 8명의 중진 연구자들이 동서양의 다양한 철학적 입장을 바탕으로 어떻게 갈등을 이해하고 소통을 추구할 것인지를 논의했다. 구체적으로 서양 고대철학에서부터 현대철학까지, 그리고 한국이나 중국 및 인도의 대표적 인물들을 중심으로 이 문제에 대한 통찰을 소개했다. 특히 1권 I부의 “갈등 이해를 위한 철학적 여정”에서는 갈등 개념에 대한 철학적 정립을 시도했다. II부의 “소통을 위한 철학적 토대”에서는 갈등과 소통의 상관관계를 살피면서 갈등 문제에 대처해나갈 수 있는 이론적 토대를 마련해보고자 했다.

2권은 본 사업팀 소속 신진 연구인력과 대학원생들이 각자 자신의 전공 분야에서 갈등과 소통이라는 주제로 연구한 성과를 담고 있다. 특히 대학원생들의 글은 “갈등해결을 위한 철학 전문인력 양성교육”이라는 본 사업팀의 성과가 어떠한 방식으로 결실을 맺어가는지를 보여준다는 점에서 의의가 크다. 2권 I부의 “갈등에 대한 철학적 탐구”는 동서양의 주요 전통에서 논의되었던 갈등 자체에 대한 이해에 초점을 모았다. II부의 “소통을 위한 철학적 모색”에서는 철학 실천의 관점에서 소통에 관한 논의들을 살펴보고자 했다. 전체적으로 1권이 사업팀의 연구 방향을 잡아주는 역할을 한다면, 2권은 그 방향으로 나아가는 더디고 힘든 여정을 보여준다고 할 수 있다. 1권과 2권을 통틀어 이번 작업은 한국의 철학 연구자들이 각자 자신의 분야에 천착해 들어가면서 갈등과 소통의 문제를 철학적으로 함께 고민해본 첫걸음에 해당한다. 갈등의 넝쿨에 얽히지 않으면서 갈등을 다루어나가기란 절대 쉽지 않다. 그래서 철학적 혜안(慧眼)이 필요하다.

2023년 2월

경북대학교 철학과 4단계 BK21 사업 교육연구팀장

임승택

목차

I

갈등에 대한
철학적 탐구

01

갈등에 대한 칸트의 이해에서 인간성과 인격성

박경남(경북대학교 철학과 연구교수)

1. 서론

우리의 삶은 크고 작은 갈등들로 점철되어 있다. 우리는 내면적으로 편안하고 나태한 생활을 하고자 하는 욕구들과 성실하게 자신의 능력을 계발하며 스스로 올바르다고 믿는 것들을 행하고자 하는 욕구 사이의 갈등들을 경험한다. 타인들과의 관계 안에서도 우리는 다양한 물리적 · 경제적 · 문화적 갈등들을 경험하게 된다. 사회적 갈등은 비단 경제적 이해관계를 둘러싼 물리적 다툼에만 국한되지 않으며, 공정하고 정의로운 정치 체제가 어떤 형태여야 하는지, 그리고 도덕적으로 바람직한 삶의 방향이 어떤 것인지에 대한 상이한 가치 판단을 둘러싸

* 이 글은 다음과 같이 먼저 발표된 글을 수정 및 보완한 것이다. 박경남, 「갈등에 대한 칸트의 이해에서 인간성과 인격성」(『칸트연구』 49, 한국칸트학회, 2022), 111-152쪽.

고도 다양하게 발생한다. 이처럼 우리 삶의 많은 부분을 차지하는 갈등들을 더욱 근본적으로 해결하는 방안을 모색하는 한 가지 방법은 인간의 본성과 인간을 위해 바람직한 삶의 형태에 대한 종합적인 고려 안에서 갈등 개념을 고찰해보는 것이다.

이 글은 칸트(Immanuel Kant)가 『이성의 한계 안에서의 종교』와 「세계시민적 관점에서 본 보편사의 이념」[1]에서 제시한 인간의 근원적 소질들에 대한 분석을 통해 다양한 갈등의 원인을 이해하고, 칸트가 그와 관련하여 제시한 바람직한 윤리적 공동체의 특성을 검토함으로써 갈등 해결 방안을 모색하는 것을 목표로 한다.

이 글은 다음과 같이 진행된다. 2절과 3절에서는 칸트가 『이성의 한계 안에서의 종교』의 제1 논고에서 인간의 근원적 소질들로 제시하는 동물성 · 인간성 · 인격성 소질들의 특징들에 대해 살펴보고, 이 소질들 사이의 특정 관계가 인간 사회의 패악이라 불릴 만한 여러 갈등의 바탕에 놓여 있다는 칸트의 주장에 대해 살펴본다. 칸트에 따르면 인간은 물리적인 자기애로서의 동물성, 자신을 타인과 비교하는 이성에 기반한 인간성, 그리고 도덕법칙에 대한 존경을 의사 규정의 충분한 동기로 받아들이는 인격성의 소질들을 가지고 있다. 칸트는 인격성의 소질뿐 아니라 동물성의 소질과 인간성의 소질 역시 인간이 존재하

---

1 앞으로 칸트 저작을 인용하는 경우에는 학술 원판 전집(*Kant's gesammelte Schriften*, Berlin und Leibzig: Königlich Preußischen Akademie der Wissenschaften, 1902~)의 권수와 쪽수를 병기한다. 이 논문에서 인용하는 학술 원판 도서명과 권수, 그리고 번역서는 다음과 같다. *Die Religion innerhalb der Grenzen der bloß en Vernunft*(6권), 임마누엘 칸트(백종현 옮김), 『이성의 한계 안에서의 종교』(파주: 아카넷, 2011); *Idee zu einer allgemeinen Geschichte in weltbürgerlicher Absicht*(8권), 임마누엘 칸트(김미영 외 옮김), 「세계시민적 관점에서 본 보편사의 이념」(『비판기 저작』, 파주: 한길사, 2018), 17-36쪽; *Grundlegung zur Metaphysik der Sitten*(4권), 임마누엘 칸트(이원봉 옮김), 『도덕 형이상학을 위한 기초 놓기』(서울: 책세상, 2019).

기 위해 필수적인 소질이며 윤리적인 행위의 실현을 도울 수도 있다는 점에서 근원적으로는 선의 소질들이라는 것, 그리고 이로부터 비롯되는 인간 사이의 자연스럽고 건강한 저항과 갈등이 있다는 것을 주장한다. 그러나 칸트는 또한 인간이 인격성의 소질에 기반한 동기보다 동물성의 소질과 인간성의 소질에 기반한 동기들을 우선시함으로써 동기들의 윤리적 질서를 전도시키는 데서 사회적 패악이라 불릴 만한 다양한 갈등이 발생한다는 점을 지적한다. 4절과 5절에서는 인간의 자유로운 삶을 방해하고 파괴하는 다양한 갈등을 해결하기 위해 칸트가 제안하는 방안에 대해 살펴본다. 칸트에 따르면, 인격성의 소질에 기반한 동기가 동물성의 소질과 인간성의 소질에 기반한 동기들을 인도하도록 준칙들의 형식적 관계를 바로잡음으로써 인간의 자유로운 삶을 방해하고 파괴하는 다양한 갈등을 해결해나갈 수 있다. 또한 칸트에 따르면, 이러한 동기들의 윤리적 질서를 바로잡는 결단은 선의지를 회복하고자 하는 각 개인의 노력에 그쳐서는 안 되고 도덕적 이념에 의해 인도되는 윤리적 공동체를 건립하기 위한 사회적 실천으로 이어져야 한다. 6절과 7절에서는 칸트가 「세계시민적 관점에서 본 보편사의 이념」에서 제시하는 보편적 세계 시민사회 개념과 반사회적 사회성 개념을 검토하고, 이를 통해 갈등 해결을 위해 우리가 실천해야 할 더욱 구체적인 노력에 대해 살펴본다. 이러한 논의에 따르면, 인간성의 소질과 인격성의 소질 사이의 윤리적 질서는 보편적 세계 시민 상태를 실현해나가려는 구체적인 노력을 통해 삶에 적용되어야 한다. 인간성과 인격성의 관계를 통해 설명될 수 있는 도덕적 원리가 실제 정당한 세계 시민사회의 확립을 위한 노력으로 구체화할 때 우리는 선의 이념에 의해 인도되는 갈등 해결 방안을 모색할 수 있다.

칸트가 제시한 인간의 근원적 소질들에 대한 분석을 통해 갈등의 발생 원인을 이해하고 해결 방안을 모색하려는 이러한 시도에서 인간의 삶이 온전하게 전개되는 것을 방해하고 파괴하는 부정적인 갈등들뿐 아니라 우리 삶에서 긍정적으로 기능하는 갈등들 또한 있다는 점을 이해하게 된다. 칸트는 『이성의 한계 안에서의 종교』와 「세계시민적 관점에서 본 보편사의 이념」에서 일관되게 인간 사회의 패악이라 불릴 만한 갈등들뿐 아니라 우리가 동물성 · 인간성 · 인격성의 소질들을 가진 존재로서 인간이라면 누구나 삶에서 자연스럽게 경험하게 되는 갈등들이 있다는 것을 지적한다. 우리가 생물학적 생존을 욕구할 뿐 아니라 합리적이며 도덕적인 것에도 관심을 기울이는 존재로서 삶에서 자연스럽게 경험하게 되는 갈등들이 있다는 것을 이해하게 된다면, 우리는 삶에서 마주하는 다양한 종류의 갈등들에 대해 더욱 유연하고 주체적인 관점을 취할 수 있게 된다. 가령 삶에서 마주치는 다양한 갈등으로 인해 삶 전체를 부조리하거나 무의미한 것으로 여기는 관점으로부터 자신의 삶을 더 잘 보호할 수 있게 될 것이며, 나아가 우리의 삶에서 마주치는 다양한 내적 · 외적 갈등들을 자신의 삶이 전개되고 발전되는 적극적인 계기들로 삼아 활용하는 관점을 취할 수도 있을 것이다. 실로 칸트에 따르면 인간의 근원적 소질들로부터 자연스럽게 발생하는 갈등들은 인간의 능력을 계발하고, 문화를 발전시키며, 사회를 안전하게 보호하는 등의 선한 기능들을 적극적으로 수행하기도 한다. 그러나 인간의 자유를 억압하며 삶을 파괴하는 사회적 갈등 또한 분명히 존재하며, 그러한 갈등들의 바탕에는 인간이 자신의 근원적 소질들의 윤리적 질서를 전도시킴으로써 성립한 도덕적 악이 놓여 있다. 패악이라 불릴 만한 사회적 갈등들이 유전 같은 물리적이고 기계적인 원리에 따라 발생하는 것이 아니라 인간이 저지른 도덕적 악에 기반한 것이라는 점을 분명히 함으로써 갈등 해결을 위한 더욱 적극적인 관점을 취할 수 있게 된다. 즉, 사회적 갈등들의 바탕에 놓여 있는 도덕적 악을 온전히 인간 존재에게 귀책시킴으로써 그것들을 극복해야 할 책무가 또한 우리 자신에게 있다는 것을 더욱 분명히 할 수 있다.

2. 갈등의 바탕에 놓여 있는 인간의 근원적 소질들

칸트는 『이성의 한계 안에서의 종교』(이하 『종교』)의 제1 논고[2]에서 "인간 자연본성 안에 있는 선의 근원적 소질"(6: 26) 세 가지를 동물성(Thierheit), 인간성(Menschheit), 인격성(Persönlichkeit)으로 구분하여 제시한다. 먼저 동물성이란 이성이 아닌 인간이 생명체로서 가지는 소질로서 이성이 필요하지 않은 순전히 물리적이고 기계적인 자기애를 일컫는다. 인간이 지니는 이러한 동물성으로 인해 인간은 자기 자신의 보존, 종의 번식과 자식의 보존, 그리고 다른 인간과 함께 생활하고자 하는 소질 혹은 "사회로의 충동"(6: 26)의 소질을 갖는다.

인간성의 소질은 행위의 규정과 관련되어 있다는 의미에서 실천

2 칸트는 해당 논고를 「인간 자연본성에서의 근본악에 관하여(Oder Uber das radikale Bose in der menschlichen Natur)」라는 제목으로 1792년 『베를린 월보(*Berlinische Monatsschrift*)』에서 처음 발표했다. 칸트는 해당 논고의 제목을 「악한 원리가 선한 원리와 동거함에 대하여 또는 인간 자연본성에서의 근본악에 관하여(Von der Einwohnung des bosen Prinzips neben dem Guten:oder Uber das radikale Bose in der menschlichen Natur)」로 수정하여 1974년 출간한 『종교』의 제1 논고로 수록했다.

적이지만, 그 자체로 법칙을 수립하지 않으며 단지 다른 동기들을 위해 사용되는 이성에 기반해 있다(6: 28). 인간성의 소질들에 따라 인간은 타인들과 자신을 비교함으로써 자신이 행복한지 여부를 판정하며, 타인의 의견들에 집착하여 자기 삶의 가치를 판정하려는 경향성을 지니게 된다. 이렇듯 인간성의 소질은 자신과 타인을 비교하며 이익을 계산하는 이성에 기반하여 여전히 물리적인 성격을 지닌다.

마지막으로 인격성은 "전적으로 지성적으로 고찰된 인간성 이념"으로서, "그 자체로 실천적인, 다시 말해 무조건적으로 법칙수립적인 이성을 그 뿌리로 갖는다"(6: 28). 인격성의 소질은 우리의 자연본성 안에 선의 소질로서 현재하는 도덕법칙에 대한 존경에 기반한다. 우리가 자유롭게 선택할 때 스스로 정립하여 따르는 규칙을 의미하는 준칙을 채택함에 있어 그러한 도덕법칙에 대한 존경을 준칙의 충분한 동기로 삼는 것의 주관적 근거가 바로 인격성의 소질이다.[3]

흥미로운 점은 칸트가 도덕법칙에 대한 존경을 우리의 준칙 안에 충분한 동기로 채용하기 위한 주관적 근거로서의 인격성뿐 아니라, 물리적인 자기애를 뜻하는 동물성과 비교하는 이성에 기반한 인간성 역시 인간 존재의 가능성에 필연적으로 속한다는 의미에서 근원적일 뿐 아니라 선의 실현을 위해 필요한 소질로 제시하고 있다는 점이다. 인격성뿐 아니라 동물성과 인간성은 그 자체로 도덕법칙과 상충하지 않는다는 점에서 소극적으로 선할 뿐만 아니라 그것들은 "도덕법칙의 준

---

3 칸트가 『종교』에서 제시한 인간성 개념과 인격성 개념의 구분에 대해 이원봉은 다음과 같이 설명한다. "인격성과 인간성은 모두 인간의 이성적 본성에 속하며, 인격성이 모든 경향성으로부터 자유로운 완전하고 순수한 이성적 본성이라면, 인간성은 경향성의 영향을 받기 때문에 불완전하여 강제되어야 하는 이성적 본성이라고 할 수 있다." 이원봉, 「칸트 윤리학과 도덕적 자살의 가능성」(『철학논집』 62, 서강대학교 철학연구소, 2020), 17쪽.

수를 촉진"한다는 점에서 "[적극적으로] 선의 소질들이기도" 한 것이다 (6: 28).

실로 칸트는 자연적 경향성과 관련된 동물성과 인간성이 우리의 선한 마음씨를 실제 삶에서 실현하기 위해서도 필요한 것으로 제시하고 있다. 동물성과 인간성의 소질은 인간 존재가 필연적으로 포함하는 소질인 동시에, "도덕적 마음씨를 그 힘에서 증명할 수 있는 것, 즉 덕에 기회를 주는 것"(6: 35)으로도 이해할 수 있다는 것이다. 가령 내가 굶주린 이에게 음식을 건네기 위해 그러한 행위를 잘 실행할 수 있는 신체를 가지고 있어야 할 뿐 아니라, 삶에서 타인에게 나눌 수 있는 자원을 축적하기 위해 법칙 수립적 이성뿐 아니라 비교하고 계산하는 이성을 활용해야 할 필요도 있을 것이다.

이렇듯 동물성과 인간성은 인간 사회의 패악이라고 일컬어질 만한 갈등들의 직접적인 원인은 아니지만, 칸트에 따르면 그것들은 야만적 패악과 문화적 패악이 접목될 수 있는 바탕이 된다. 동물성의 소질의 경우, 그것의 세 번째 측면은 "다른 인간과의 공동생활[유대]의 소질, 다시 말해 사회로의 충동"인데, 이로부터 "자연 **야성**의 패악"이 저절로 발아하는 것은 아니지만, "**폭음폭식, 환락**[**음탕함**], (타인과의 관계에서의) **야만적 무법성**" 같은 야만적 패악이 사회로의 충동과 관련된 동물성의 소질과 접목될 수 있다(6: 26-27). 인간성의 소질 역시 그 자체로는 "교호적인 사랑"에 기반한 겨루기를 배제하지 않는 선의 소질이지만, 비교하는 이성을 활용하는 자기애에 속하는 인간성의 소질은 점차 질투, 경쟁심, 타인들에 대한 "공공연한 적대감" 같은 문화적 패악들과 결합하게 된다(6: 27). 인간성의 소질과 관련하여 자신을 타인들과 비교함으로써 자신의 행복과 가치를 판단하려는 태도가 일어나며, 타인들이 자신보다 우월성을 획득하려는 부당한 시도들을 막기 위해 오히려 자신이 타인들에 대한 우월성을 획득하려는 정당화될 수 없는 욕구가 일어난다는 것이다. 이로부터 인간성의 소질에 질투, 경쟁심, 타인들에 대한 "공공연한 적대감", 그리고 "시기, 배은망덕, 남의 불행을 기뻐함[고소해함]" 같은 문화적 패악들이 접목될 수 있다.

"**인간성**의 소질들은 물리적이기는 하지만, 그럼에도 **비교하는** — 이에는 이성이 필요하다 — 자기 사랑이라는 일반적 명칭 아래에 넣을 수 있다. 그것은 곧 타인과의 비교에서만 자신이 행복한지 불행한지를 판정하는 것이다. 이로부터 **타인의 의견 중에서 하나의 가치를 얻으려 하는** 경향성이 생겨난다. 그 가치는 근원적으로 순전히 평등의 가치로서, 그것은 어느 누구에게도 자신의 위에서는 우월성을 허락하지 않는 것이며, 타인들이 그러한 우월성을 얻으려 애쓸 것이라는 끊임없는 걱정과 결합되어 있는 것이다. 이러한 걱정으로부터 점차 자기가 타인 위에 서는 우월성을 획득하려는 부당한 욕구가 생긴다. 이 위에, 곧 **질투심**과 **경쟁심**에 우리가 남으로 간주하는 모든 이에 대한 숨겨진 그리고 공공연한 적대감이라는 최대의 패악들이 접목될 수 있다. 그럼에도 이러한 패악들은 본래 자연으로부터, 이를 뿌리로 해서, 저절로 발아하는 것이 아니라 오히려 타인들이 걱정스럽게도 우리 위에 서는, 우리에게 혐오스러운 우월성을 얻으려 할 때 [자기] 안전을 위해 예방책으로서 타인들 위에 서는 우월성을 마련하려는 경향성들이다.

자연은 그러한 겨루기 — 이것 자체는 교호적인 사랑을 배제하지 않는다 — 의 이념도 단지 문화로의 동기로 이용하고자 했을 것이니 말이다. 그래서 이러한 성향성에 접목된 패악들은 문화의 패악들이라고도 일컬어질 수 있고, 최고도로 악의적일 때는(그때 그 악의성은 한갓 인간성을 넘어서는 악의 최대한의 이념이기에) 예컨대 **시기, 배은망덕, 남의 불행을 기뻐함**[고소해함] 등에서 보는바 **악마적**[악마 같은] **패악들**이라고 불린다."(6: 27)

그렇다면, 그 자체로는 선의 소질로서 여겨지는 동물성과 인간성의 소질이 어떻게 패악이라고까지 불리는 여러 사회적 갈등들과 접목되게 되는 것일까. 칸트에 따르면, 근원적으로 선의 소질인 동물성과 인간성이 자연 야성 및 문화에서의 패악들과 접목하게 되는 것은 다음과 같은 "심정의 **전도성**[V*erkehrtheit* (*perversitas*)]"(6: 30)을 통해서다.

칸트가 말하는 "심정의 전도성"의 의미를 이해하기 위해 다음과 같은 점을 먼저 살펴야 한다. 동물성과 인간성의 소질이 선의 소질로 고려될 수 있는 것은 그것들이 도덕법칙의 준수를 준칙의 충분한 동기로 삼는 인격성의 소질에 종속되어 인도될 때다. 굶주린 타인들에게 음식을 나누어주거나, 자신의 능력을 성실하게 계발하거나, 타인들과의 약속을 준수하기 위한 것과 같은 도덕적 의무를 잘 이행하기 위해 우리는 우리의 신체를 해당 목적들에 맞게 잘 움직일 수 있도록 보존해야 할 뿐 아니라, 각각의 목적들을 달성하기 위해 때로는 비교하고 계산하는 이성을 잘 활용해야 할 필요도 있다. 이러한 도덕적 의무를 이행한다는 맥락에서 고려된 인간 존재의 동물적 소질이나 인간성의 소질은 실로 소극적으로 선할 뿐 아니라 의무를 이행하는 데 도움이 될 수 있다는 점에서 적극적으로 선한 것으로까지 이해될 수 있다.

그러나 동물성과 인간성이 인격성에 종속되는 윤리적 질서 안에서 전자는 선의 소질들로 고려되지만, 동물성과 인간성에 기반한 물리적 동기들을 인격성에 기반한 도덕법칙의 준수라는 동기보다 우선시하는 윤리적 질서의 전도가 일어날 때, 동물성과 인간성은 인간 사회의 패악이라 불릴 만한 여러 갈등과 결합하게 된다. 칸트는 다음과 같이 말한다.

"그러므로 인간이 선한가 악한가의 차이는 그가 그의 준칙 안에 채용하는 동기들의 차이에 있는 것이 아니라(즉, 준칙의 질료에 있는 것이 아니라), **그가 이 둘 중 어느 것을 다른 것의 조건으로 만드는가 하는 종속관계**(즉, 준칙의 형식)에 있을 수밖에 없다. 따라서 인간이(최선의 인간 또한) 악한 것은 오직 그가 동기들을 자기의 준칙 안에 채용할 때 동기들의 윤리적 질서를 전도시키는 것에 의해서 뿐이다."(6: 36)

3. 근본악과 자유

칸트의 논의에서, 그러한 동물성과 인간성에 기반한 동기들이 인격성에 기반한 동기들보다 우선시되는 윤리적 질서의 전도가 오직 인간의 자유로운 선택에 의해 이루어지는 것이라는 점이 중요하다.[4] 동

4 강영안은 도덕적 악의 문제를 인간의 자유 개념을 통해 설명하는 칸트의 전략을 칸트의 인식 이론에서의 코페르니쿠스적 전회에 비견하여 설명한다. 칸트는 기본적으로 인간을 능동적 존재로 이해하며, 자발성과 자율성 개념을 포괄하는 자유 개념을 통해 신학적 관점과

물적 충동을 타인과의 약속보다 우선시함으로써 갈등의 소지를 만들어내는 것, 인간성의 소질과 관련된 비교하는 타인을 시기 질투하며 공공연한 적대감을 드러냄으로써 여러 가지 사회적 갈등들을 실제로 일으키는 것의 근거는 인간이 스스로 자신의 준칙 안에 도덕법칙에 위반하는 규칙들을 채용함으로써다. 여러 사회적 갈등과 관련된 도덕적 악은 "우리의 준칙들을 취하거나 준수하는 최상의 근거를 촉발하는 것 안에서"(6: 32) 구해져야 하고, "자유로운 의사의 규정으로서만 가능"(6: 29)하다는 의미에서 그것은 우리 자신이 초래한 것이다. 악한 마음과 악한 행동들은 실로 인간이 자유로운 의사를 통해 스스로 창시한 것이다.

악한 마음과 갈등을 일으키는 행동들이 오직 인간의 자유로운 선택에 의해서였다는 것은 그러한 도덕적 악의 책임이 다른 어떤 존재도 아닌 인간에게 있다는 것을 분명히 하고, 그를 통해 인간이 행한 도덕적 선과 악에 대한 평가를 가능하게 하기 위해 중요하다. 도덕적 악과 선의 개념은 오직 인간이 창시자로서 만들어낸 것, 행한 것들에 대해서만 적용될 수 있기 때문이다. 실로 악한 마음과 행위의 "근원 자체는 우리에게 귀책되지 않으면 안 되"는 것이다(6: 43). 만일 이 악이 인간 자신에게 귀책될 수 없다면, "인간은 도덕적으로 선하다고도 악하다고도 할 수 없을 터"(6: 44)다. 왜냐하면 인간은 "그 자신이 행한 것으로 그에게 귀책될 수 있는 것에 따라서만 **도덕적으로**-선한 것으로 판

자연주의적 관점 모두와 구분되는 방식으로 인식, 도덕성, 미적 경험 등에 관한 철학적 문제들에 접근한다. 도덕적 악의 문제를, 그것을 가능케 하는 인간 주체의 조건으로서 인간의 자유를 탐구함으로써 접근하는 것은 이와 같은 칸트 철학의 기본 전략의 동일선상에 있다고 할 수 있다. 강영안, 「칸트의 근본악과 자유」(『철학연구』, 대한철학회, 1995), 193-195쪽 참조.

정될 수 있기 때문”이다(6: 51).

이러한 의미에서 자유의 능력은 자신이 스스로 행한 바에 대해 책임을 질 수 있는 능력을 뜻하며, 자유의 법칙들이란 곧 “책무성과 귀책 능력의” 법칙들인 것이다(6: 35). 도덕법칙에 따르는 준칙 혹은 대립하는 준칙은 인간이 자유롭게 채택하는 것이고, 그에 따라 인간은 자신이 자유롭게 선택한 바에 대해 책임을 져야 한다. 이때 인간의 행위를 선한 것 혹은 악한 것으로 기술하는 것의 의미가 비로소 성립할 수 있다. 이러한 의미에서 인격성은 이성적 능력뿐 아니라 귀책 능력이 있는 존재자인 자유로운 인간에게만 귀속될 수 있다.

동물성과 인간성이 인격성에 종속되어야 하는 윤리적 질서가 전도되는 것이 오직 인간 자유에 의해서라는 것, 이로써 패악이라 불릴 만한 사회적 갈등들과 관련된 도덕적 악이 오직 인간에게 귀책되어야 한다는 것의 의미를, 인간 자유의 성격을 경험적인 원인들과 구별함으로써 더 잘 이해할 수 있다.

우리가 도덕법칙에 반하는 준칙을 채택하는 근거는 우리의 자유로운 의사 안에 놓여 있는 것이지, 물리적 세계에서 발견되는 경험적 사실들로 간주될 수 없다. 패악이라 일컬어지는 갈등들의 근거는 인간이 자유롭게 창시한 악한 마음씨에 있는 것으로 여겨야 하며, 물리적이고 자연적인 경향성 혹은 생물학적 유전을 탓하는 것은 모순이라는 것이다. 실로 인간의 자유로운 선택은 인간에게 과거로부터 현재까지 영향을 끼친 자연 원인의 종류와 상관없이 이루어진 것으로 여겨야 하며, 그러한 경험적인 원인들에 의해 규정되지 않는다는 의미에서 근원적이다. “이 세상 안에 있는 어떠한 원인에 의해서도 그는 자유롭게 행위 하는 존재자이기를 중지할 수 없”다(6: 41).

인간 사회에서 패악이라 일컬어지는 다양한 갈등의 바탕에는 인간이 자유롭게 창시한 악한 마음씨가 있으며, 이러한 악한 마음씨의 근원은 경험적 사실들로 환원될 수 없기 때문에 문제 되는 행위들에 시간적으로 앞선 자연적 원인들을 찾는 것 또한 모순이다. 시간상에서 발견되는 자연적 경향성이나 추동성에서가 아니라 오히려 시간적 현상들로 환원될 수 없는 이성 근원에 대해 물어야 하는 것이다. 칸트는 다음과 같이 말한다.

> "만약 결과가 도덕적 악의 경우에서처럼 그와 자유의 법칙들에 따라 결합되어 있는 어떤 원인과 관계 맺어진다면, 그 결과를 만들어냄에서 의사의 규정은 시간상에 있는 그 규정근거가 아니라 한낱 이성 표상 안에 있는 규정근거와 결합되어 있는 것으로 생각되며, 어떤 **선행하는** 상태로부터 도출될 수 없다."(6: 39-40)

실로 패악으로 보이는 사회적 갈등들이 단순히 시간상의 자연 인과를 따라 발생한 것으로 이해한다면, 그러한 갈등들은 단순히 물리적인 법칙들의 필연성에 따라 발생한 것으로 이해되어 도덕적 비난이나 개선의 필요성에 대해 말하는 것의 의미가 없어지게 될 것이다. 오히려 우리가 해결해야 할 사회적 갈등들은 인간이 저지르지 않을 수 있었던 것을 자유롭게 선택하여 만들어냈다는 의미에서 우연적이고, 따라서 인간이 창시하지 않은 자연 경향성이 아니라 오롯이 인간이 스스로 행한 것으로 인간에게 귀책될 수 있다. 도덕법칙에 대립되는 준칙을 자신의 준칙으로 삼는 것은 인간이 자유롭게 선택한 것이고, 이 준

칙들은 그로 인해 우연적인 것으로 여겨져야 한다(6: 32).[5]

사회적 갈등들과 관련된 도덕적 악의 근원이 시간상에 존재하는 자연 원인이 아니라 인간의 자유에 기반한 이성 표상과 관련되어 있다는 것의 의미는 그러한 준칙들을 채택하는 인간의 자유로운 선택 너머에 있는 추가의 다른 이유를 우리는 탐구할 수 없다는 말을 통해서도 이해할 수 있다. 자연 세계에 존재하는 경험적 사실들과 달리, 우리가 왜 인간성과 인격성의 윤리적 질서를 전도시키는 악한 선택을 하는가에 대한 질문은 더 이상 탐구될 수 없는 것이다. 실로, "심정의 깊이(즉, 그 준칙들의 주관적인 제일 근거)는 그 자신에게도 탐구 불가능한 것"(6: 51)이다. 칸트는 다음과 같이 말한다.

> "우리는 우리에게 책임을 물어야 마땅한 어떤 도덕적 성질에 대해서는 시간 근원을 찾아서는 안 된다. 우리가 도덕적 성질의 우연적인 현존을 **설명**하고자 할 때, … 이러한 것이 제아무리 불가피하다고 해도 말이다. 그러나 종속적인 동기들을 최상의 것으로 자기의 준칙을 안에 채용하는 방식과 관련한 우리 의사의 이러한 엇나감, 다시 말해 악으로의 이러한 성벽의 이성 근원은 우리가 탐구할 수 없는 것으로 남는다. 왜냐하면 그 근원 자체는 우리에게 귀책되지 않으면 안 되며, 따라서 모든 준칙들의 저최상의 근거는 다

---

5 김화성은 악한 준칙의 우연성에 대해 다음과 같이 설명한다. "… 악에의 성향은 보편적이고 생득적이지만, 그로 인해 악의 초래는 결코 필연적이지 않다. 최상 준칙의 부패성에도 불구하고 인간은 전적으로 자신의 자유로운 의지에 따라 최상 준칙을 선택하므로 도덕적 책임성을 가지며 나아가서 도덕법칙만을 충분하고 유일한 행위의 동기로 선택할 수 있는 가능성을 여전히 가진다." 김화성, 「모든 인간은 본성상 악하다: 악의 보편성에 관한 칸트의 증명」(『철학사상』 32, 서울대학교 철학사상연구소, 2009), 140쪽.

> 시금 하나의 악한 준칙의 채택을 요구할 것이기 때문이다. 악은 오직 도덕적-악으로부터만 — 우리 자연 본성의 한낱 제한으로부터가 아니라 — 생길 수 있었다."(6: 43)

그래서 칸트가 인간의 악한 마음씨가 인간의 자연본성 안에 있다고 말할 때, 그러한 마음씨가 자유와 반대되는 의미의 자연 원인을 갖는다는 것을 의미하지는 않는다. 그것은 동기들의 윤리적 질서를 전도시키는 악으로의 성벽(Hang zum Bösen), 곧 인간성에 기반한 동기를 인격성에 기반한 동기보다 우선시하는 성벽이 모든 인간에게 보편적으로 발견된다는 의미[6]이지만, 그러한 마음씨가 자유와 반대되는 의미의, 경험적으로 탐구 가능한 자연 원인을 갖는다는 것을 의미하지는 않는다.

모든 인간에게서 발견된다고 생각되는 악으로의 성벽, 단순히 "자연존재자로서 인간의 의사에 속하는 것"(6: 31)으로서의 물리적 성벽이 아니라 인간의 자유로운 선택으로 인해 인간에게 귀책될 수 있는 도

---

6 이진오는 칸트가 악의 보편성을 주장하는 지점에 대해 다음과 같이 설명한다. "… 칸트는 '행위'를 두 가지로 구분한다. 자기애를 도덕법칙 위에 두는 준칙을 최고의 준칙으로 선택하는 **의지적 행위**와, 그렇게 채택된 **최고의 준칙**에 따라 구체적으로 실현된 행위가 그것이다(VI, p. 31). 그러면서 칸트는 자기애를 도덕법칙에 대한 위에 두는 준칙을 최고의 준칙으로 선택하는 의지적 행위를 했다면, 이로써 악에의 성향을 받아들이는 행위를 했다고 여긴다. 이런 입장에서는 만약 모든 인간이 자기애를 도덕법칙 위에 두는 의지적 차원의 행위를 이미 수행했다면, 모든 인간은 이미 악행을 저지른 죄인이 된다. 자기애를 도덕법칙 위에 두는 이러한 전도가 '의지적 행위'이고, 이 행위만으로도 죄를 저지른 것이기 때문이다." 이진오, 「인간종의 한계상황으로서 칸트의 근본악」(『칸트연구』 40, 한국칸트학회, 2017), 85-86쪽. 이진오는 "'모든 인간은 본성에서 악하다'는 칸트의 명제는 … 객관적으로 증명될 수도 없지만 반증될 수도 없는 것이기 때문에", "인류가 진보의 길로 가야 할 이유가 있다는 점을 주장하기 위해 선택한 하나의 해석 틀일 수 있다"고 제안한다. 같은 논문, 104쪽. 이에 따르면, 악의 보편성에 대한 칸트의 주장은 "우리 스스로 우리 자신의 존재가 언제든 잘못된 길로 들어설 수 있다는 것을 조명해주"며, "'나는 제대로 된 삶을 살아야 한다'는 자기 자신의 존재에 대한 실존적 요청을 도덕적인 차원에서 수행하는 데 효과적인 길잡이가 될 것"으로 해석될 수 있다. 같은 논문, 107쪽.

덕적 성벽을 가리킨다. 따라서 인간성의 동기들을 인격성의 동기들보다 앞세우는 악으로의 성벽 또는 “심정의 **전도성**”(6: 37)이 인간의 자연본성 안에 있다고 할 때, 이때 자연본성의 의미는 유전적으로 물려받은 인간 유의 특성을 뜻하는 것이 아니라 그러한 악으로의 성벽이 모든 인간에게서 출생과 함께 현전하게 된다는 의미일 뿐이라는 것이다. 즉, ‘자연본성’이라는 표현은 “자유로부터의 행위들의 근거와 반대되는 것”(6: 20)을 의미하는 것이 아니라 여전히 단지 “눈에 띄는 모든 행실에 선행하는, 단지 (객관적 도덕법칙들 아래에서) 자유 일반을 사용하는 주관적 근거[기초]를 의미하는 것뿐”(6: 21)이라는 것이다. 칸트는 다음과 같이 말한다.

> “인간이 [자연]본성적으로 선하다, 또는 인간이 [자연]본성적으로 악하다는 것은 인간이 선한 준칙을 채택하는, 또는 악한(법칙에 반하는) 준칙을 채택하는(우리에게는 탐구 불가능한) 제일의 근거를 함유하고 있고, 그것도 인간으로서 보편적으로 함유하고 있으며, 그러니까 인간은 이것을 통해 동시에 그의 유[類]의 성격을 표현하고 있다는 것을 의미한다.
>
> 그러므로 우리는(인간을 다른 가능한 이성적 존재자들과 구별해주는) 이러한 [선 · 악의] 성격들 중의 하나에 대해 ‘그것은 인간에게 **선천적**[**생득적**]이다’라고 말할 것이나, 그럼에도 그때, (그 성격이 악할 경우) 그 성격들의 탓이 자연에 있다거나, (그 성격이 선할 경우) 그 공이 자연에 있다는 것이 아니라, 인간 자신이 그 성격의 창시자라고 분수를 지킬 것이다. 그러나 그 자신 언제나 다시금 자유의사 안에 놓여 있을 수밖에는 없는, 우리 준칙들의 채택의 **제일** 근거는 경험

에서 주어질 수 있는 사실일 수 없기 때문에 (도덕법칙과 관련해서 이 준칙 또는 저 준칙을 채택하는 주관적인 제일의 근거로서) 인간 안에 있는 선 또는 악이 선천적이라 함은 한낱, 그것이 경험 중에서 주어지는 [나타나는] 모든 (출생 시까지 소급되는 유년기의) 자유 사용에 대해 기초로 놓인다는 것, 그리고 그것이 출생과 동시에 인간 안에 현전하는 것으로 표상된다는 **그러한 의미**일 뿐, 출생이 바로 선 · 악의 원인이라는 **그러한 의미**가 아니다."(6: 21-22)

악으로의 성벽이 인간의 자연본성 안에 놓여 있어 근본악 개념을 단순히 개별적인 인간이 아니라 실로 전 인류에 적용되어야 하는 보편적인 것이라 할지라도 그러한 보편성이 우리에게 우리 자신의 악한 마음씨와 행동들에 대해 책임을 면하게 해줄 적극적인 이유는 전혀 되지 않는다.

4. 선으로의 회복

그렇다면, 패악이라고까지 불리는 사회적 갈등들을 해결하고, 그러한 갈등들의 바탕에 놓여 있는 근본악으로의 성벽을 극복하기 위해 우리는 무엇을 해야 하는가. 칸트는 악으로의 성벽으로 인해 부패해 있는 심정을 선한 심정으로 회복시키기 위해 필요한 것의 두 가지 측면을 제시한다.

첫째, 악으로의 성벽으로 인해 우리의 준칙 안에 전도되어 있는 동기들의 윤리적 질서를 다시 전환하기 위한 사유 방식의 전환이 필요하다. 우리의 준칙 안에서 도덕법칙에 대한 존경을 우리 의사 규정의 충분한 동기로서 채택하는 사고방식의 전환을 통해 우리는 도덕적으로 선한 성품을 창립하는 것을 시도해야 한다. 도덕법칙에 대한 존경의 동기를 자연 경향성에 기반한 동기들에 종속시키거나 그것들과 뒤섞음 없이 우리 준칙 안에 채택할 때, 우리는 "마음씨의 신성성의 준칙"(6: 47)으로 이행할 수 있다. 이러한 전환을 통해 우리는 비로소 "원리와 사고방식의 면에서 선을 수용할 수 있는 주체"(6: 48)로서 새로운 인간이 될 수 있다. 이는 실로 사유 방식에서의 혁명 혹은 "인간의 마음씨 안의 **혁명**"과도 같은 변화로서, 우리의 준칙 안의 동기들의 질서를 바로잡는 이러한 변화를 통해 우리는 "새로운 인간"으로 거듭나는 "일종의 재탄생"을 할 수 있게 된다(6: 47).

둘째, 이러한 사유 방식의 전환은 단지 '선한 인간이 되고 싶다'는 간구에 그치는 것이어서는 안 되고, 실제 삶 속에서의 선을 실현해 나가고자 하는 실천과 따로 떼어 생각될 수 없다. 좀 더 선한 인간으로 거듭나기 위해 우리는 우리의 "타고난[선천적] 재능을 묻어두지 않"고, "좀 더 선한 인간이 되기 위해 선으로의 근원적 소질을 이용"해야 한다(6: 52). 실로 "준칙과 행실 사이에는 아직 큰 간극이 있으니"(6: 46-47) 우리가 채택한 준칙을 실제 행동에 적용하기 위해 우리 "각자는 자기의 힘이 미치는 한 최선을 다해 행"해야 한다(6: 52). 선의 원리와 도덕적 선의 소질은 우리의 구체적인 행위와 삶 속에서 그 의미가 구해져야 하는데, 왜냐하면 인간은 "오직 연속적인 활동작용과 생성[되어감] 속에서만 선한 인간"(6: 48)일 수 있기 때문이다. 이것이 실로 칸트가 근본악 논제를 통해 도덕적 수양론과 관련하여 말하고자 하는 바이기도 하다.

> "우리는 천부적인 선으로의 도덕적 소질을 윤리적으로 수련함에 있어서 우리에게 자연적인 순결무구함에서 시작할 수 없고, 오히려 그 준칙들을 근원적인 윤리적 소질에 거슬러서 채택하는 악의성을 전제하고 출발하지 않을 수 없으며, 악으로의 이 성벽은 절멸시킬 수 없는 것이므로 그에 대한 부단한 저항을 하지 않으면 안 된다는 것이다."(6: 51)

칸트는 이 사유 방식의 전환에 기반하여 더 좋은 것으로 점진적으로 나아가는 인간은 실제로 예지적 관점에서 선한 것으로 여겨질 수 있을 것이라고 제안한다. 칸트는 다음과 같이 말한다.

> "… 인간이 그로 인해 그가 악한 인간이었던 그의 준칙들의 최상의 근거를 단 한 번의 전변치 않을 결심에 의해 뒤집을 때(그리하여 새로운 인간을 입을 때), 그럴 때 한해서 그는 원리와 사고방식의 면에서 선을 수용할 수 있는 주체인 것이다. 그러나 오직 연속적인 활동작용과 생성[되어감] 속에서만 선한 인간인 것이다. 다시 말해, 그에게 그의 의사의 최상의 준칙으로 취했던 원리의 그러한 순수성과 견고성이 있을 때 그는 자신이 나쁜 것으로부터 더 좋은 것으로 끊임없이 **전진하는** (비록 좁지만) 좋은 길을 가고 있음을 기대할 수 있다. 이런 자는 심정의(즉, 의사의 모든 준칙의) 예지적 근거를 꿰뚫어보는 이에게는, 그러므로 이러한 무한한 전진이 통일성을 갖는 이에게는, 다시 말해 신에게는, 실제로 선한(즉, 신에게 적의한) 인간과 매한가지이다."(6: 47-48)

"선으로의 복귀에 대한 희망"(6: 44)과 관련하여 칸트가 제시하는 위와 같은 길과 관련하여 두 가지를 말해야 한다. 첫째, 칸트가 "인간의 마음씨 안의 혁명"(6: 47)을 통해 "나쁜 것으로부터 더 좋은 것으로 끊임없이 전진하는 (비록 좁지만) 좋은 길을 가"야 한다고 주장할 때(6: 48), 이러한 심정의 변화 혹은 개심에 기반한 끊임없는 전진이라는 것은 덕스러운 성품을 계발하기 위해 도덕적 습관을 변화시키는 점진적인 개혁과는 구분되어야 한다. "예컨대 건강을 위해 무절제에서 절제로, 명예를 위해 거짓에서 진실로, 안정이나 이득을 위해 부정의에서 시민적 정직성으로 되돌아"(6: 47)가기 위해 도덕적 습관을 변화시키는 덕을 계발한다 할지라도 이러한 변화가 목표하는 바가 의무의 실천이 아니라 행복의 달성인 한에서 근본적으로 선한 인간이 되는 것과는 결정적으로 구분되는 일이다. 칸트는 다음과 같이 말한다.

> "그러나 누군가가 한낱 **법칙[법]적으로**뿐만 아니라 **도덕적으로** 선한[좋은](즉, 신에게 흡족한) 인간이, 다시 말해 예지적 성격에서[의] 덕(예지체 덕) 있게 된다는 것은, 즉 그가 어떤 것을 의무로 인식할 때 의무 자체에 대한 이러한 표상 이외에 어떤 다른 동기도 더 이상 필요로 하지 않는 인간이 된다는 것은, 준칙들의 토대가 순정하지 못한 한에서 점진적인 **개혁**을 통해서는 이룰 수 없고, 인간의 마음씨 안의 **혁명**(즉, 마음씨의 신성성의 준칙으로의 이행)을 통해 이루어지지 않으면 안 된다."(6: 47)

칸트는 "행복은 감성의 대상들에 의존적인 존재자로서의 우리에게는 우리의 본성상 제일의 것이고 우리가 무조건적으로 욕구하는 것"

이라는 점을 인정한다(6: 46). 감성적 대상들에 의존하는 자연적 존재자로서 고려된 인간에게 있어서 가능한 한 물리적 평안을 욕구하는 것은 자연스러운 것이다. 그러나 우리는 감성적 대상들에 의존하는 자연적 존재자일 뿐 아니라 이성적으로 사고하고 자유롭게 행위 하는 것에 관심을 기울이는 존재자이기도 하다. 우리는 스스로를 이성적으로 사유하며 자신의 행위에 책임을 질 수 있는 능력을 가진 자유로운 자로 이해하기 때문에 행복을 우리의 삶에서 제일의 것으로 추구하기보다는 우리 스스로 행복할 만한 품격을 갖추게 되는지에 관심을 기울인다. 이러한 관점에서 우리가 단순히 생물학적 생존을 위한 필요 욕구에만 매달릴 때, 우리는 스스로 "현존할 품격[자격]이 없는 것으로 여기"며(6: 49), 우리의 준칙들이 도덕법칙들과 합치할 때 비로소 행복할 자격을 갖추게 되는 것이라고 생각한다. 실로, "우리의 모든 준칙들과 도덕법칙들의 합치"라는 "그런 조건 아래서만 행복하기를 소망하는 마음씨에 윤리적 사유 방식[성정]이 존립"하는 것이다(6: 46).

이와 관련하여, 무엇이 자기를 사랑하는 진정한 방식인가의 문제 또한 다루어질 수 있다. 우리가 자연적으로 욕구하는 평안한 삶의 형태를 스스로에게 마련해주려는 것은 칸트가 "호의의 자기 사랑"(6: 45)이라고 부르는 것에 해당한다. 그러한 자연적 욕구를 충족시켜야 한다는 목적을 위해 행위 할 때, 우리의 이성은 단지 "자연 경향성의 시녀"(6: 45) 역할을 할 뿐이다. 가령 가능한 한 평안한 삶을 마련하기 위한 계산이 잘 실현되었을 때, 우리는 상인이 이익을 실현했을 때처럼 자신을 흡족해한다. 그러나 이러한 '호의의 자기 사랑'에 기반한 흡족은 우리 자신에 대해 진정으로 만족할 수 있게 해주지는 않는다. 자기 자신에 대한 무조건적인 흡족은 오직 우리 자신이 준칙을 정립함에 있어 도덕법칙에 대한 존경을 유일한 동기로 채택했을 때만 가능한 것이다.[7] 따라서 자신에 대한 무조건적인 만족은 준칙들과 도덕법칙의 합치에서 성립하는 '이성 사랑'을 통해서만 가능하다.

5. 윤리적 공동체의 건설

칸트는 나아가 사회적 패악이라 불릴 만한 사회적 갈등들을 실질적으로 해결해나가기 위해서는 선의지를 회복하려는 개개인의 노력이 동시에 선의 이념을 추구하는 이들과 함께 윤리적 공동체를 만들어나가려는 노력과 결합되어야 한다고 주장한다. 우리 각자가 혁명과도 같은 개심을 통해 더 좋은 것으로 끊임없이 나아가는 실천을 해야 한다고 칸트가 주장할 때, 그러한 실천은 더욱 구체적으로 도덕성의 유지를 목적으로 하는 윤리적 사회의 확립을 위한 노력이어야 한다는 것이다. 칸트는 『종교』의 제3 논고에서 그러한 윤리적 공동체의 건설이 법칙수립적인 이성이 개개인에게 자신의 선의지를 회복할 것과 함께 또한 명령하는 것으로서, 실로 "이성에 의해 전 인류에게 부과된 과제이며 의무"(6: 94)라는 것을 주장한다.

왜 개인이 자신의 선의지 회복을 위해 노력하는 것만으로는 사회

---

7 오창환은 자기 사랑과 도덕법칙의 관계에 대해 다음과 같이 설명한다. "자기애는 그것이 동기들의 윤리적 질서를 전도시키지 않고 도덕법칙의 제약 아래 머무는 한에서 인간 본성 안에서 도덕성과 공존할 수 있다." 오창환, 「칸트 윤리학에서 자기애의 문제」(『감성연구』 13, 전남대학교 호남학연구원, 2016), 132쪽.

적 패악이라 불릴 만한 갈등들을 해결하기 위해 충분하지 않은가? 이에 대한 세 가지 측면을 고려할 수 있다. 첫째, 한 개인이 자신의 선의지를 회복하기 위해 노력한다 하더라도 그를 둘러싼 다른 이들이 인간을 향한 지배욕과 끊임없는 소유욕에 사로잡혀있다면, 선하고자 노력하는 그 개인은 여전히 악한 이들로부터 부당한 공격과 폭력적인 지배의 위협에 시달리게 될 것이다. 칸트가 이를 지적하듯, "개인이 악의 지배에서 벗어나기 위해 제아무리 애쓴다고 해도 악은 그를 부단히 악의 지배 아래로 되돌아갈 위험 중에 붙잡아둘 것이다"(6: 94). 우리가 선의 이념에 따라 인간에게 주어진 근원적으로 선한 것으로 생각되는 소질들을 온전히 전개하는 삶을 살기 위해, 즉 실로 자유롭게 살기 위해 우리는 우리 자신뿐 아니라 우리를 둘러싼 다른 이들 또한 도덕법칙에 따라 사회적 갈등들을 해결하고 사회를 발전시켜나가고자 하는 선의 이념을 공유할 것을 원하고 목표해야 한다. 둘째, 인간은 동물성과 인간성으로부터 비롯되는 동기들을 인격성으로부터 비롯되는 동기들보다 우선시하려는 심정의 전도성을 가지고 있고, 인간이 가진 이러한 악으로의 성향은 개인이 혼자 있을 때보다 다른 타인들과 함께 사회를 이루어 생활할 때 더 심화되는 경향이 있다. 가령 이기적인 목적을 위해 타인을 단순히 도구화하여 지배하려는 악한 타인들의 모습을 목도하고 그들과 교류하게 될 때, 인간은 혼자 있을 때보다 더 손쉽게 마찬가지로 타인에 대한 적나라한 적대감과 지배욕 등을 드러내며 악을 저지르는 성향이 있다. 이때, 근원적으로는 선한 소질인 동물성과 인간성이 여러 가지 야만적 패악과 문화적 패악들과 결합하게 된다. 따라서 우리가 악의 지배로부터 벗어나 선의 원리에 따라 살고자 한다면, 우리는 우리 자신뿐 아니라 우리가 속한 사회를 윤리적으로 만들어가기 위한 노력을 함께 기울여야 한다. 칸트는 다음과 같이 말한다.

> "… 인간이 이렇게 위험천만한 상태에 있는 것은 그 자신의 탓으로, 따라서 그는 그가 할 수 있는 한 이 상황을 타개하기 위해서 적어도 전력을 기울여야 할 **책무**가 있다. 그러나 어떻게? 이것이 문제다. 그가 그를 이러한 위험에 빠뜨리고 그 위험에 가두어두는 원인들과 상황들을 살펴본다면, 그가 쉽게 확신할 수 있는바, 그것들은 격리되어서 현존하는 경우의 인간 자신의 자연적인 본성으로부터 오는 것이 아니라, 오히려 인간이 관계를 맺고 교류하는 인간으로부터 오는 것이다. 자연적인 본성의 자극으로는 그의 근원적으로 선한 소질을 그토록 크게 황폐화시키는 본래적 의미의 이른바 **격정들**이 인간 안에서 일어나지는 않는다. 그의 필요 욕구는 참 작은 것이고, 그러한 필요 욕구를 염려하는 인간의 마음 상태는 온건하며 평온한 것이다. 인간은 타인들이 그를 가난하다고 여기고 그에 대해 경멸할 것이라고 염려하는 한에서만 가난하다(또는 자기를 가난하다고 여긴다). 질투, 지배욕, 소유욕 그리고 이것들과 결합되어 있는 적대적인 경향성들은 **인간이 다른 인간 가운데 있을 때**, 그 자체로는 충족한 그의 자연본성을 이내 몰아붙인다. 그때 이들이 이미 악에 빠져 있다거나 유혹하는 사례들이라고 전제될 필요는 결코 없으며, 그들이 현존하고, 그를 둘러싸고 있고, 그들이 인간이라고 하는 사실만으로, 상호 간에 서로 도덕적 소질을 타락시키고 서로를 악하게 만들기에 충분한 것이다."(6: 93-94)

셋째, 인간이 더욱 선한 존재가 되기 위해 노력한다는 것의 의미는 많은 경우 타인들의 현존과 그들과의 관계를 이미 전제하지 않고는 이해되기 어렵다. 선해지기 위한 노력은 단순히 자신의 신체를 건강하게 돌보고 심적 상태를 평안하게 유지하는 것만 의미하지 않으며 타인들의 신체적 · 심리적 안녕과 자유의 권리를 존중하는 것 또한 포함할 것이다. 혹은, 자신의 신체를 건강하게 돌보고 심적 상태를 평안하게 유지하기 위한 노력조차 타인들과 맺는 사회적 관계들을 전제하지 않는다면 그것의 도덕적 의미가 무엇인지 우리는 이해하게 어렵게 될 것이다. 실로 칸트가 제시하는 도덕적 의무는 타인과의 약속 준수하기, 자신의 능력을 성실하게 계발하기, 거짓말하지 않기 등을 포함하는데 (4: 422-423),[8] 이는 실제로 우리가 타인과 맺는 일상적인 관계들 안에서 더 잘 이해될 수 있고 그것의 도덕적 의미가 더욱 분명해질 수 있는 의무들이다. 타자와의 관계를 전제하지 않고는 우리가 따라야 할 도덕법칙이 무엇인가를 사유하고 이해하기 어려울 것이며, 타인의 삶에 무관심한 도덕적 삶이란 실로 가능하지 않을 것이다. 따라서 선한 원리에 따라 자유로운 삶을 살고자 한다면, 우리는 우리 자신뿐 아니라 우리를 둘러싼 다른 사람들에 대해 관심을 기울일 수밖에 없으며, 이는 윤리적 사회 혹은 공동체를 만들어가려는 노력과 이어져야 한다.[9]

---

8 『도덕 형이상학을 위한 기초 놓기』에서 칸트는 이러한 의무들에 대해 다음과 같이 말한다. "그런데 이것들은 현실적인, 또는 최소한 우리가 현실적이라고 여기는 많은 의무 가운데 몇 가지이고, 분명히 앞서 말한 유일한 원칙에서 도출되었다. [유일한 원칙이란] 우리 행위의 준칙이 하나의 보편적인 법칙이 되기를 **바랄 수 있어야**(wollen können) 한다는 것이다. 이것이 우리 행위에 대한 모든 도덕적 판단의 규준이다"(4: 424-425).

9 앤더슨-골드(Sharon Anderson-Gold)에 따르면, 칸트의 도덕철학에서 "선의지를 형성하는 것"의 과제는 "덕에 대한 단지 내적인 형식에 의해서 완성될 수 없"고, "우리를 인도하는 공적인 원리나 사회적 윤리에 대한 어떤 형식"에 따라 "우리 자신의 목적들과 다른 이들의 목적들을 통합"하는 과정이 필요하다. S. Anderson-Gold, "Kant, Radical Evil, and Crimes against Humanity"(*Kant's Anatomy of Evil*, Cambridge University Press, 2010), pp. 203-204. 앤더슨-골드에 따르면, 이러한 의미에서 도덕적 선과 악의 문제는 전적으로 사적인

칸트가 한 개인을 둘러싼 인간이 "이미 악에 빠져 있다거나 유혹하는 사례들이라고 전제될 필요는 결코 없으며, 그들이 현존하고, 그를 둘러싸고 있고, 그들이 인간이라고 하는 사실만으로, 상호 간에 서로 도덕적 소질을 타락시키고 서로를 악하게 만들기에 충분"(6: 94)하다고 할 때, 도덕적 악이 인간이 단순히 사회적 존재이기 때문에 발생하는 것으로 이해해서는 안 된다.[10] 실로, 도덕적 선 · 악의 개념과 평가를 유의미하게 하기 위해서는 우리가 시공간적 사회 안에서 타인들과 함께 살아가는 존재라는 것을 분명히 할 필요가 있으나, 우리가 사회적 존재라는 것으로부터 도덕적 악이 곧바로 도출되지는 않는다. 실로 칸트는 인간이 홀로 있을 때보다 사회 안에서 타인들과 교류하고 관계를 맺을 때 더 쉽고 강력하게 도덕적으로 타락하게 된다는 것을 지적하면서도 "인간이 이렇게 위험천만한 상태에 있는 것은 그 자신의 탓으로"(6: 93) 여겨야 한다는 것과, "따라서 그는 그가 할 수 있는 한 이 상황을 타개하기 위해 적어도 전력을 기울여야 할 **책무**가 있다"(6: 93)는 점을 분명히 하고 있다. 칸트에 따르면, "덕의 마음씨를 유혹하는 원리는 마찬가지로 우리 자신 안에 놓여 있으며, 단지 비유적으로만 외적인 위력으로 표상되는 것"(6: 100)뿐이다. 따라서 사회적 존재로서 우리가 목도하는 패악이라 불릴 만한 여러 갈등은 우리가 창시하지 않은 어떤 다른 외부적 조건으로부터 오는 것이 아니다. 우리가 사회 안

것일 수 없다. *Ibid.*, p. 203.

10 우드(Allen E. Wood)는 근본악이 사회적 산물임을 주장하며, 위 구절을 자신의 그러한 주장을 뒷받침하는 인용으로 활용한다. A. E. Wood, "Unsociable Sociability: The Anthropological Basis of Kantian Ethics"(*Philosophical Topics*, vol. 19, The Univ. of Arkansas, 1991), p. 340. 악의 사회 기원설을 주장하는 우드 입장에 대한 비판은 이 논문의 7절 마지막 부분에 서술했다.

에 있을 때 더 가속화되는 경향이 있는 도덕적 타락은 여전히 인간이 스스로 자유롭게 창시한 악한 마음씨에서 비롯된 것으로, 그것으로부터 벗어나는 것과 더욱 도덕적이고 정의로운 사회를 만들어나가는 것 모두 인간에게 주어진 과제다.

따라서 우리는 각자 자신뿐만 아니라 타인들과 함께 도덕적 이념을 추구하며, 그 안에서 자신과 타인들이 함께 자유로운 삶을 살 수 있는 윤리적 공동체를 만들어나가기 위해 노력해야 한다. '패악'이라 불리는 다양한 사회적 갈등들을 해결해나가기 위해서는 "순전한 덕의 법칙들 아래에서의 인간의 결합"(6: 94)인 윤리적 공동체를 만들어나가기 위한 실질적인 실천이 요구된다. 칸트가 말하듯, "도덕적으로 법칙수립하는 이성은 그것이 각 개인에게 지시규정하는 법칙들 외에도 또한 덕의 깃발을 선을 사랑하는 모든 이들의 통합점으로 꽂아놓았다"(6: 94).

칸트는 그러한 윤리적 공동체의 특성을 실정법에 기반한 정치적 공동체와의 유사점과 차이점을 제시함으로써 설명한다. 먼저, 윤리적 공동체와 정치적 공동체 사이에는 "모종의 유비"(6: 94)가 있어, 우리가 법적-시민적 사회를 국가로 일컫는 것과 마찬가지로 윤리적-시민적 사회를 "**윤리적 국가**, 다시 말해 (선한 원리의) 덕의 **나라**라고 부를 수 있다"(6: 94-95). 좀 더 구체적으로 정치적 공동체로서의 국가와 윤리적 공동체로서의 덕의 국가는 모두 그 안에서 각 공동체의 구성원들이 "하나의 공적인 법칙수립[입법]"(6: 98) 하에 결합된다는 공통점이 있다. 사회계약 사상이 논하는 바대로 정치적 공동체로서의 국가는 각 개인이 자신의 자유를 타인들의 자유와 공존시키기 위한 통일된 사법 체제에 동의함으로써 성립된다. 덕의 나라로서 윤리적-시민적 사회 역시 비록 그 통합을 이끄는 이념이 덕의 법칙이라는 점에서 다르지만, 개별 인간이 공적인 법칙하에 "하나의 체계로 통합"(6: 98)되는 것을 목표로 한다는 점에서 법리적-시민적 사회와 비슷하다.

윤리적 공동체와 정치적 공동체의 유비는 각 유형의 공동체가 성립되기 이전의 상태가 각각 법리적 자연 상태와 윤리적 자연 상태로 불릴 수 있다는 점과 관련해서도 논해질 수 있다. 칸트가 윤리적 공동체를 정치적 공동체와의 유비를 통해 덕의 '국가' 혹은 '나라'라고 부르는 것처럼, 비슷한 유비를 통해 칸트는 덕의 법칙하에 개개의 인격들이 하나의 체계로 통합되기 이전의 상태를 '자연적 윤리 상태'라고 부른다. 칸트는 사회계약 사상을 따라 상호 약정과 공동의 입법을 통해 국가를 성립하기 이전의 법리적 자연 상태에서 각 개인은 끊임없는 폭력과 살해의 위협에 시달리는 "만인의 만인에 대한 전쟁"(6: 96) 상태에 있는 것으로 본다.[11] 마찬가지로, 덕의 법칙에 따라 윤리적 공동체가 성립되기 이전의 윤리적 자연 상태에서, 인간은 "악에 의한 부단한 반목의 상태"(6: 97) 안에 있다. 칸트는 다음과 같이 말한다.

> "법리적 자연 상태가 만인의 만인에 대한 전쟁의 상태인 것처럼, 윤리적 자연 상태는 악에 의한 부단한 반목 상태다. 악은 그 안

---

11 사회계약 사상과 칸트의 정치철학 사이의 관계에 대해서는 O. O'Neill, "Kant and the Social Contract Tradition"(*Kant's Political Theory: Interpretations and Applications*, University Park: Penn State Univ. Press, 2012), pp. 35-58 참조. 오닐은 다른 사회계약 사상가들이 사회계약을 성립시킨 행위 주체들 간 동의가 실제적이었는지 혹은 가정적이었는지의 문제에 집중한 반면, 칸트는 이성적인 동시에 유한한 존재자인 인간이 "정치적 질서에 보편적으로 동의하는 것이 가능하기 위한 필수적인 조건들(the necessary conditions for the possibility of universal consent to a political order)"을 탐구하는 방식으로 사회계약 사상을 독창적으로 변화시킨 것으로 본다. *Ibid.*, p. 54.

에서 그리고 모든 타인 안에서 마주쳐지는바, 이들은 (위에서 언급했듯이) 서로 교호적으로 그들의 도덕적 소질을 부패시키고, 또한 선의지에서조차 저 개인들은 그들을 통합시키는 원리의 결여로 인해 마치 **악의 도구들**인 것 같이 그들의 불일치들로 인해 선의 공동체적 목표로부터 멀어지고, 서로를 다시금 악의 수중에 떨어지는 위험 속에 밀어 넣는다. 이제 더 나아가 무법적인 외적(동물적) 자유의 그리고 강제법으로부터의 독립 상태는 부정의의 그리고 만인의 만인에 대한 전쟁의 상태이므로 인간이 정치적-시민적 상태에 들어가기 위해서는 그러한 상태를 벗어나지 않으면 안 된다. 그와 마찬가지로 윤리적 자연 상태는 덕의 원리들의 공적인 교호적 반목과 내면적으로 윤리 없음의 상태이므로 자연적인 인간은 가능한 한 빨리 이러한 상태에서 벗어나기 위해 전력을 기울여야 한다."(6: 97-98)

이처럼 윤리적 공동체는 통일된 법칙하에 구성원들을 결합시키는 것을 목표로 한다는 점에서 법리적 공동체와 유사한 점이 있으며, 그러한 점에서 윤리적 공동체에 '국가'와 '국민' 그리고 '자연 상태' 같은 개념들이 적용될 수 있다. 그러나 윤리적 공동체는 그러한 통합을 이끄는 원동력이 법적인 강제가 아니라 각각의 구성원들의 내면적 덕과 자유에 의한 것이어야 하는 한에서, 법리적 공동체로서의 국가와는 구별된다. "**법적-시민적**(정치적) **상태**는 인간이 (모두 강제법들인) **공적 법칙[법률]들** 아래 공존하는 한에서 인간 상호의 관계다."(6: 95) 반면 윤리적 공동체는 관찰 가능한 인간 행위를 법률이라는 외적 강제를 통해 통제하는 것이 아니라, 구성원들의 내면에서 수립된 덕의 법칙에 따라 자유롭게 도덕성을 촉진하는 것을 목표로 한다. 윤리적 공동체는 선을 추구하는 구성원들의 사회로서, "그 법칙 수립이 순전히 내면적인 그러한 제도, 즉 덕법칙들 아래에 있는 공화국"(6: 100)이다.

또한 윤리적 공동체와 법리적 공동체는 각각의 공동체에 적용되는 자연 상태 개념의 차이를 통해 구별될 수 있다. 법리적 공동체의 성립 이전 상태로서 논의되는 자연 상태는 개인들이 상호 약정과 공동 입법에 의거해 국가를 설립하게 되면 더 이상 존재하지 않게 된다. 물론 법률에 의거해 성립되고 유지되는 국가 안에서도 다양한 폭력과 범죄가 발생할 수 있지만, 그것은 국가가 성립되기 이전의 '만인의 만인에 대한 전쟁'과도 같은 상태와는 구별된다. 반면, 윤리적 공동체가 성립되기 이전의 자연 상태는 법률에 의거하여 성립된 국가 체제가 도입된 이후라도 지속될 수 있다. 법리적 시민 체제로서의 국가는 구성원들의 관찰 가능한 행위들을 법률적 강제에 따라 통제할 수 있지만, 구성원들의 내면적 도덕성에 대해서는 법률을 통해 통제할 수 없기 때문이다. 이런 의미에서, "이미 존립하는 정치적 공동체 안에서 모든 정치적 시민은 그 자체로도 **윤리적 자연 상태** 안에 있으며, 그러한 상태 안에 머무를 권리를 가지고 있다. 왜냐하면 윤리적 공동체는 이미 그 개념 안에 강제로부터의 자유를 지니고 있으니 말이다"(6: 95).

이와 관련하여, 윤리적 공동체는 그것의 법칙이 관계하는 구성원의 범위가 전체 인류라는 점에서도 정치적 공동체와 구별된다. 윤리적-시민적 사회는 덕의 법칙에 따라 모든 인간이 자율적으로 결합하는 이상을 추구하며, 이 점에서 윤리적 공동체는 지리적 인접성이나 구성원들이 공유하는 특수한 이해관계 및 문화적 특수성에 기반하여 성립된 모든 정치적 국가들과 구분된다. 이러한 점에서 전체 인류와 관계하지 않는 단체는 비록 그것의 설립 의도가 윤리적인 것을 표방한다 할지라도 아직 칸트가 말하는 윤리적 공동체와 동일시될 수 없다. 그러한 특수한 사회는 윤리적 의도로 설립된 또 다른 특수한 사회들과의 관계 안에서 여전히 반목하는 윤리적 자연 상태에 있는 것으로 고려될 수 있다. 칸트가 이를 지적하듯, "각각의 부분 사회 자체는 다시금 같은 종류의 다른 사회와의 관계에서는 윤리적 자연 상태에 있고, 그러한 윤리적 자연 상태의 모든 불완전성들과 함께하고 있는 것으로 표상될 수 있"는 것이다(6: 96).

윤리적 공동체와 정치적 공동체 사이의 위와 같은 차이점들에도 불구하고 양자는 서로 긴밀하게 영향을 주고받는다. 먼저, 어떠한 선의 이념에도 관심이 없는 정치적 공동체는 안정적으로 혹은 효율적으로 유지되기 어려울 것이다. 법적 강제를 통해 시민의 행위를 통제하는 것에는 명백한 한계가 있다. 법률에 기반한 공권력이 시민의 모든 행위를 감시하고 통제하는 것은 불가능에 가까운 일일 뿐 아니라 바람직하지도 않다. 실제로 우리는 법의 감시와 처벌이 분명할 때만 절도와 살인을 저지르지 않는 시민으로 구성된 정치 공동체를 원하지 않을 것이다. 우리는 만약의 사태에 대비하여 마련된 법의 테두리 안에서 스스로 올바르다고 믿는 바를 자율적으로 실천해나갈 수 있는 구성원들로 구성된 사회 안에서 살길 원할 것이다. 칸트가 이 점을 지적하듯, "실로 모든 정치적 공동체는 그 안에서도 덕의 법칙들에 따른 마음들에 대한 지배가 있기를 소망한다. 왜냐하면 저 지배의 강제수단이 충분하지 않을 때는 인간적인 심판관이 다른 사람들의 내면을 꿰뚫어볼 수 없으므로 덕의 마음씨들이 그 바라는 바를 이룰 수 있을 것이기 때문이다"(6: 95).

윤리적 공동체의 이념에 관심을 가진 이들의 관점에서도 정치적 공동체의 성립은 필요하다. 비록 윤리적 공동체가 구성원들의 내면의 도덕성과 관계하는 것이라 할지라도 외면적 행위들과 관련한 최소한의 외적 규제가 존재하지 않는다면 사람들은 자신이 옳다고 믿는 선업에 열중할 수 없게 될 것이다. "**각자의 자유는 그 아래에서 보편적 법칙에 따라 다른 모든 이의 자유와 공존할 수 있다는 조건들에 국한한다**"(6: 98)는 법리적-시민사회의 법칙을 전제하지 않는다면, 윤리적 이념을 실현하고자 하는 명목하에 다시금 다른 개인들과 불필요한 반목과 소모적인 갈등상태에 놓일 가능성이 있다. 그러므로 우리는 도덕적 자율의 원리에 입각한 윤리적 공동체라는 이념을 실현해나가는 과정에서 법리적-시민사회로서의 정치적 공동체의 수립 또한 필요로 한다. 칸트가 이를 지적하듯, "이 윤리적 공동체는 정치적 공동체의 한가운데에, 그것도 정치적 공동체의 구성원들로 성립"하는 것이며, "도대체가 정치적 공동체가 기초에 놓여 있지 않고서는 윤리적 공동체는 인간에 의하여 전혀 성취될 수 없을 터다"(6: 94).

나아가, 윤리적 공동체가 추구하는 것이 선의 이념이라 할지라도 그것의 구현을 시도하기 위해 인간에게 주어진 유일한 질료는 이생에 주어진 인간 사회다. 따라서 윤리적 시민사회의 체제는 "그 법칙 수립이 순전히 내면적인 그러한 제도, 즉 덕법칙들 아래에 있는 공화국"이지만, 그것은 여전히 "외면적인, 정치적-시민적 법칙들에 따르는 제도"(6: 100)에 적용되어야 한다. 따라서 우리는 갈등 해결의 근본적인 원리로서 개개인의 선한 마음씨에 기반한 윤리적 공동체의 성립을 목표로 하지만, 그것은 우리가 실제 몸 담고 있는 정치 공동체의 법칙을 준수하는 동시에, 자신과 그러한 정치 공동체가 함께 선의 이념에 더 가깝게 되는 변화를 모색하는 것으로부터 출발해야 한다.

6. 「세계시민적 관점에서 본 보편사의 이념」에서 제시된 갈등 해결의 실천적인 측면

그렇다면 사회적 갈등들을 해결해가기 위해 구체적으로 우리는 어떤 노력을 해야 하는가. 칸트는 「세계시민적 관점에서 본 보편사의 이념」(이하 「이념」)에서 인간 사이에서 발생하는 갈등들을 해결하기 위해 **"정당한 시민적 체제"**(8: 22)로서의 국가를 확립하는 것, 그리고 국제연맹을 통해 보편적 세계시민 상태의 확립을 도모해야 한다는 것을 제안한다. 인간의 자유가 외적인 법률과 결합되는 이러한 체제 안에서, 우리는 인간의 자연 소질이 온전하게 전개되는 것을 막는 갈등과 패악들을 예방하고 해결해나가는 것을 희망할 수 있게 된다. 상호간의 약정과 공동의 입법에 기반한 국가가 도입되기 전의 자연 상태에서 인간은 자신이 지니는 동물성과 인간성의 소질로 인해 끊임없는 저항과 전쟁의 위협에 노출되어 있다. 동물성과 인간성의 소질이 시사하는 인간 사이의 갈등은 그 자체로는 패악이 아니며 "그 자체로는 건전한 저항"(8: 26)으로 생각될 수 있지만, 동물성과 인간성의 소질이 인격성의 소질에 의해 인도되지 않을 때, 그러한 갈등은 지나친 소유욕, 지배욕, 그리고 명예욕 등으로 악화되며, 인간을 끊임없는 폭력과 전쟁 위협에 노출시킨다. 끊임없이 폭력과 전쟁 위협에 시달리는 자연 상태에서, 인간은 자신이 가진 자연의 소질들을 온전히 전개하는 삶을 영위할 수 없기에 상호 간의 약정과 공동의 입법에 기반한 국가를 설립함으로써 정당한 시민 체제로의 이행을 도모하게 된다. 칸트는 다음과 같이 말한다.

> "사회에서만, 그것도 최대 자유를 갖추어 그 구성원들의 일반적 항쟁에도 그런 자유의 한계를 가장 정확하게 규정하고 보장하기에 그 자유가 다른 이의 자유와 양립할 수 있을 — 그런 사회에서만 … 모든 자연 소질이 인류에게 전개될 수 있으므로 … 이 목적을 인류가 스스로 달성하기를 원한다."(8: 22)

칸트는 개인들의 상호 약정과 공동 입법을 통해 개별 국가가 성립된 이후라도 국가 간 약정과 공동 입법이 부재한 국제 관계는 자연 상태에 비견될 수 있다고 본다. 문명화된 국가들 사이의 공동 약정과 입법이 부재한 국제 관계에서는 여전히 이기적인 자기 확장을 도모하는 주체들 사이의 전쟁 위험이 끊이지 않기 때문이다. 자연 상태에 있던 개인들이 법률에 의해 지배되는 국가를 성립시킴으로써 정당한 시민 체제의 확립을 시도한 것과 비슷하게, 끊임없는 전쟁의 위협에 맞서 각 국가는 "야만의 무법 상태에서 벗어나 국제연맹을 맺으려고 추진"하게 된다(8: 24). 각국의 상호 간 저항은 "그들의 자유에서 나오는 그 자체로는 건전한 저항"(8: 26)이지만, 그러한 긴장 관계가 각국의 이기적인 확장 시도에 따라 전쟁 등의 폭력적인 갈등이 발발하게 되면, 그러한 자연 상태에서의 국가들은 더 이상 자신의 안전과 권리를 온전하게 지킬 수 없게 된다. 이러한 갈등 상황은 개별 국가들로 하여금 상호 합의하에 약정하고 공동으로 입법한 통일된 법칙의 체계를 마련하도록 촉진시키고, 이를 통해 자신의 안전과 권리에 대한 보장을 도모하게 만든다. 그래서 국가 간의 지속되는 갈등 상황은 개별 국가들 상호 간의 "균형의 법칙을 발견하게 하고 이 균형의 법칙에 영향을 주는 통합된 힘을, 그래서 공적인 국가안전을 위한 세계시민 상태를 도입하게 한다"는 것이다(8: 26). 그래서 우리는 그 안에서 우리 자신의 자유와 타인들의 자유를 조화시킬 수 있는 "**국내적으로 완성된 국가체제**"(8: 27)를 만들어가기 위해 노력해야 할 뿐 아니라 우리 자신이 속한 국가의 권리와 다른 국가들의 권리를 조화시키기 위해 "인류의 모든 근원적 소질이 전개되는 모체인 **보편적 세계시민 상태**"(8: 28)를 실현해나가기 위해 노력해야 한다. 이러한 정당한 시민 체제로서의 국가와 국제연맹 등을 통해 실현해나가야 하는 보편적 세계시민 상태 안에서 개인과 각 국가는 자신의 임의적인 판단을 통해 타인과 다른 국가의 권리와 영역 등을 침범하지 않도록 주의하게 되며, 그러한 임의적인 판단들을 통해 자신의 자유와 권리를 침범해오려는 타인과 다른 국가들로부터 자신의 안전과 권리를 보장받을 수 있게 된다.

7. 반사회적 사회성

각 개인과 개별 국가들의 임의적인 자기 확장의 시도를 막는 동시에, 그들의 자유와 권한을 최대한으로 보장하는 방식으로 국가와 보편적 세계시민 상태를 확립해나가는 시도에서 갈등 개념은 다시금 핵심적이다. 다른 사회계약 사상가들과 마찬가지로 칸트는 국가와 국제연맹의 설립을 추진하는 것으로의 이행은 야만적인 무법상태에서 끊이지 않는 소모적인 갈등과 전쟁의 위협으로부터 벗어나기 위한 필요에 의해 강제된다고 주장한다. 칸트는 그러한 문명화에서 핵심적으로 작동하는 인간 사이의 항쟁 또는 갈등을 '반사회적 사회성(ungesellige Geselligkeit)'이라 일컫고, 이에 대해 다음과 같이 설명한다.

> "**자연이 모든 자연소질을 전개하기 위해 사용하는 수단은 그것이 최종적으로 소질들이 합법칙적으로 배열하는 원인이 되는 한 사회 안에서 일어나는 자연소질들의 항쟁이다**. 여기서 항쟁은 인간의 비사교적인 사교성, 즉 이 사회를 지속적으로 분할하려고 끝없이 위협하는 일반적 저항과 결합되어 있으면서도 사회에 들어가려는 인간의 성향을 의미한다. 게다가 이 소질은 명백히 인간 본성에 놓여 있다. 인간에게는 자신을 **사회화하**려는 경향이 있다. 인간은 그런 상황에서 자신을 인간 이상으로서, 즉 자신의 자연소질이 전개되는 것을 느끼기 때문이다. 그러나 인간은 자신을 **개별화**하려는(고립하는) 성향도 강하다. 인간은 자신 안에서 모든 것을 자기 의향에만 맞추려는 비사회적 특성을 동시에 마주하기 때문이다. 따라서 인간은 자기 측에서 다른 사람들에게 저항하는 경향이 있는 자기 자신을 아는 것과 마찬가지로 도처에서 저항을 예상한다. 이 저항은 인간의 모든 힘을 일깨우고 나태에 빠지려는 성향을 극복하게 하며, 명예욕과 지배욕 그리고 소유욕에 내몰려 그가 **좋아하지** 않지만 **벗어날** 수도 없는 동시대인 사이에서 어떤 지위를 획득하게 한다. 여기서 이제 야만에서 문화로 가는 최초의 참된 진보가 일어난다."(8: 20-21)

인간은 자신을 사회화하고자 하는 사교적 성향을 자신의 본성 안에 가지고 있으되, 그러한 다양한 구성원들로 구성된 사회에서 자신을 개별화하고 고립시키고자 하는 반사회적인 성향 또한 가지고 있다. 인간은 다른 인간과 교류하고 함께 생활함으로써 자신의 자연소질이 전개되는 힘을 느끼게 되기 때문에 스스로 사회화하고자 하는 경향을 자신의 자연본성 안에 가지고 있다. 그러나 인간은 또한 타인들과 자신을 지속적으로 분리하여 개별화하고 고립시키고자 하는 비사교적인 성향 또한 가지고 있다. 인간은 종종 "모든 것을 자기 의향에만 맞추려는 비사회적 특성"(8: 21)을 보여주며, 이것은 "누구나 자신의 이기적 자만에서 필연적으로 마주치는 속성"(8: 21)이기도 하다. 인간의 이러한 반사회적 사회성으로 인해 인간 사이의 저항과 갈등이 발생하며, 이것은 인간 사회의 여러 패악으로 이어지기도 하지만 문화와 문명화의 원동력이 되기도 한다.

이러한 반사회적 사회성에 대한 칸트의 설명에서, 우리가 앞서 동물성, 인간성, 그리고 인격성으로 구성된 인간의 근원적 소질들과 관련하여 논의한 바와 같이, 갈등의 긍정적 측면과 부정적 측면을 다시 발견하게 된다. 반사회적 사회성으로 인해 산출된 저항은 먼저 우리의 근원적 소질에 기반한 "그 자체로는 건전한 저항"(8: 26)으로 기술될 수 있다. 타인과의 저항을 예상하면서 자신을 사회화하고자 할 때, 인간은 수동적인 만족과 나태함을 벗어나 자신의 재능을 계발하고 전개해야 한다. 인간은 사회 안에서 타인들과 함께 생활하기 위해 노력하는 과정에서 자신의 본성 안에 놓여 있는 힘을 일깨워 나태를 극복하고 문화로 나아가는 진보를 이루어낼 수 있다. 실로 이러한 사회적 관계 안에서 발생하는 긴장과 저항 그리고 갈등이 문화와 문명화를 이룩

하는 원동력이 되며, 칸트가 말하듯 이러한 반사회적 사회성으로 인해 “야만에서 문화로 가는 최초의 참된 진보”(8: 21)가 일어난다. 인간 사이의 저항과 갈등으로 인해 인간의 재능이 계발되고, 취미가 다듬어지며, 처음에는 단순히 정념적 필요에 의해 강제된 사회가 도덕적인 원리에 의해 인도될 수 있는 사유 방식의 전환이 이루어진다.[12] 갈등의 긍정적인 측면은 칸트가 인류가 이룩해야 할 최종적인 목적으로 제시하는 보편적 세계시민 상태와 관련해서도 논의될 수 있다. 국제연맹을 통해 연결된 개별 국가들은 타 국가들의 저항을 예상하며, 자신의 국내 문화를 고양시키는 데 관심을 기울이게 된다. 또한 국제 무역에서 불이익을 당하지 않기 위한 관심에서라도 각 국가는 시민의 자유를 쉽게 침해할 수 없게 되며, 국제 관계 안에서 입을 경제적 · 문화적 타격을 우려하여 전쟁 같은 위험한 기도를 쉽게 할 수 없게 된다. 국내외의 시민 체계에서 발견되는 저항과 갈등은 이와 같이 개인의 능력을 계발하고, 시민사회의 문화를 고양시키며, 국내외적으로 폭력적인 사태를 억제하는 건전한 기능을 수행할 수 있다. 칸트는 다음과 같이 말한다.

> “인류를 장식하는 모든 문화와 기술 그리고 가장 아름다운 사회적 질서는 스스로 자신을 훈련하고, 그래서 강요된 기술로 자연

---

12 강영안은 갈등의 긍정적인 측면에 대해 철학의 활동과 관련하여 다음과 같이 말한다. “철학 함에는 논리적으로 따지기, 논쟁하기, 편 가르기, 그리고 비록 펜이나 말로 한다 하더라도 전쟁하기가 필연적으로 있을 수밖에 없다. 철학적 논쟁은 진리를 추구하기 위한 것이라 하지만, 그 가운데는 언제나 일종의 게임의 요소, 놀이의 요소가 개입되어 있다는 사실을 인정하는 것이 중요하다. … 철학도 일종의 게임일 수 있다는 사실을 인정하는 것이 철학이 독단에 빠지지 않고 스스로 자기수정을 가능할 수 있게 해준다고 말할 수 있다.” 강영안, 「현대사회의 갈등구조와 칸트의 비판적 합리성: 칸트 철학을 통해서 본 갈등 문제」(『칸트연구』 17, 한국칸트학회, 2006), 59쪽.

의 싹을 완전히 전개할 수밖에 없는 비사교성의 결실이다."(8: 22)

그러나 칸트가 제시하는 반사회적 사회성은 그로부터 "많은 악이 발생"하게 되는 원인이기도 하다(8: 21). 반사회적 사회성이 인간의 이기적인 자만심에 기반한 것으로 이해될 때, 그것은 인간에게 타인 위에 서고자 하는 부당한 명예욕과 지배욕 그리고 "만족할 줄 모르는 소유욕"과 "악의적인 경쟁심"으로 내몰아 사회의 패악이라 일컬을 만한 사회적 갈등들을 야기하는 원인이 된다(8: 21). 갈등 개념과 관련하여 앞서 논의한 대로, 그것의 또 다른 이름인 반사회적 사회성과 관련해서도 우리는 우리 존재의 현실로서 받아들이고 활용해야 할 갈등의 긍정적인 측면과, 우리의 실존과 반드시 필연적으로 결합되어 있지는 않아 극복할 수 있는 것으로 생각할 수 있고 극복해야 하는 패악으로서의 갈등을 구분할 필요가 있다. 우리의 근원적인 소질과 결합되어 있어 우리 삶에서 피할 수 없는 갈등은 우리의 재능을 계발하고 문화를 발전시키는 원동력으로서 받아들이고 활용할 수 있을 것이다. 그러나 인간의 소질이 온전히 전개되는 삶을 영위하는 것을 방해하고 파괴하는 갈등에 대해서는 그 근원적 해결 방안을 모색하는 노력이 필요할 것이다.

우드(Allen W. Wood)는 칸트의 도덕철학이 단순히 선과 악에 대한 추상적인 개념 탐구에 그치는 것이 아니라 더욱 적극적으로 사회의 갈등을 해결해나가는 것의 관심과 밀접하게 관련되어 있다는 점을 정당하게 지적한다. 우드에 따르면, 칸트의 실천철학은 "가장 근본적으로 사회적 갈등, 그것의 심리학적 뿌리와 역사적 의미, 그리고 그것을 세계시민적 공화주의를 통해 정의로운 평화를 획득함으로써 그것을 외적으로 통제하는 우리의 위대한 역사적 과제, 그리고 윤리적 공동체 혹은 목적의 왕국을 실현시키는 것을 통해 그것을 없애는 우리의 최종 목적에 관한 것"[13]이다.

그러나 우드가 칸트의 도덕철학이 인간 사회의 실제 갈등을 해결하는 데 관심을 가지고 있다는 것을 주장하는 것을 넘어서 많은 사회적 갈등들의 바탕에 놓여 있는 근본악의 개념을 단순히 인간이 처한 사회적 조건으로부터 유래한 것으로 기술할 때, 칸트가 『종교』에서 제시한 근본악 개념의 형식성을 간과하거나 그것을 충분히 분명하게 드러내는 데 소홀한 것처럼 보인다. 가령 우드에 따르면, 칸트가 "이성의 공평무사한 법칙"이나 "그러한 법칙에 대한 존경의 감정"[14]을 중요하게 다루는 이유는 칸트 자신이 인간에 대해 견지했던 "경험적인 인류학적 가정들"[15]로부터 설명되어야 한다. 이러한 관점에 따르면, 도덕법칙에 대한 존경의 감정이 중요한 이유는 그것을 통해 우리가 사회에서 경험적으로 목도하는 인간의 적대적인 오만들을 없애나가는 데 도움이 되기 때문이다. 우드는 또한 칸트의 근본악 개념이 "인간 본성에 대한 경험적 설명에, 즉 인류학에"[16] 기초해있다는 취지에서 "근본악이 그것의 기원에 있어 사회적"[17]이라고 주장하거나, 혹은 근본악이 사회적인 것으로부터 유래된다는 것을 주장한다.[18] 인간은 사회적 존재

---

13 A. W. Wood, "Unsociable Sociability: The Anthropological Basis of Kantian Ethics" (*Philosophical Topics*, vol. 19, The Univ. of Arkansas, 1991), p. 343.

14 *Ibid.*, p. 337.

15 *Ibid.*, p. 338.

16 *Ibid.*, p. 326.

17 *Ibid.*, p. 342.

18 *Ibid.*, p. 339.

로서, "타인들을 우리의 임의적인 의지에 종속시키고 그들을 우리 자신의 목적을 위한 단순한 수단으로 사용하려는" 충동을 가지며,[19] 우리가 사회 안에서 목도하는 인간 본성에 대한 경험적 지식이 바로 근본악 개념을 결정적으로 형성한 기원이라는 것을 주장한다. 이러한 관점에 따르면, 악은 실로 "사회의 산물"[20]이다.

근본악이 인간 사회의 패악이라 불릴 만한 부정적 갈등들의 바탕에 놓여 있는 것은 사실이지만, 근본악을 단순히 인간이 처한 사회적 조건들로부터 유래되는 것으로 기술하는 것은 칸트가 『종교』에서 제시한 근본악에 대한 개념적 설명과 상충한다. 우리는 물론 사회 안에서 다양한 사회적 갈등들을 경험하고 이로부터 인간 본성에 대한 사유와 추론으로 이행하게 된다. 그러나 인간 본성에 대한 우리의 사유가 사회 안에서 우리가 경험한 갈등들과 함께 시작되었다고 해서 인간 본성에 대해 우리가 추론한 바가 그러한 경험들로부터 유래된 것이라고 단정할 수 없다. 칸트가 『종교』에서 제시한 근본악 개념과 관련하여 앞서 논의했듯이, 다양한 사회적 갈등들의 바탕에 놓여 있는 근본악은 준칙들 안에 채용하는 동기들의 우선순위가 전도됨에 따라 성립되는 것으로 추론된다. 좀 더 구체적으로, 동물성의 소질과 인간성의 소질에 기반한 동기들이 인격성의 소질에 기반한 동기들보다 우선시되어 준칙 안에 채택되는 심정의 전도성으로 인해 근본악이 성립된다. 이러한 근본악은 "몇몇의, 아니 단 하나의 의식적인 악한 행위로부터 그 행위의 기초에 놓여 있는 악한 준칙을 선험적으로 추론"(6: 20)하여 도출

---

19 *Ibid.*, p. 332.

20 A. W. Wood, *Kant's Ethical Thought*(Cambridge: Cambridge Univ. Press, 1999), p. 286.

된 개념으로 여겨져야 한다. 앨리슨(Henry E. Allison)도 이를 지적하듯, 칸트는 『종교』에서 악으로의 성벽을 가능하게 하는 조건들을 탐구함으로써 근본악을 개념적으로 설명하는 과제에 관심을 가지고 있다.[21]

근본악 개념과 더욱 선한 존재가 되기 위한 원리는 추상적인 논의에 그쳐서는 안 되고, 우리의 삶 안에서 일어나는 부정적인 갈등들을 이해하고 해결해나가기 위해 구체적으로 적용되어야 한다. 칸트가 주장하듯 우리는 "오직 연속적인 활동작용과 생성[되어감] 속에서만 선한 인간"(6: 48)일 수 있기 때문이다. 그러나 다시금, 근본악과 도덕적 선의 이념이 실제 삶에 적용하는 것의 문제는 도덕적 선과 악의 개념과 원리들이 우리가 사회 안에서 목도하는 경험적 사례들로부터 유래된 것이라는 주장을 함축하지 않는다.

오히려 앞서 살펴본 동물성, 인간성, 인격성의 관계는 우리가 사회적 존재라는 사실이 사회에서 목도하는 부정적인 갈등들이나 그것들의 바탕에 놓여 있는 악한 마음씨의 직접적인 원인이 되지는 않는다는 점을 보여준다. 칸트는 인격성뿐 아니라 동물성과 인간성 또한 근원적으로 선한 소질이며, 그로부터 야만적 패악과 문화적 패악들이 저절로 발생하는 것은 아니라는 점을 분명히 하고 있다. 동물성과 인간성의 소질들에 기반한 자기보존의 본능, 사회로의 충동, 그리고 비교하는 자기애 등이 도덕적으로 문제가 되는 것은 오직 그것들이 인격성

---

21 H. E. Allison, "Kant's Ethical Thought"(*Ethics*, vol. 111, The University of Chicago, 2001), pp. 606-607. 앨리슨에 따르면, 근본악은 우리가 도덕법칙에 관심을 가진 자유로운 존재일 뿐 아니라 자연적 경향성도 가지는 존재로서 가지는 성향이다. 이것은 우리가 자연적 경향성을 도덕법칙에 대한 존경에 종속시킬 수 없다는 것을 의미하지는 않지만, "유혹의 가능성과 도덕적 제약의 필요를 넘어선 존재가 결코 아니라는 것"을 시사한다. H. E. Allison, *Kant's theory of freedom*(Cambridge: Cambridge Univ. Press, 1995), p. 156.

의 소질에 기반한 도덕법칙에 대한 존경의 동기보다 우선시되어 준칙 안에 채택될 때일 뿐이다. 우리의 동물성과 인간성에 기반한 사회로의 충동들로부터 패악들이 "본래 자연으로부터, 이를 뿌리로 해서, 저절로 발아하는 것"이 아닌데, 왜냐하면 자연이 "단지 문화로의 동기로 이용하고자 했을" 겨루기 "자체는 교호적인 사랑을 배제하지 않는" 것이기 때문이다(6: 27).

근본악이 사회에서 기원한 것이라는 우드의 주장은 나아가 칸트의 근본악 개념이 핵심적으로 설명하고자 하는 도덕적 악의 귀책 문제를 모호하게 만드는 측면이 있다. 인간이 단지 사회적 존재이기 때문에 적대적인 오만함, 타인을 자신의 이기적인 의지에 종속시키려는 악의적인 충동을 가진 것으로 생각하는 것은 부정적인 갈등의 바탕에 놓여 있는 근본악이 인간이 자신의 준칙 안에 물리적인 자기 사랑의 동기를 자유롭게 채택한 결과로서 오롯이 인간이 행한 잘못으로 인간 자신에게 귀책되어야 한다는 점을 분명하게 드러내지 않는다. 이를 김화성이 지적하듯, "… 악한 행위가 전적으로 사회적 산물이라는 우드의 해석은 비록 그가 의도하지는 않았다 할지라도 악의 기원을 사회로 환원시킴으로써 악에 대한 책임성의 소재를 개인보다는 사회에 두게 되는 결과를 면하기는 어려워 보인다."[22]

칸트가 「이념」에서 반사회적 사회성의 개념에 대해 제시하는 설

22 김화성, 「근본악과 반사회성: 칸트에 대한 우드(A. Wood)의 해석을 중심으로」(『범한철학』 59, 범한철학회, 2010), 210쪽. 그렌버그(Jeanine M. Grenberg) 역시 우드가 제시한 악의 사회 기원설을 비판하며 다음과 같이 말한다. "사회가 우리 안에 악을 불어넣는 것이 아니다. 오히려 우리가 사회에 악을 가져오는 것이다. 아무리 역설적으로 들린다 할지라도 악으로의 성향은 유한한 도덕적 존재자로서 우리가 자유를 발휘하기 위한 가능성의 조건이다." J. M. Grenberg, "Social Dimensions of Kant's Conception of Radical Evil"(*Kant's Anatomy of Evil*, New York: Cambridge Univ. Press, 2010), p. 179.

명의 몇몇 구절은 근본악의 사회 기원설을 주장하고, 따라서 근본악의 귀책 문제를 모호하게 만드는 우드의 해석을 뒷받침하는 것처럼 보이기도 한다. 칸트가 「이념」에서 갈등의 긍정적 측면들과 부정적 측면들을 서로 분리될 수 없는 것처럼 제시하여 부정적으로 생각되는 갈등들조차 우리가 해결할 수 없는 자연의 섭리의 부분인 것으로 남겨두는 것처럼 보일 때 특히 그러하다. 가령, 반사회적 사회성에 대해 칸트는 다음과 같이 말한다.

> "저항을 산출하며, 누구나 자신의 이기적 자만에서 필연적으로 마주치는 속성이자 그 자체로는 사랑할 만한 속성이 아닌 비사교성이 없었다면, 완전한 조화로움과 만족감 그리고 상호 사랑과 함께하는 목가적 생활 속에서 모든 재능은 영원히 그 싹에 숨은 채 머물러 있을 것이다. … 그러므로 불화나 악의적인 경쟁심, 만족할 줄 모르는 소유욕이나 지배욕이 있게 한 자연에 감사하라! 이런 것들이 없다면 인간성 속에 있는 탁월한 모든 자연소질은 전개되지 못한 채 영원히 잠들게 될 것이다. 인간은 조화로움을 원한다. 그러나 자연은 인간 종족을 위해 무엇이 좋은지를 더 잘 안다. 그래서 자연은 불화를 원한다. 인간은 안락하고 만족스럽게 살기를 원한다. 그러나 자연은 인간이 나태와 수동적 만족감에서 나와 노동과 고난에 빠지기를 원한다. 이것들에서 영리하게 다시 빠져나올 방도를 찾아내게 하려고 말이다. 이를 향한 자연적 원동력이 되는 비사교성과 지속적 저항의 원천은 비록 그것에서 많은 악이 발생하더라도 힘의 새로운 긴장을, 그래서 자연소질의 다양한 전개를 추진한다."(8: 21-22)

또한 칸트는 국가 간 전쟁 같은 반인륜적인 범죄들에 대해서도 보편적 시민사회의 확립을 위해 불가피하게 필요한 역사의 한 과정인 것으로 기술하는 것처럼 보일 때도 있다. 칸트는 다음과 같이 말한다.

> "모든 전쟁은(인간의 의도에서는 아닐지라도 자연의 의도에서는) 국가들 사이의 새로운 관계를 정립하려는 시도이며 파괴함으로써, 적어도 모든 것을 조각냄으로써 새로운 국가를 세우려는 시도이기도 하다."(8: 24-25)

그러나 「이념」에서 다루어진 반사회적 사회성의 개념은 『종교』에서 근본악의 문제와 관련하여 다루어진 도덕적 귀책 문제를 다룬 관점과 일관되게 해석될 수 있다. 칸트는 「이념」의 첫 문장에서 자신이 목적론적 자연학의 관점에 기반하여 기술하는 자연 의도에 대한 내용이 "우리 의지 자유 개념에 대한 형이상학적 의도로"(8: 17) 취하는 태도와는 구분되는 것이라고 시사한다.[23] 전쟁 같은 패악이 자연 의도에서 어떤 기능을 하는 것으로 기술될 수 있는지와는 무관하게, 우리가 준칙안의 동기를 자유롭게 채택하여 행위 한다는 의지 자유에 대한 우리의 형이상학적 태도에 따라 그것은 여전히 인간이 행한 잘못으로 기술될 수 있고 기술되어야 한다. 그러한 패악을 인간에게 귀책시키지 않는 삶의 방식을 우리는 용인하지 않으며, 도덕적 선과 악의 개념과 평가의 의의를 삭제하지 않고 남겨두고자 하는 한 전쟁 같은 패악을 인간에게

---

23 "우리가 **의지 자유** 개념에 대해 형이상학적 의도로 어떤 태도를 취하든지 간에 의지의 **현상**인 인간행위는 다른 모든 자연현상과 마찬가지로 보편적 자연법칙에 따라 규정된다"(8: 17).

귀책시키는 태도는 적어도 경험적 사실들로 환원되거나 논박되지 않는 방식으로 우리의 삶 안에 남겨질 수 있다. 그리고 그러한 태도는 갈등의 원인을 자신의 자유 능력과 관련된 것으로 이해하고, 부정적인 갈등들을 예방하고 해결해나가는 삶의 원리들로서 옹호될 수 있다. 더욱이 「이념」에서 보편적 세계시민 상태의 확립을 인류 스스로도 원하는 최종 목표로 제시할 때, 그러한 역사의 방향을 인도하는 것은 여전히 도덕법칙의 이념이라는 것이 주장된다. 전쟁과도 같은 자연 상태를 벗어나기 위한 단순한 필요에 의해 인간이 국가와 국제연맹 같은 통일된 사법 체계 안으로 들어갈 때, 지속적인 계몽을 통해 인류가 최종적으로 도달해야 하는 지점은 "도덕적으로 선한 마음씨에 접목"(8: 26)된 정의롭고 보편적인 세계시민 상태로 제시된다. 역사 발전의 방향을 최종적으로 이끄는 이념이 여전히 인간의 "사고방식을 내면적으로 교육하기 위한 점차적인 노력"(8: 26)을 요구하는 도덕적 세계시민 상태일 때, 우리는 개개인이 자신의 사유와 행위에 대해 책임을 지는 인격적 주체로서 온전히 설 것을 요구하지 않을 수 없다.

8. 결론

인간의 근원적 소질에는 도덕법칙에 대한 존경을 자신의 준칙 안의 동기로 채택하는 인격성의 소질뿐 아니라 순전히 물리적인 동물성과 비교하며 계산하는 이성에 기반한 인간성도 포함되어 있다. 자연적 경향성과 관련된 동물성과 인간성은 인간 사회의 패악이라 불리는 부정적인 갈등들의 직접적인 원인이라기보다 그것들이 도덕법칙과 충돌하지 않으며 도덕법칙의 준수를 오히려 촉진하는 경우에 선의 소질들로 기술될 수 있다. 그러나 동물성과 인간성의 소질들이 인격성의 소질들보다 우선시되어 자연적 경향성에 기반한 동기들이 도덕법칙에 대한 존경이라는 동기 아래 종속되지 않을 때, 동물성과 인간성의 소질들은 다양한 야만적 패악들과 문화적 패악들이 접목되는 바탕이 된다.

이러한 패악들을 예방하고 발생한 부정적인 갈등들을 해결해나가기 위해서는 첫째, 동기들의 전도된 질서를 바로잡아 인격성의 소질들이 동물성과 인간성의 소질들을 인도해갈 수 있도록 소질들의 형식적 관계를 바로잡는 것이 중요하다. 근원적으로 선의 소질들을 가지고 악을 저지른 것이 인간이 자유롭게 선택한 결과로서 오롯이 인간이 스스로 책임져야 하는 바라면, 악으로부터 선으로의 복귀 역시 인간의 자유의지를 통해 실현될 수 있는 것으로 생각될 수 있다. 자유의 원인은 시간상에서 추적될 수 있는 경험적이고 물리적인 사건들이 아니며, 자유 개념에 대한 이해에서 더욱 중요한 것은 자신의 행위에 대해 책임을 져야 하는 존재로 스스로를 이해하는 자기결단이다.

둘째, 부정적인 갈등의 바탕에 놓여 있는 악한 마음씨를 극복하고 좀 더 선한 존재가 되겠다는 결단은 단순히 추상적인 바람이나 간구에 그쳐서는 의미를 가질 수 없고, 그러한 이념을 "오직 연속적인 활동 작용과 생성[되어감] 속에서"(6: 48) 실현하고자 하는 노력과 결합되어야 한다. 이에 따르면, 우리는 실제 삶 안에서 더 선한 존재가 되기 위해 타고난 재능을 활용하여 최선을 다해 올바르다고 믿는 바를 실천해야 한다.

갈등 해결을 위한 두 가지 처방, 즉 준칙의 형식 면에서 인격성의 소질 아래 인간성과 동물성의 소질들을 종속시키는 것, 그리고 그러한 형식적 관계를 실제 삶 안에서 적용하기 위한 실천이 모두 갖추어졌을 때, 우리는 실제로 더 선한 존재가 되기 위한 노력을 하고 있는 것으로 생각될 수 있고, 인간 사회의 패악들이라고 불리는 다양한 갈등을 실제로 해결해나가는 원리에 접근하게 된다.

좀 더 구체적으로 우리는 상호 약정과 공동 입법을 통해 성립된 국가를 통해 정당한 시민 체제를 확립해나가고, 개별 국가들의 안전과 권익을 법과 원리에 따라 보장하고자 노력하는 보편적 세계시민 상태를 성립시켜나가기 위해 노력해야 한다. 그러한 구체적인 노력은 분명히 우리의 실제 삶 안에서 구현되어야 하지만, 그것을 인도하는 이념은 인격성의 소질이 동물성과 인간성의 소질을 인도하는 준칙들의 윤리적 질서 안에서만 찾아질 수 있다.

참고문헌

강영안, 「현대사회의 갈등구조와 칸트의 비판적 합리성: 칸트 철학을 통해서 본 갈등 문제」, 『칸트연구』 17, 한국칸트학회, 2006, 47-74쪽.

______, 「칸트의 근본악과 자유」, 『철학연구』, 대한철학회, 1995, 193-215쪽.

김화성, 「모든 인간은 본성상 악하다: 악의 보편성에 관한 칸트의 증명」, 『철학사상』 32, 서울대학교 철학사상연구소, 2009, 115-143쪽.

______, 「근본악과 반사회성: 칸트에 대한 우드(A. Wood)의 해석을 중심으로」, 『범한철학』 59, 범한철학회, 2010, 197-221쪽.

오창환, 「칸트 윤리학에서 자기애의 문제」, 『감성연구』 13, 전남대학교 호남학연구원, 2016, 93-138쪽.

이원봉, 「칸트 윤리학과 도덕적 자살의 가능성」, 『철학논집』 62, 서강대학교 철학연구소, 2020, 9-36쪽.

이진오, 「인간종의 한계상황으로서 칸트의 근본악」, 『칸트연구』 40, 한국칸트학회, 2017, 75-112쪽.

임마누엘 칸트(백종현 옮김), 『이성의 한계 안에서의 종교』, 파주: 아카넷, 2011.

______(김미영 외 옮김), 「세계시민적 관점에서 본 보편사의 이념」, 『비판기 저작 I』, 한국칸트학회 기획, 파주: 한길사, 2018.

______(이원봉 옮김), 『도덕 형이상학을 위한 기초 놓기』, 서울: 책세상, 2019.

Allison, H. E., *Kant's theory of freedom*, Cambridge: Cambridge Univ. Press, 1995.

______, "Ethics, Evil, and Anthropology in Kant: Remarks on Allen Wood's Kant's Ethical Thought," *Ethics*, vol. 111, The University of Chicago, 2001, pp. 594-613.

Anderson-Gold, S., "Kant, Radical Evil, and Crimes against Humanity," *Kant's Anatomy of Evil*, New York: Cambridge Univ. Press, 2010, pp. 195-214.

Grenberg, J. M., "Social Dimensions of Kant's Conception of Radical Evil," *Kant's Anatomy of Evil*, New York: Cambridge Univ. Press, 2010, pp. 173-194.

Kant, I., *Kant's gesammelte Schriften*, hrsg. Berlin und Leibzig: Königlich Preußischen Akademie der Wissenschaften, 1902ff.

______, *Religion within the Boundaries of Mere Reason And Other Writings*, Cambridge: Cambridge Univ. Press, 1998.

______, *Groundwork of the Metaphysics of Morals*, Cambridge: Cambridge Univ. Press, 1998.

O'Neill, O., "Kant and the Social Contract Tradition," *Kant's Political Theory: Interpretations and Applications*, University Park: Penn State Univ. Press, 2012.

Wood, A. W., "Unsociable Sociability: The Anthropological Basis of Kantian Ethics," *Philosophical Topics*, The Univ. of Arkansas, vol. 19, 1991, pp. 325-351.

______, *Kant's Ethical Thought*, Cambridge: Cambridge Univ. Press, 1999.

02
내적 갈등과 합리성

최우창(경북대학교 철학과 박사과정)

1. 들어가는 말

사람이 사는 모든 곳에는 갈등이 있다. 쉽게 해소되는 갈등이 있는 반면, 결코 해소되지 않을 것 같은 갈등도 있다. 시간이 지나면 저절로 사라지는 갈등도 있고, 시간이 지날수록 깊어지는 갈등도 있다. 갈등은 여러 가지 모습으로 편재(遍在)한다.

우리 삶에 편재한 갈등을 우리가 이론적이든 실천적이든 이해하고 다루어야 할 문제로 여긴다면 갈등에 대한 학문적인 고찰과 분석을 수행하는 것은 자연스러운 일이다. 그러한 학문적 고찰의 가능한 몇 가지 예를 들어보자면 다음과 같을 것이다. 정치학에서는 특정한 정치적 갈등의 사례에 대한 원인과 맥락을 분석하거나 유사한 갈등 사례들을 유형화할 수도 있고, 그에 따른 사회적 여파를 예측하거나 설명할 수 있을 것이다. 마찬가지로 사회학에서도 다양한 사회적 갈등을 대상으로 하여 유형화하고 예측하며 설명하고자 할 것이다. 그렇다면 갈등에 대한 철학적 고찰과 분석은 어떤 것이어야 하는가? 분명하게 말할 수 있는 것은 갈등에 대한 철학적 작업이 일반적인 의미에서 보면 위와 같은 경험과학의 방식과는 다르다는 것이다. 철학자들 사이에 뚜렷하고 특징적인 공통의 연구방법론이 있다고 말하기는 어려울 것이다. 그러나 필자는 철학적 분석의 한 가지 유의미한 것이 있다면 그것은 주제와 관련된 문제가 정확히 무엇인지 명료하게 만드는 것이라고 생각한다. 이 글에서 수행되는 분석은 이런 관점에서 갈등 문제의 핵심적인 부분을 명료하게 만드는 것을 목표로 한다.

이 글은 다음 세 가지를 목표로 한다. 첫째는 갈등 개념에 대한 일상적인 이해에서 출발해 내적 갈등의 의미를 추려내고 정의하여 갈등을 크게 내적 갈등과 외적 갈등으로 구분할 수 있음을 지적하는 것이다. 둘째는 앞서의 구분 중 내적 갈등에 초점을 맞추어 내적 갈등이 무엇인지, 그리고 내적 갈등은 왜 해소를 요구하는 문제라고 할 수 있는지를 밝히는 것이다. 마지막으로는 필자가 제안한 방식으로 기술된 내적 갈등의 문제가 해소되는 세 가지 방식을 살펴보는 것이다.

이어지는 글의 구성은 다음과 같다. 2절에서는 갈등 개념을 명료하게 이해하기 위한 몇 가지 구분을 제시한다. 3절에서는 앞서의 구분을 바탕으로 내적 갈등을 주제로 삼아 내적 갈등이 성립하는 조건을 분석한 후 한 가지 정의를 제안한다. 4절에서는 3절에서 제안된 정의에 포함된 개념들을 상세하게 해명한다. 그리고 5절에서는 내적 갈등의 세 가지 해소 방식을 살펴볼 것이다.

2. '갈등'의 중심적 의미

이 절에서는 갈등 개념에 대한 우리의 일상적인 이해를 포착하여 갈등 개념을 명료화하는 분석이 제시된다. 우선 일상적으로 우리가 '갈등'이라는 단어를 어떻게 쓰는지를 살펴볼 필요가 있다.

'갈등'이라는 단어의 일상적인 용례는 매우 다양하다. 그중 몇 가지를 예로 들어보면 '갈등이 깊어지다', '갈등을 빚다', '갈등하다', '갈등이 있다' 등이 있다. '갈등'이라는 단어 자체는 명사이지만, '갈등하다'의 경우를 제외하면 대체로 우리는 '갈등'으로 어떤 사태를 지시하거나 특정 술어를 통해 갈등이 어떤 모습을 하고 있는지를 기술하는 패턴으로 '갈등'이라는 단어를 사용하는 것으로 보인다. 즉, '갈등이 ___다'라는 것이 일반적인 형식이다.[1]

그런데 일반적으로는 여기에 추가적인 요소가 있어야 비로소 유의미한 정보를 제공하는 진술이 될 것이다. 그 추가적인 요소란 갈등이 성립하는 대상들을 가리키는 말이다. 즉, '갈등'이라는 단어로 어떤 사태를 기술할 때 'X와 Y 사이의 갈등이 ___다'라는 형식이 적절한 형식이 될 것이다. 그리고 각각의 X와 Y가 가리킬 수 있는 대상도 매우 다양하다는 것을 쉽게 알 수 있다. 즉 우리는 갈등의 당사자를 사람으로 보기도 하고, 사람의 집단으로 보기도 하며, 심지어는 가치관이나 욕구처럼 사람이 아닌 것들 사이에도 갈등이 있다고 기술하기도 한다.

'갈등'이라는 말을 사용하는 방식에 대한 위의 기술이 특정 단어의 용법과 관련된 언어학적 사실을 포괄적으로 기술한 것이 될 수는

---

1 이 문장 형식에서 밑줄 친 빈칸에는 적절한 서술어가 대입된다.

없다. 하지만 우리가 '갈등'이라는 말을 다양한 대상에 대해 다양한 양상을 가지는 것으로 쓰고 있다는 것을 보여주기에는 충분하다고 믿는다. 이런 다양한 용법에도 불구하고 여기에는 분명히 공통적인 요소가 있다. 그 요소를 추려내어 탐구의 주제로 삼기 위해서는 대표성을 띨 수 있는 중심적인 의미를 추려내는 것이 필요할 것이다.

우선 이 글에서는 중심적인 의미에서 갈등이 적용되는 대상을 사람으로 보고자 한다. 즉, 갈등은 기본적으로 사람 혹은 사람들 사이에 적용되는 것이다. 기타의 갈등, 즉 집단이나 가치관의 갈등 같은 것은 각각의 집단을 구성하는 사람들 사이의 갈등, 서로 다른 가치관을 갖는 사람들 사이의 갈등이 성립하는 경우에 한해 파생적으로 유의미할 수 있다. 이런 제안에는 한 가지 납득할 만한 이유가 있다. 갈등의 해소는 많은 경우에 어떤 결단 혹은 결정을 통해 이루어지는데, 결단 혹은 결정이라는 것은 기본적으로 사람의 행위이며, 그러한 갈등의 해소를 통해 어떤 이익이 주어진다면 그 이익의 혜택을 받는 것도 사람이 될 것이다. 그렇다면 궁극적으로 갈등에 처하고 그것을 해소하고자 하는 동기를 갖는 주체도 사람이 되는 것이 자연스러울 것이다. 만일 그렇지 않다면, 예컨대 가치관을 갖는 사람과 독립적으로 가치관이라는 일련의 가치명제의 집합 사이에 성립하는 관계를 갈등이라고 본다면 사람이 그 갈등을 해소해야 할 동기도, 그로 인해 고통을 겪거나 갈등을 해소했을 때 이익을 얻는 것도 자연스럽게 설명하기 어려울 것이다.

또한 이하부터는 '갈등이 ___다'라는 표현 대신 '갈등을 겪다'라는 표현을 쓸 것이다. 그 이유는 이 글의 목적이 갈등 개념을 명료하게 하는 데 있지 갈등이 어떤 양상을 띠는지는 다루고 있지 않기 때문이다. 갈등이 어떻게 심화되는지에 대한 물음보다 갈등이 있다는 것이 무엇인지에 대한 물음이 선행되고 이 글은 선행되는 물음을 다루고 있다는 점에서 이러한 단순화는 적절하다고 판단된다. 이하에서는 이러한 이유로 '갈등이 ___다'라는 표현 대신 '갈등을 겪다'라고 쓰고 이를 하나의 술어로 간주할 것이다.

마지막으로 이 글에서는 '갈등을 겪다'라는 술어가 1항 술어, 즉 'X가 갈등을 겪다'로 쓰일 수도 있고 'X와 Y가 갈등을 겪다'라는 2항 술어로 쓰일 수도 있는 술어로 간주할 것이다. 이는 일상적인 용례에서 '갈등하다'의 의미를 반영하기 위함이다. 일반적으로 '갈등하다'는 'X가 P와 Q 사이에서 갈등하다'라는 형식으로 쓰이는데, 이 경우 갈등을 겪는 당사자는 X 혼자다. 이는 우리가 흔히 '내적 갈등'이라 부르는 사태를 기술하는 방식에 해당한다. 이에 '갈등을 겪다'가 1항 술어로 쓰인 진술은 내적 갈등을, 2항 술어로 쓰인 진술은 외적 갈등을 기술하는 것으로 간주하고자 한다.[2]

정리하면, 이 글에서는 '갈등'의 중심적인 의미를 임의의 사람 X, Y에 대해 적용하고 'X가 갈등을 겪다'와 'X와 Y가 갈등을 겪다'라는 형식으로 각각 내적 갈등과 외적 갈등을 가리키는 것으로 추려내어 사용할 것이다. 이 절에서 추려진 의미는 아직 완성된 것이 아니다. 중심적인 의미의 추가적인 부분은 아래 분석에서 채워질 것이다. 서론에서 언급했듯이 이 글에서는 내적 갈등에 대한 분석만 다룬다. 이어지는 3절에서는 'X가 갈등을 겪다'가 참이기 위한 조건을 분석할 것이다.

---

2 'X와 Y가 갈등을 겪다'가 X와 Y가 대립하는 갈등과 X와 Y가 각각 내적인 갈등을 겪는 것을 둘 다 의미할 수 있는 애매성이 있다고 여겨질 수도 있다. 하지만 본문에서 언급했듯 내적 갈등과 외적 갈등은 각각 1항 술어와 2항 술어를 통해 기술되고, 언어적으로 유사할 뿐 둘은 완전히 다른 술어이기 때문에 애매성이 있다고 볼 수는 없다.

3. 내적 갈등의 조건

2절에서 논의의 범위를 축소한 바에 따라 이 절에서는 'X가 갈등을 겪다'로 기술되는 내적 갈등이 갖는 조건들에 대한 분석을 제시할 것이다. 우선 내적 갈등 일반의 필요조건이 무엇인지 살펴보고 네 가지 필요조건을 제시할 것이다. 그리고 앞서 제시한 네 가지 필요조건의 연언이 최소한의 의미에서 내적 갈등을 구성하는 충분조건 또한 된다는 것을 주장할 것이다.

우선 내적 갈등을 겪고 있는 행위자를 떠올려보자. 어떤 종류의 내적 갈등이든 갈등을 겪는 행위자가 무언가 결정을 내리지 못하고 있다는 사실을 포함하지 않는다면 내적 갈등을 겪고 있는 행위자를 상상하기는 어렵다는 것을 쉽게 알 수 있다.[3] 결정을 내리는 데 고민과 망설임이 없는 사람은 적어도 결정을 내리는 과정에서는 어떤 내적 갈등도 겪지 않는다고 보는 것이 옳을 것이다. 혹자는 결정에 망설임이 없더라도 그 과정에서 겪는 심리적·정서적 "불편함"이 있을 수 있고, 그러한 불편함을 겪는 것 또한 갈등을 겪는 것으로 볼 수 있다고 주장할지도 모른다. 하지만 이런 주장은 바로 그 '불편함'이 무엇을 의미하는지, 또 갈등 개념을 이해하는 데 어떤 역할을 하는지 불분명하기 때문에 받아들이기 어렵다. 내가 아이스크림을 먹을지 커피를 마실지 고민하다가 아이스크림을 먹기로 결정하고 주문했지만 커피를 마시지 못한 것에 대해 불편한 감정, 예컨대 아쉬움이나 후회가 들었다고 해보자. 이는 충분히 일상적이고 상상 가능한 상황이지만, 이 상황에서 불

---

3 F. Schick, "Coping with Conflict"(*The Journal of Philosophy*, vol. 85, Columbia University, 1998), p. 362 참조.

편한 감정을 겪는 것을 갈등을 겪는 것으로 보지 않는다는 것은 분명해 보인다.

결정을 내리지 못한다는 것이 내적 갈등의 필요조건이라는 것을 받아들일 수 있다면 그다음은 무엇들 사이에 결정을 내리지 못하는 것인지가 밝혀져야 할 것이다. 한 명의 행위자가 겪는 갈등에도 여러 가지 종류의 갈등이 있을 수 있다. 가지고 있는 믿음 간의 갈등도 있을 수 있고, 감정 갈등이나 행위 갈등도 그 예시가 될 수 있다. 생각건대 이러한 다양한 종류의 갈등들 사이에 본질적인 것은 복수의 선택지 사이에서 결정을 내리지 못하는 것으로 보인다. 즉, 앞서 언급된 예시들은 각각 여러 명제 중 무엇을 믿을지, 복합적으로 드는 감정 중 어떤 감정을 승인할지, 여러 가지 행위 중 어떤 것을 해야 할지에 관한 갈등이라 할 수 있다. 즉, 내적 갈등은 행위자가 복수의 선택지, 즉 자신이 할 수 있다고 믿는 것들 사이에서 무엇을 할지 결정을 내리지 못하는 것이다.[4] 단순히 행위자가 할 수 없는 것들이라고 해서 그것들 사이의 갈등이 행위자에게 일어날 수 없는 것은 아니다. 내가 갈 수 있는 모든 아이스크림 가게가 문을 닫아서 아이스크림을 사 먹을 수 없는 상황이더라도 내가 그 사실을 몰랐다면 아이스크림을 먹으러 갈지 말지 갈등하는 것은 가능하다. 반면 행위자가 자신이 할 수 없는 것이라고 생각하는 것 사이에서는 갈등이 일어날 수 없다. 누군가가 나에게 내일 생일 선물을 주기로 한 경우에 내가 무슨 선물을 받을지 갈등하는 상황

---

4 여기서 필자는 선택지의 개념을 행위자가 할 수 있다고 믿는 것으로 간주했다. 선택지 개념을 이렇게 간주하는 것에 대한 정당화는 권홍우, 「믿음과 욕구가 설명하는 것에 관하여」, (『철학연구』 151, 철학연구회, 2019), 10쪽 참조. 하지만 이 글에서 필자가 제시하는 분석은 특정한 선택지 개념에 직접적으로 의존하지는 않는다.

은 있을 수 없다. 따라서 아래에서는 행위자의 내적 갈등을 복수의 선택지 사이에 갈등하는 것으로 간주할 것이다. 다만 단순화를 위해 두 가지 선택지 사이에 갈등하는 것으로 논의를 축소하여 진행할 것이다.

단지 두 개의 선택지가 있고 행위자가 그 둘 사이에 결정을 내리지 못한다고 해서 행위자가 반드시 내적 갈등에 있는가? 어떤 의미에서는 분명히 그렇다. 즉, X가 두 선택지 사이에서 결정을 내리지 못하고 있다면 오직 그러한 경우에 X는 갈등을 겪고 있다. 하지만 이는 사소한 결론이다. 왜냐하면 앞서 내적 갈등은 '갈등하다'라는 술어로 우리가 표현하고자 하는 바라고 말했는데, '두 선택지 사이에서 갈등하다'와 '두 선택지 사이에서 결정을 내리지 못하고 있다'는 그저 같은 의미이기 때문이다. 앞 문단에서 다루어진 것은 단지 무엇들 사이에서 갈등하는가에 대한 것이지 갈등 자체에 대한 분석은 이루어지지 않은 셈이다. 갈등 자체에 대한 이해를 위해서는 'X가 두 선택지 사이에서 결정하지 못함'이 어떤 조건하에서 참이 되는지를 분석해야 할 필요가 있다. 이는 '결정하지 못함'을 '결정이 내려지지 않음'으로 대체해보면 그 필요성이 잘 드러난다. X에게 두 선택지가 있고, 둘 중 무엇을 할지에 대한 X의 결정이 내려지지 않았다는 기술과 X가 내적 갈등을 겪고 있다는 기술 사이에는 간극이 있다. 아래에서는 그 간극을 메꾸기 위한 추가적인 분석이 제시될 것이다.

첫째로 행위자는 두 선택지 간에 결정을 내려야 할 상황에 있어야 한다. 다음과 같은 상황을 생각해보자. 나는 내가 부모님을 뵈러 갈 수 있다고 믿는다. 또한 나는 내가 중요한 조별 과제 모임에 갈 수 있다고도 믿는다. 즉, 이들은 모두 나에게 선택지다. 나는 아직 둘 중에 무엇을 할지 결정하지 않았다. 그러나 나는 동시에 둘 중 어느 것도 해야 하는 상황에 놓여 있지 않다. 아무것도 하지 않아도 아무런 문제가 생기지 않는다. 이런 상황이라면 두 개의 선택지가 존재하고 결정을 내리지 않았지만, 내가 갈등을 겪고 있다고 할 수는 없다. 따라서 행위자가 내적 갈등에 있기 위해서는 적어도 행위자가 주어진 두 선택지를 할 이유가 있다고 믿거나 행위자는 각각의 선택지에 대해 자신이 그것을 해야 한다고 믿어야 한다.[5]

둘째로 행위자의 두 선택지는 어떤 의미에서 양립 불가능해야 한다. 위의 상황을 다시 보자. 나는 내가 부모님을 뵈러 갈 수 있다고 믿고, 중요한 조별 과제 모임에 갈 수 있다고도 믿는다. 또한 나는 그 둘 모두 해야 한다고 믿는다. 그리고 나는 아직 결정을 내리지 않은 상태다. 이 사실들만으로는 내가 내적 갈등에 있다고 할 수는 없다. 내가 두 선택지 모두를 실현할 수 있음에도 모종의 이유로 결정을 내리고 있지 않을 수도 있기 때문이다. 주어진 상황에서 결정적으로 내가 결정을 내리지 "못하는" 상황이 되기 위해서는 두 선택지가 어떤 의미에서 양립 불가능한 것이어야 한다.[6] 하지만 이러한 선택지가 반드시 논리적으로 양립 불가능한 것이어야 한다거나 실제로 양립 불가능한 것이어야 할 필요는 없다. 실제로는 (내가 모르는 사실 때문에) 부모님을 뵈러 가는 것과 조별 과제 모임에 가는 것 모두를 할 수 있지만, 내가 그 두 행위

5 '할 이유가 있다'와 '해야 한다'의 개념 또한 해명이 필요하다. 이는 4절에서 상세하게 다룰 것이다.

6 두 선택지가 양립 불가능해야 한다는 조건은 칸트와 버나드 윌리엄스(Bernard Williams), 프레데릭 쉬크(Frederic Schick)도 언급하고 있다. 각각 I. Kant, *Metaphysics of Morals Part II(Metaphysical Principles of Virtue)*, 1797, reprinted in J. Ellington(trans.), *Kant's Ethical Philosophy*(Indianapolis: Hackett Publishing Company, 1994), p. 24, B. Williams, "Ethical Consistency"(*Proceedings of the Aristotelian Society Supplementary Volume*, vol. 39, Aristotelian Society, 1965) p. 104 및 Schick, "Coping with Conflict," p. 362 참조.

를 모두 할 수는 없다고 믿는다면 나는 적어도 그 믿음이 유지되는 한 갈등을 겪게 될 것이다.[7]

마지막으로, 행위자는 어떤 것을 할지 결정을 내릴 때 합리성의 요구조건(requirements of rationality)을 준수하고자 하는 합리적 행위자로 가정되어야 한다. 언뜻 보기에는 갈등에 대한 이해와 무관한 것으로 보이지만, 필자가 보기에 이는 중요한 조건이라 생각한다. 우선 여기에서 합리적 행위자가 준수하고자 하는 합리성의 요구조건에 대해 간단히 언급하겠다. 앞서의 분석에 따르면, 어떤 행위자가 갈등을 겪는다면 그는 자신이 양립할 수 없다고 믿는 두 선택지에 대해 각각 그것을 자신이 해야 한다고 믿고 어떤 행위를 할지 결정을 내리지 않은 상황에 있다. 하지만 만일 행위자가 자신의 믿음에도 불구하고 아무것도 하지 않기로 하여 결정을 내리지 않은 상황을 생각해보자. 이는 앞서의 필요조건들을 모두 만족하지만 분명히 그 행위자가 갈등하는 상황이라고 보기는 어렵다.

이러한 가정에 대해 다음 두 비판이 제기될 수 있다. 우선 첫 번째 가능한 반론은 다음과 같다. 아무것도 결정하지 않기로 한 상황을 갈등을 겪는 경우에서 배제하기 위해 행위자가 합리적이어야 한다는 조건을 추가해야 한다는 주장은 곧 이 상황의 행위자가 비합리적이라고 말하는 것인데, 그 근거가 불충분하다. 이에 대한 답변은 다음과 같이 제시될 수 있다. 내적 갈등에 대한 지금까지의 기술이 옳다면 행위자는 경합하는 두 선택지에 관한 어떤 믿음으로부터 어떤 행위를 할지 추론을 통해 의도를 형성하는 과정을 거치게 된다. 단지 그 과정에서

7 이에 관해서는 4절에서 한 번 더 언급될 것이다.

모종의 이유로 의도가 형성되지 않은 것이다. 추론을 통해 의도를 형성하는 것을 결정을 내리는 것이라 본다면, 위에서 기술한 상황은 다음과 같이 재기술할 수 있다.[8] 행위자는 무언가를 해야 한다고 믿는데도 그것을 하려는 의도를 형성하지 않고 있다. 상황이 이렇다면 행위자는 분명히 비합리적인 태도를 취하고 있는 것으로 보인다.[9] 덧붙여, 행위자가 이러한 요구조건에 구속되지 않는다면 그러한 행위자의 선택 갈등이라는 것은 이해하기 어려운 것으로 보인다. 그런 행위자는 선택지가 무엇이 있든, 그것에 대해 어떻게 생각하든 아무렇게나 할 수 있고 아무렇게나 하지 않을 수 있을 텐데, 이러한 행위자에게 유의미한 내적 갈등이 있다는 것은 상상하기 어렵다.

두 번째로 가능한 반론은 다음과 같다. 그렇다면 갈등을 겪는다는 것이 결정이 내려지지 않았음을 포함한다는 앞서의 주장에 비춰보면 내적 갈등 상황 자체가 비합리적인 것이며, 그렇다면 합리적 행위자는 내적 갈등에 빠지지 않아야 되는 것 아닌가 하는 비판이다. 이에 대한 답변은 다음과 같다. 우선 합리적 행위자는 앞서 언급한바, 어떤 것을 할지 결정을 내릴 때 합리성의 요구조건을 준수하고자 하는 자로 간주된다. 중요한 점은 '합리적 행위자'가 언제나 합리적으로만 행위 하는 자, 모든 비합리적 상황을 의지대로 회피할 수 있는 자를 뜻하지 않는다는 점이다. 실수나 제한된 숙고 능력에 의해 비합리적인 선택을 할

---

8 추론에 의해 의도를 형성하는 것을 결정을 내리는 것과 동일하게 보는 견해는 존 브룸(John Broome)의 견해를 따른 것이다. J. Broome, "Practical Reasoning" in J. L. Bermúdez & A. Millar(eds.), *Reason and Nature: Essays in the Theory of Rationality*(New York: Oxford University Press, 2002), p. 86 참조.

9 이러한 합리성의 요구조건은 브룸이 '엔크라시아(Enkrasia)'라는 이름으로 주장한 것이다. 이에 대한 상세한 설명은 4절에서 제시될 것이다.

여지는 열려있다. 다만 합리적 행위자는 의식하는 한, 자신의 이론 추론과 실천 추론이 합리성의 요구조건에 따르도록 하는 행위자다. 따라서 설령 갈등이 비합리적 상황이라고 해도 합리적 행위자가 그런 상황에 처하는 것은 합리적인 행위자의 개념과 비일관적이지 않다. 나아가 내적 갈등 자체는 어떤 의미에서 비합리적인 상황이다. 행위자가 이런 상황으로부터 벗어나고자 하는 압박을 받는 것은 어쩌면 바로 그 때문일 수도 있다. 내적 갈등이 있음을 행위자가 파악하고 이를 적절히 해소한다면 그런 비합리성으로부터 벗어날 수 있지만, 거기에 계속 머무른다면 비합리적인 상태를 계속 유지하게 되는 셈이다. 도덕적인 사람이 이따금 비도덕적인 행위에 가담할 수는 있지만 이를 알아차리고 즉시 바로잡는다면 그는 여전히 도덕적인 사람이라 할 수 있다. 하지만 그 상태를 계속 유지하고 있다면 어느 순간 그를 도덕적인 사람이라 부르기는 어려울 것이다. 합리성에 관해서도 마찬가지 설명이 적용될 수 있다고 생각한다. 갈등 상황 자체가 합리적 행위자의 관점에서 비합리적인 상태라고 해도 합리적 행위자라는 가정과 비일관적으로 되지는 않는다.

이상의 논의를 바탕으로 다음과 같은 분석을 제안한다.

〔내적 갈등 분석〕

합리적 행위자 X가 내적 갈등을 겪고 있다면, 오직 그러한 경우에

① X는 자신이 φ를 해야 한다고 믿는다.

② X는 자신이 ψ를 해야 한다고 믿는다.

③ X는 φ와 ψ를 모두 할 수는 없다고 믿는다. 그리고

④ X는 φ나 ψ를 할 의도를 형성하고 있지 않다.

(여기서 φ와 ψ에는 특정 행위에 대한 이름, 예컨대 '~하는 것'이 대입될 수 있다. 문법에 맞게 동치인 문장으로 바꿔 쓸 수 있는 여지는 열려있다.) 〔내적 갈등 분석〕에서 사용된 개념에 대한 자세한 해명은 이어지는 4절에서 제시될 것이다. 다음 절로 넘어가기 전에 두 가지를 짚고 넘어가고자 한다. 하나는 필요조건에 포함되지 않은 요소인 감정적 요소에 관한 것이고, 다른 하나는 상기한 논의에서 얻어낸 네 가지 필요조건의 연언이 충분조건으로도 제시되고 있다는 점, 즉 위 네 조건이 내적 갈등의 필요충분조건으로서 제시된 것에 관한 것이다.

많은 경우 갈등에는 감정적 변화가 동반된다. 외적 갈등이 있을 때 때때로 갈등 당사자들 간에 격한 감정싸움이 발생하는 것은 달리 논할 필요가 없을 정도로 명백한 사실이다. 내적 갈등을 겪는 당사자 역시 고뇌와 답답함, 좌절감, 절망감 등을 경험하곤 한다는 것은 인정하기 쉽다. 갈등의 해소와 관련해서도 상호 간의 감정을 어떻게 잘 누그러뜨리고 관계를 회복시킬 것인지, 스스로를 힘들게 한 감정을 어떻게 극복할 수 있을 것인지 고려하는 것은 중요한 문제가 될 것이다. 그러나 감정적 요소가 갈등 해소에서 중요한 고려사항이라고 하는 것과 감정적 요소가 갈등을 구성하는 필수적인 요소인가 하는 것은 분리되는 질문이다. 내적 갈등을 겪는 당사자가 감정적 변화를 겪는 경우가 존재한다는 것은 분명히 인정할 수 있으나, 그런 감정 변화가 없다면 갈등을 겪지 않는다고 말할 수 없다는 것 또한 분명하다. 이는 감정적 변화를 겪지 않거나 매우 적게 겪는 행위자에게만 해당되는 것이 아니다. 내적 갈등에도 심각함의 정도가 있으며, 사소한 내적 갈등의 경우 감정 변화에 민감한 사람이라 할지라도 감정적 변화 없이 갈등을 해소하는 방법을 찾아낼 수도 있다. 즉, 감정적 요소는 내적 갈등 일반의 필요조건이라고 할 수는 없다. 일반적으로 팔굽혀펴기를 하면 심박수가 증가하고 땀이 나는 현상이 동반되지만, 그렇다고 해서 심박수가 증가하고 땀이 나는 것이 팔굽혀펴기를 하는 것의 필요조건이 되는 것은 아닌 것과 마찬가지다.

앞에서 제시된 네 개의 필요조건이 모두 성립하면 행위자는 내적 갈등에 있게 된다. 즉, 필자는 네 개의 필요조건의 연언이 내적 갈등의 충분조건이 된다고도 생각한다. 이 절에서의 분석이 충분히 설득력 있었다면 네 가지 조건이 만족되었을 때 최소한의 의미에서 행위자가 내적 갈등에 있다는 것 또한 받아들일 수 있을 것이라 믿는다. 이어지는 4절에서는 〔내적 갈등 분석〕에서 사용된 주요 개념들에 대한 상세한 해명이 제시될 것이다. 그 해명은 상당 부분 존 브룸(John Broome)의 연구에 의존하고 있음을 밝혀둔다.[10] 브룸의 연구는 규범적 믿음과 의도, 그리고 실천 추론을 지배하는 합리성과 규범성에 관하여 포괄적이고 체계적인 견해를 제시하고 있으며 이에 위와 같이 기술된 내적 갈등을 이해하기에 적합한 이론적 틀을 제공한다고 여겨진다.

---

10 다음 연구 참조. J. Broome, "Normative Requirements"(Ratio, vol. 12, Wiley-Blackwell, 1999), pp. 398-419. "Normative Practical Reasoning"(*Proceedings of the Aristotelian Society Supplementary Volume*, vol. 75, Aristotelian Society, 2001) pp. 175-193. "Practical Reasoning" in J. L. Bermúdez & A. Millar(eds.), *Reason and Nature: Essays in the Theory of Rationality*(New York: Oxford University Press, 2002), pp. 85-111. *Rationality Through Reasoning*(Oxford: Blackwell Publishing, 2013).

4. 개념들에 대한 해명

1) 해야 함

'해야 함'의 개념은 규범적인 것과 밀접하게 관련이 있다. 브룸은 그의 저서 『추론을 통한 합리성(*Rationality Through Reasoning*)』에서 다음과 같이 말한다.

> "나는 '해야 함(ought)'의 한 의미는 규범적인 것이라고 말하고 있지만, '해야 함'의 규범적 의미를 식별해낼 수 있는 규칙을 제공할 수는 없다. 나는 '규범적(normative)'이라는 용어를 '해야 함'이라는 용어를 사용하지 않고는 설명할 수 없다. '규범적'은 '해야 하는 것(to do with ought)'을 의미하고, 이때의 해야 함은 당연히 규범적인 것이어야 한다."[11]

브룸은 우리가 이미 '해야 함'의 규범적 의미를 잘 이해하고 사용하고 있다고 가정한다. 이 글에서도 브룸을 따라 이러한 입장을 취할 것이다. 즉, 우리는 다소 불분명하긴 하지만 규범적인 것이 무엇인지 이해하고 있고 그렇다면 해야 함의 개념도 그만큼 이해하고 있다고 가정할 것이다. 다만 아래에서는 몇 가지 서로 다른 용례들을 구분하여 2절에서와 마찬가지로 중심적인 의미를 추려낼 것이다. 결론적으로 이 글에서는 '해야 함'의 개념을 소유적인 의미와 비제한적인 의미로

11 J. Broome, *Rationality Through Reasoning*, p. 10.

사용하고자 한다. 아래의 분석은 앞서 언급된 브룸의 저서에서 수행된 작업의 일부를 참조했다.[12]

우선 다음 문장을 보자.

ⓐ 지우는 부모님을 뵈러 가야 한다.

이 문장에는 '해야 한다'가 적절한 동사와 함께 사용되었다. 얼핏 보기에는 애매성이 끼어들 곳이 없어 보이지만 사실은 그렇지 않다. 우리는 지우가 스스로가 부모님을 뵈러 가야 한다고 여길 때도 이와 같이 기술할 수 있고, 지우 스스로는 부모님을 뵙는 것에 관한 생각을 갖고 있지 않지만, 지우가 부모님을 뵈러 가는 일이 마땅히 일어나야 한다고 우리가 여길 때도 이와 같이 기술할 수 있다. 만일 ⓐ를 지우가 자기 자신을 삼인칭으로 지칭하며 말했다면 전자를 의미하는 것이 되겠지만, 같은 문장을 지우의 이모가 다른 누군가에게 말했다면 후자를 의미하는 것이 될 것이다. 브룸은 전자를 해야 함의 소유적 의미(owned ought)라고 하고 후자를 해야 함의 비소유적 의미(unowned ought)라고 구분하여 전자가 중심적인 의미를 구성하는 것으로 본다.[13] 브룸은 가령

---

12 J. Broome, *Rationality Through Reasoning*의 2.3~2.4절 참조. 브룸은 2.2절에서 규범적 해야 함(normative ought)과 비규범적 해야 함(non-normative ought)에 대한 구별부터 시작하지만, 이 글에서는 그 부분은 제외하고 normative ought, 즉 규범적 해야 함 개념이 중심적이라는 것을 받아들인다.

13 브룸의 논의는 해야 함 개념에 대한 통찰을 제시하고 있기는 하지만, 그의 분석 자체는 영어에서 'ought'의 의미와 용례를 중심으로 진행된다. 게다가 브룸은 영어 문장에서도 나타나는 이러한 모호성을 피하기 위해 'ought'를 조동사가 아니라 관계절을 받는 일반동사처럼 다루는 식으로 문법을 변형하기도 한다. 이를 정확히 한국어 맥락에 맞게 옮기기는 어렵다. 따라서 필자가 생각하는 선에서 불가피하게 브룸이 제시하는 핵심 아이디어에서 벗어나지 않는다고 다소 느슨하게 아이디어를 제시했음을 밝혀둔다. 자세한 내용은 J. Broome, *Rationality Through Reasoning*의 2.3절 참조.

버나드 윌리엄스(Bernard Williams)처럼 '해야 함'의 의미는 기본적으로 비소유적 의미라고 본다면 받아들이기 어려운 결과가 도출된다는 사례를 들어 소유적 의미의 해야 함 개념을 받아들여야 한다고 주장한다.[14] 이러한 정당화와 별개로, 무엇을 해야 하는지에 대한 믿음과 그것을 실현하는 행위 사이의 문제가 주목되고 있는 이 글의 주제에 비추어보았을 때, 적어도 이 글의 맥락에서는 소유적 의미를 '해야 함'의 의미로 간주해도 무방할 것으로 보인다. 이에 따라 소유적 의미를 '해야 함'의 중심 의미로 간주할 것이다.

다음으로 비제한적(unqualified) 의미의 해야 함과 제한적 의미의 해야 함을 살펴보겠다. 우리는 종종 '도덕적으로 보면 그 사람을 도와주어야 하지'라든가 '법적으로는 하지 않아도 되지만 도의적으로는 해야 한다'와 같은 말을 사용한다. 제한적인 의미의 해야 함이란 '도덕적으로', '법적으로', '도의적으로'와 같은 제한이 있는 해야 함을 의미한다.[15] 이와 달리 아무런 제한이 없는 해야 함이 비제한적 해야 함이다. 브룸은 제한적 의미의 해야 함을 다음과 같이 쓰기를 제안한다. 'X는 도덕적으로 φ를 해야 한다(X morally ought to φ)' 대신 '도덕은 X가 φ를 하기를 요구한다(Morality requires X to φ)'와 같은 방식으로 쓰는 것이다. 이런 방식으로 기술하면 무엇이 우리에게 해야 할 것을 "지워주는지"를 분명하게 드러낼 수 있다. 나아가 비제한적 해야 함을 중심으로 브룸이 제시한 개념적 관계를 적용하면 어떤 규범성의 원천이 우리에게 요구하는 바와 우리가 해야 하는 것 사이의 관계를 분명하게 정립

---

14 J. Broome, *Rationality Through Reasoning*, pp. 18-20 참조.

15 영어 표현으로는 'morally ought to φ'라든가 'legally ought to φ', 'rationally ought to φ' 등이 제한적 해야 함(qualified ought)에 해당한다.

할 수 있다고 생각한다. 그 개념적 관계를 아래에서 간단히 설명하겠다. 이 글의 나머지 부분은 여기에서 논의된 관계를 전제로 하고 있다는 것을 밝혀둔다.

우선 '요구하다'는 'S가 X에게 φ를 할 것을 요구하다(S requires X to φ)'와 같은 형식으로 사용된다. 이때, 요구가 반드시 규범적일 필요는 없다. 요구에는 규범적인 요구와 비규범적인 요구가 있다. 브룸은 비규범적인 요구의 예시로 패션에서 흰 양말에 샌들을 신지 말라고 하는 요구를 든다.[16] 어떤 요구가 규범적이냐 규범적이지 않으냐는 요구의 원천이 무엇이냐에 따라 달라진다. 브룸은 규범적 요구는 행위자가 해야 하는 것이 무엇인지 결정하는 데 기여하는 것이어야 한다고 말한다. 생각건대 요구를 위반했을 때 행위자에게 모종의 책임 같은 것을 물을 수 있는 성격의 것인지에 따라 요구의 원천이 규범적이냐 아니냐가 구분되는 것이라고 보아도 큰 무리는 없을 것으로 보인다.

규범적 요구는 행위자에게 어떤 행위를 할 이유를 구성한다. 이때의 이유는 프로 탄토 이유(pro tanto reason)로 다음이 성립하는 이유다. R이 X에게 φ를 할 프로 탄토 이유라면, X에게 R보다 더 중요한 다른 이유가 없는 한 X는 φ를 해야 한다(이하에서는 '프로 탄토'는 생략하고 그냥 '이유'라고 쓰겠다).[17] 이로부터 알 수 있는 것은 특정한 규범적 요구가 있다고 해서 행위자가 반드시 거기에 구속되지는 않는다는 것이다. 예를 들어,

16 J. Broome, *Rationality Through Reasoning*, p. 26.

17 'pro tanto'는 보통 '꼭 그만큼' 정도로 옮길 수 있는 표현인데, 적절한 번역어가 없어 부득이하게 발음 그대로를 옮겼다. 여기서 제시된 프로 탄토 기술은 T. M. 스캔런의 표현을 빌린 것이다. T. M. Scanlon, *What We Owe to Each Other*(Cambridge: Harvard University Press, 1998), p. 50 참조. 브룸의 정의는 조금 더 복잡하나, 이 글의 맥락에서는 스캔런의 표현으로도 충분하다고 생각한다.

이해타산에 비추어보면 φ를 할 것이 요구되지만 도덕적으로는 φ를 하지 않을 것이 요구된다고 해보자. 각각의 규범적 요구는 각각 φ를 할 이유와 φ를 하지 않을 이유를 구성한다. 이때 행위자는 각 이유를 비교하여 무엇을 할지 숙고를 거쳐 φ를 할지 말지 결정하게 될 것이고, 그렇다면 선택되지 않은 행위를 요구하는 규범적 요구는 행위자를 구속하지 못하게 될 것이다.

요약하자면 다음과 같다. '해야 함'의 중심 의미는 해야 하는 무언가가 행위자 자신의 문제라는 의미에서 소유적 의미이고 특정한 규범적 원천에 의해 지워진 해야 함이 아니라 모든 것이 고려되었을 때의 해야 함이다.[18] 특정한 규범적 원천, 예컨대 도덕이나 합리성 등이 행위자에게 요구하는 바가 있을 수 있고, 그러한 규범적 원천은 바로 그 행위자가 어떤 행위를 할 이유를 구성한다. 그런 식으로 구성된 어떤 행위에 관한 이유가 있다면 그 행위를 하지 않을 더 좋은 이유가 없는 한 행위자는 그 행위를 해야 한다.

2) 믿음, 의도, 그리고 실천 추론

이 글에서 믿음과 의도는 모두 명제 태도(propositional attitude)의 일종으로 간주된다. 명제 태도란 명제를 그 내용으로 갖는 마음 상태를 말하며 믿음, 의도, 욕구, 희망 등이 그 예시에 해당한다. 여기서 주로

---

18 브룸 역시 'all-things-considered ought'라는 표현을 비제한적 해야 함을 가리키는 말로 쓰긴 했으나 곧 'all-things-considered'는 행위자가 자신이 무엇을 해야 할지에 대한 판단과 관련되는 수식어라고 지적한 후 '비제한적(unqualified)'이라는 단어를 사용한다. J. Broome, *Rationality Through Reasoning*, p. 26 참조.

다루게 될 것은 실천 추론(practical reasoning)과 관계된 믿음과 의도다.[19] 이하에서는 실천 추론이 무엇인지를 밝히고 그 하위 유형인 규범적 실천 추론(normative practical reasoning)이 무엇인지 밝힐 것이다. 이 과정에서 규범적 믿음과 의도가 어떤 식으로 관계 맺는지, 그리고 어떤 종류의 합리성의 원리가 작용하는지 등을 확인할 수 있을 것이다.

우선 추론(reasoning)은 어떤 명제적 내용을 갖는 마음 상태에서 명제적 내용을 갖는 다른 마음 상태로 이전되는 심리적 과정이다.[20] 전통적으로 실천 추론은 결론이 행위로 맺어지는 추론을 의미했으나, 브룸은 추론 자체는 심리적 과정이고 행위는 심리적 과정이라고 할 수는 없다고 지적한다. 그는 이러한 이유로 실천 추론의 결론은 의도(intention)이고, 의도는 행위를 야기하는 경향을 가진다고 본다.[21]

그렇다면 실천 추론은 행위자가 기존에 가지고 있던 의도나 믿음을 전제로 하고 새로운 의도를 결론으로 갖는 추론의 유형이 된다. 가장 대표적인 실천 추론은 목적과 수단에 관한 이른바 '도구적 실천 추론(instrumental practical reasoning)'이라고 부르는 유형으로, 다음과 같이 기술될 수 있다.

---

19 여기서의 '믿음'은 우리가 일상적으로 사용하는 종교적 믿음이나 신뢰와는 약간 다른 의미다. 명제 p를 믿는다는 것은 p를 참인 것으로 받아들이는 태도를 취하는 것이라고 할 수 있는데, p에 대한 믿음을 가진 행위자는 'p가 참이라고 생각하는가?'라는 질문에 긍정적인 답을 하고, 여러 가지 추론을 할 때 p를 전제로 사용하는 등의 성향(disposition)을 갖는다.

20 '추론'이라는 말은 'inference' 혹은 'reasoning'에 대응되는 낱말로 널리 사용된다. 양자 모두 어떤 마음 상태에서 다른 마음 상태로 이전되는 심리적 과정을 가리키긴 하지만, 전자가 조금 더 넓은 의미를 포괄하는 경향이 있다. 전자는 명제적 내용을 갖지 않는 마음 상태로부터 명제 태도로의 이전도 포괄할 수 있는 반면, 후자는 명제적 내용을 갖는 마음 상태 간의 심리적 이전 과정을 나타내기에 조금 더 적합해 보인다.

21 J. Broome, "Normative Practical Reasoning," p. 175.

ⓑ〔전제 1〕 나는 점심으로 볶음밥을 먹을 것이다.

〔전제 2〕 볶음밥을 먹기 위해서는 요리를 할 필요가 있다.

〔결론〕 따라서 나는 요리를 할 것이다.

〔전제 1〕은 내가 달성하고자 하는 목적이 의도를 나타내고, 〔전제 2〕는 목적을 달성하기 위한 수단에 대한 믿음을 나타낸다. 〔전제 1〕과 〔전제 2〕를 내용으로 갖는 마음 상태를 '전제 상태(premise state)'라고 하자. 그리고 이로부터 요리를 할 것이라는 새로운 의도, 곧 결론 상태(conclusion)가 추론을 통해 형성된다.

추론은 올바른 추론과 그렇지 않은 추론으로 서로 다르게 평가될 수 있다. 그렇다면 그 평가 기준은 무엇인가? 브룸에 따르면 전제 상태로부터 결론 상태로의 이전이 마음 상태 간에 성립하는 규범적 요구를 만족하면 올바른 추론이다. 이때의 규범적 요구란 '만일 p를 의도하고, q가 p의 수단이라고 믿는다면, q를 의도할 것'으로 표현될 수 있는 요구다. 어떤 행위자가 p를 할 의도를 갖고 q가 p의 수단이라고 믿는 동시에 q를 의도하지 않는다면 그 행위자는 비합리적이라고 할 수 있다는 점에서 이는 합리성의 요구라고 할 수 있다.[22]

혼동을 피하기 위해 한 가지를 짚고 넘어가겠다. 위에서 말한 규범적 요구는 행위자가 q를 의도해야 한다는(ought to intend) 결론을 함축

---

22 J. Broome, "Normative Practical Reasoning"에서 브룸은 '전제 상태가 결론 상태를 규범적으로 요구한다'라고 표현하지만, 브룸의 입장이 체계화된 단행본인 *Rationality Through Reasoning*에서의 설명 방식에 비추어보면 이는 '합리성은 행위자가 전제 상태에 있으면 결론 상태에도 있을 것을 요구한다'로 표현되는 것이 적절할 것이다. J. Broome, *Rationality Through Reasoning*, pp. 159-170에서는 이러한 규범적 요구를 '도구적 요구(instrumental requirement)'라 명명하고 이에 대한 상세한 설명을 제시하고 있다. 이에 본문에서는 후자의 표현 방식을 따랐다.

하지 않는다. 즉, 규범적 요구는 '만일 p를 의도하고, q가 p의 수단이라고 믿는다면, q를 의도해야 한다'의 형식을 띠지 않는다. 여기에는 두 가지 이유가 있다. 우선 추론 과정 자체는 마음 상태 간의 인과적 과정이고 규범적 요구는 인과적 과정과는 무관한 것인데, 이런 형식은 그 두 영역을 섞어놓는 셈이 된다. 또한 행위자가 q를 의도하지 않을 가능성은 언제나 열려있다. 만일 규범적 요구가 위와 같은 형식이고 행위자가 전제 상태를 유지하면서 q를 의도하지 않은 사례가 존재한다면 이는 해당 규범적 요구가 거짓이라는 것을 함축하게 될 것인데, q를 의도하지 않는 것이 규범적 요구에 어긋나는 것이라고 주장하기 위해서는 이러한 결론을 받아들일 수 없다. 따라서 여기에서의 규범적 요구는 'p를 해야 한다'를 'Op'로 표현한다면, '(p를 의도함 & q가 p의 수단이라고 믿음) → O(q를 의도함)'라는 형식이 아니라 'O[(p를 의도함 & q가 p의 수단이라고 믿음) → q를 의도함]'이라는 형식이어야 한다. 추론을 구성하는 전제 상태와 결론 상태가 이러한 규범적 요구에 부합하면 올바른 추론이고, 그렇지 않으면 올바르지 않은 추론이다.

그런데 〔내적 갈등 분석〕에서 개입되는 추론의 유형은 이런 도구적 추론이 아니다. 여기서는 무언가를 해야 한다는 믿음(이하 '규범적 믿음')과 의도 사이의 관계가 문제 되는데, 도구적 추론에는 그런 규범적 믿음이 포함되어 있지 않다. 브룸은 규범적 믿음으로부터 의도로의 추론을 '규범적 실천 추론'이라고 부르고 다음과 같은 형식을 띤다고 본다.[23]

---

23 J. Broome, "Normative Practical Reasoning," p. 181.

ⓒ 나는 φ를 해야 한다.

따라서 나는 φ를 할 것이다.

브룸은 φ를 해야 한다는 규범적 믿음과 φ를 하려는 의도 사이에도 규범적 요구가 있다고 본다. 이 규범적 요구는 브룸이 '엔크라시아(Enkrasia)'라고 이름 붙인 것으로, 요구의 내용은 '만일 φ를 해야 한다고 믿는다면 φ를 의도할 것'이다.[24] '엔크라시아'라는 이름에서 유추할 수 있듯이 이 원리는 해야 한다고 믿으면서도 행위로 옮기지 않는 상태인 아크라시아(akrasia; 혹은 의지박약)를 피하라는 요구와 다름없다. 아크라시아 현상은 우리 주변에서 쉽게 발견되는 현상이긴 하지만, 그럼에도 불구하고 모종의 기준을 만족하지 못하는 실패 사례이자 회피되어야 하는 것으로 여겨진다. 그렇다면 이 실패가 무엇에 대한 실패인가를 고려해보면 합리성의 요구를 충족시키지 못했다는 점에서 실패라고 보는 것이 자연스러워 보인다.[25] 엔크라시아의 요구조건은 규범적 실천 추론의 올바름을 판가름하는 기준이 된다. 도구적 실천 추론의 경우와 마찬가지로 행위자는 φ를 해야 한다는 믿음을 갖고 있음에도 φ를 의도하지 않을 수 있으나 이 경우 합리성의 요구조건을 위배한 것이 된다.

---

24 브룸이 제안하는 엔크라시아 요구는 조금 더 구체적인 조건을 포함하고 있다. 이를테면, 'φ를 하는 것이 행위자에게 달려있다(up to)고 믿는다' 같은 조건이 전건에 포함된다. 이 글에서는 2절에서 갈등 개념을 다루면서 행위자가 자신이 할 수 있다고 믿는 선택지 간의 갈등이어야 한다는 점을 지적한바, 이 부분은 요구조건을 간단히 기술하기 위해 생략했다. 자세한 논의는 J. Broome, *Rationality Through Reasoning*, pp. 22-25 및 pp. 170-175 참조.

25 J. Broome, *Rationality Through Reasoning*, pp. 173-174 참조.

3) [내적 갈등 분석]의 문제 구조

이제 이상의 논의를 바탕으로 내적 갈등의 문제가 어떤 구조로 일어나고 있는지 확인해볼 것이다.

[내적 갈등 분석]

합리적 행위자 X가 내적 갈등을 겪고 있다면, 오직 그러한 경우에

① X는 자신이 φ를 해야 한다고 믿는다.

② X는 자신이 ψ를 해야 한다고 믿는다.

③ X는 φ와 ψ를 모두 할 수는 없다고 믿는다. 그리고

④ X는 φ나 ψ를 할 의도를 형성하고 있지 않다.

X는 합리적 행위자로 가정되었기 때문에 합리성의 요구조건을 따르고자 할 것이다. 그렇다면 엔크라시아와 ①, ②의 믿음 때문에 X에게는 φ를 할 것과 ψ를 할 것이 요구된다. 그런데 X는 자신이 둘 다 할 수는 없다고 믿고 있다. 이 상황에서 X에게 일단 열려있는 선택지는 ⓐ φ를 하기, ⓑ ψ를 하기, ⓒ φ와 ψ를 모두 하기, ⓓ 아무것도 하지 않기로 네 가지가 있다.

ⓐ나 ⓑ를 고르는 경우, X는 적어도 하나의 합리성 요구조건을 위반하게 된다. 물론 합리적 행위자의 입장에서 의식적으로 비합리적인 행위를 하는 것은 불가능하지 않지만, 가능하면 회피해야 할 선택지임은 분명해 보인다. ⓓ의 경우 자신이 해야 한다고 믿는 두 행위에 대해 모두 반응하고 있지 않은 것이므로 이는 명백히 비합리적인 경우에 해당한다. ⓒ를 고르는 것은 자신이 갖고 있는 ⓒ의 믿음과 정면으로 충

돌하는 행위를 하는 셈이 된다. 행위자가 어떤 행위를 하는 것이 정말로 불가능하다고 믿으면서 그것을 하려고 한다면 우리는 그러한 행위자를 아예 이해할 수 없을 것이다. 행위자 스스로 자신은 그 행위를 하는 게 불가능하다고 믿는다고 말하고도 그 행위를 하려고 한다면, 그 상황을 이해하는 자연스러운 방식은 '사실은 아주 낮은 가능성이긴 하지만 불가능하지는 않다고 믿는구나'라고 보는 것이다. 이는 곧, 가능하다고 믿는 것에 대해서만 의도한다는 것이 합리적 행위자를 구성하는 구성적 원리임을 보여준다. 따라서 필자는 ⓒ가 처음부터 논리적으로 배제되는 선택지는 아니지만 우리가 행위자를 합리적인 존재로 간주하는 한 고려되지 않는 선택지로서 배제될 수 있다고 생각한다. 즉, ⓒ는 우리가 X를 합리적 행위자로 간주하는 한 가능한 선택지가 아니다.

정리하면, 〔내적 갈등 분석〕으로 기술된 상황에서 행위자는 그가 합리적인 존재로 간주되는 한, 어떤 선택을 하든 합리성의 요구조건을 위배하는 상황에 처하게 된다. 5절에서는 이러한 내적 갈등의 상황이 어떤 방식으로 해소될 수 있는지를 살펴볼 것이다.

5. 내적 갈등의 해소

앞 절에서 지적한 내적 갈등 문제는 다음과 같은 딜레마로 표현될 수 있다. 합리적 행위자가 양립 불가능한 두 행위에 대해 각각 해야 한다고 믿고 있을 때, 합리적 행위자는 어느 하나의 행위를 하거나 아무것도 하지 않을 수 있다. 그런데 어느 하나의 행위를 하면 선택하지 않은 행위에 대해 합리성의 요구조건을 준수하지 않은 것이 되어 적어도 부분적으로는 비합리적인 선택을 하게 된다. 아무런 행위를 하지 않아도 두 행위 모두에 대해 적용되는 합리성의 요구조건을 준수하지 않게 되어 비합리적인 상태에 빠진다. 이 절에서는 내적 갈등의 각각의 요소가 제거되는 가능성을 살펴봄으로써 갈등이 어떤 방식으로 해소될 수 있는지를 살펴볼 것이다.

1) 첫 번째 방식: ① 또는 ②가 포기됨

첫 번째 방식은 행위자가 가지고 있는 규범적 믿음에 대한 재고를 통해 갈등이 해소되는 방식이다. 행위자는 규범적 믿음의 내용, 즉 자신이 φ를, 그리고 ψ를 해야 한다는 것이 비제한적 의미가 아니라 제한적 의미의 해야 함으로 수정한 후 양자를 비교하여 최종적으로 하나의 행위가 비제한적 의미에서 해야 한다는 믿음을 새로 가질 수 있다. 쉽게 말하면, 우리는 해야 할 것 두 가지 중에 무엇이 더 중요한지를 따져보고 더 중요한 것을 해야 할 것으로 판단하는 과정을 거쳐 갈등이 해소될 수 있다는 것이다. 아래에서는 이것이 어떻게 합리적인 과정으로 재구성될 수 있는지 살펴볼 것이다.

행위자 자신이 φ를 해야 한다는 믿음은 어떻게 얻게 된 것일까? 해당 믿음을 얻기 전에 행위자는 자신이 φ를 해야 한다는 규범적 판단을 내렸을 것이다. ψ에 대해서도 마찬가지로 생각할 수 있다. 그렇다면 그러한 판단의 근거는 무엇이었을까? 모종의 규범적 원천이 제시하는 어떤 요구조건이 있다는 것이 근거가 되어야 할 것이다. 말하자면 내가 φ를 해야 한다는 판단은, 예를 들어 '주어진 상황에서 도덕이 나에게 요구하는 바가 바로 φ이고, 따라서 나는 φ를 해야 한다'고 판단을 내리는 것이다. 사실적 판단과 규범적 판단 사이에 직접적인 추론 관계가 성립하는지는 여전히 논쟁거리이긴 하지만, 적어도 어떤 경우에는 사실적 판단으로부터 규범적 판단으로의 직접적 추론을 할 수 없다는 걸 인정한다면 그러한 경우에는 규범적 요구 같은 일종의 다리 역할을 하는 전제가 불가피하다.

행위자가 각각 φ와 ψ 하기를 요구하는 규범적 요구를 각각 파악했고, 양자가 양립 불가능하다는 것을 나중에 파악하게 되었다면 적어도 양자의 양립 불가능성을 파악하기 전까지는 φ와 ψ를 비제한적 의미에서 해야 한다는 믿음을 동시에 가질 수 있다. 왜냐하면 φ와 ψ 하기를 요구하는 각각의 규범적 요구들은 4절에서 설명했듯이 이유를 구성하고, 이렇게 구성된 이유가 있다면 다른 더 좋은 이유가 없는 한 행위자는 각각의 행위를 비제한적 의미에서 해야 하기 때문이다. 그러나 두 행위가 양립 불가능하다는 믿음을 얻은 후 두 행위 중 하나를 선택해야 하는 상황에 놓인다면 행위자는 각각의 규범적 판단을 내렸던 추론 과정을 거슬러 두 행위를 제한적 의미에서 해야 하는 것으로 간주해야 한다. 왜냐하면 이전에는 경합하는 이유가 없다고 여겼기 때문에 각각의 행위가 비제한적 의미에서 해야 하는 것으로 판단한 반면, 이제는 경합하는 이유보다 더 좋지 않은 이상 어느 한 행위가 비제한적인 의미에서 해야 한다는 판단을 내릴 수 없는 상황에 놓이기 때문이다.

여기서 다시 두 가지 상황을 분리해보자. 만일 φ 하기를 요구한 규범적 원천과 ψ 하기를 요구한 규범적 원천이 동일하다면 이 갈등은 해소될 수 있을까? 이는 의무 갈등(deontic conflict)이 가능하냐는 오래된 질문과도 맞닿아 있다. 하지만 이 경우는 불가능하다. 이는 다음과 같이 보일 수 있다. 4절에서의 용어를 차용해 'p를 해야 한다'를 'Op'로 쓰자. 동일한 원천에 의해 Op와 Oq가 참이다. 그렇다면 O(p&q)다. 당위는 능력을 함축한다는 원리에 따라 p&q는 행위자가 할 수 있는 것이어야 한다. 그런데 p&q는 불가능한 것으로 가정되었다. 따라서 p&q는 행위자가 할 수 없는 것이라는 것이 따라나온다. 여기에서 모순이 발생한다. 따라서 동일한 원천에 의해 양립 불가능한 행위가 요구될 수는 없다.[26]

다른 하나는 φ와 ψ 하기를 요구하는 두 원천이 다른 경우다. 규범적 원천 Q_1이 φ 하기를 요구하고, Q_2가 ψ 하기를 요구한다고 해보자. 그렇다면 Q_1이 φ 하기를 요구한다는 것이 φ를 할 이유(pro tanto reason)를 구성하고, 마찬가지로 Q_2가 ψ 하기를 요구한다는 것이 ψ를 할 이유를 구성한다. 만일 φ를 할 이유가 더 중요한 이유라면 행위자는 φ를 해야 한다는 판단을 내릴 것이고 반대도 마찬가지가 될 것이다. 이렇게 되면 배제되는 행위는 더 이상 비제한적 의미에서 해야 하는 것이 아니기 때문에 그 행위를 하지 않더라도 규범적 믿음과 의도를 규제하는 합리적 요구조건인 엔크라시아에 위배되지 않는다. 엔크라시아는 행위자가 φ를 하는 것이 비제한적 의미에서 해야 하는 것이라 믿는다면 φ를 의도할 것을 요구할 뿐, 그러한 규범적 믿음이 없다면 엔크라

---

26 유사한 논증이 B. Williams, "Ethical Consistency," p. 118에서 제시된다. 윌리엄스의 논증과 필자의 논증은 거의 비슷하나 윌리엄스는 'can'을 형이상학적 가능성과 행위자의 능력을 가리키는 것으로 모호하게 쓰고 있는 것처럼 보인다. 필자의 논증은 여기에 한 단계를 추가한 것이다.

시아는 공허하게 만족된다.

그렇다면 두 이유 중 무엇이 더 중요한지는 어떻게 판가름할 수 있는가? 이 질문에 대한 답은 여기서 제시될 수 없다. 무엇이 더 중요하다고 해야 하는지에 대한 일반적인 해법은 아마도 없을 것이다. 설령 있더라도 이는 규범윤리학적 이론들이 다루어야 할 문제다. 예컨대 어떤 도덕 이론은 도덕이 요구하는 바가 타산성(prudence)이 요구하는 바보다 항상 더 중요하다고 주장할 수 있을 것이다.[27] 한편으로 내적 갈등의 경우에도 갈등 해소가 쉽지 않은 까닭은 여러 이유 중 어떤 이유가 더 중요한 것인지에 대해 경합하는 이론 간에도 뚜렷한 답이 없기 때문일 것이다.

정리하면, 행위자는 양립 불가능한 두 행위에 대한 규범적 믿음을 유보하고 두 행위를 지지하는 이유를 비교하여 더 중요한 이유를 판가름하고, 덜 중요한 행위에 대한 규범적 믿음을 제거하는 방식으로 갈등을 해소할 수 있다는 것이 첫 번째 방식이다.

2) 두 번째 방식: ③이 거짓으로 드러남

두 번째 방식은 φ와 ψ를 모두 하는 것이 양립 불가능하다는 행위자의 믿음이 거짓으로 드러나면서 두 행위를 모두 할 수 있게 되어 갈등이 해소되는 방식이다. 이런 방식의 해소는 특별히 더 언급할 것이 없을 정도로 단순하다. 가령 행위자는 φ를 하는 것과 ψ를 하는 것 자체에 대해 잘못 파악하고 있었기 때문에 잘못된 믿음을 가지고 있었을

27 J. Broome, *Rationality Through Reasoning*, p. 127 참조.

수도 있다. 그보다 조금 더 빈번한 사례는 사실 양립 불가능성이 φ를 하는 것과 ψ를 하는 것 사이에만 성립하는 것이 아니라 행위자가 갖고 있는 사실에 대한 배경믿음과 함께 성립하는 경우다.

다음 예시를 보자. 3절에서 나온 예시를 활용해보겠다. 나는 부모님을 뵈러 가야 한다고도 믿고, 조별 과제 모임에 참석해야 한다고도 믿는다. 하지만 두 행위가 양립할 수 없다는 나의 믿음은 정확히 말하면 두 행위를 모두 하는 것과 내가 가지고 있는 사실에 관한 배경믿음이 양립 불가능하다는 것이다. 이 사례에서 관계되는 배경믿음의 예를 들자면 조별 과제 장소와 부모님 댁이 멀리 떨어져 있다는 믿음, 나에게 자가용이 없다는 믿음, 부모님을 뵐 수 있는 시간과 조별 과제를 하기로 한 시간에 대한 믿음 등이 있을 수 있다. 그런데 만일 알고 봤더니 조별 과제 장소가 부모님이 운영하시는 카페였다든지, 조별 과제 시간이 변경되었다든지 한다면 내가 갖고 있는 갈등은 두 행위의 양립 불가능성이 사라지면서 함께 사라질 것이다. 이와 같은 경우를 반영하면 〔내적 갈등 분석〕은 다음과 같이 조금 수정된 방식으로 기술될 수 있다.

〔내적 갈등 분석 - *f*〕

합리적 행위자 X가 내적 갈등을 겪고 있다면, 오직 그러한 경우에

① X는 자신이 φ를 해야 한다고 믿는다.

② X는 자신이 ψ를 해야 한다고 믿는다.

③ X는 φ와 ψ를 하는 것과 사실명제 *f*가 모두 참일 수는 없다고 믿는다. 그리고

④ X는 φ나 ψ를 할 의도를 형성하고 있지 않다.

3) 세 번째 방식: ③을 거짓으로 만듦

그런데 두 번째 방식에서 언급됐던 사실에 관한 배경믿음은 단지 거짓으로 드러날 수 있을 뿐 아니라 행위자 자신의 행위에 의해 변경될 수도 있다. 행위자는 자신의 행위로 사실을 바꿀 수 있기 때문이다. 부모님 방문과 조별 과제 예시에서 거짓인 배경믿음이 없다고 하자. 그럼에도 행위자는 예컨대 조별 과제 장소를 부모님이 운영하시는 카페로 하자고 제안할 수 있을 것이다. 그리고 조원들을 설득하는 데 성공한다면 행위자는 두 행위를 모두 할 수 있는 방식으로 사실을 바꾼 것이 된다. 거짓으로 드러나기만을 기다리면서 아무것도 하지 않은 채로 있는 것이 아니라 말이다.

이 또한 우리가 일상적으로 자주 경험하는 사례이기 때문에 특별한 것이 없어 보인다. 하지만 필자는 여기에 한 가지 생각해볼 만한 문제가 있다고 여긴다. 이 사례에서 행위자는 자신의 규범적 믿음이 이끄는 바를 최대한으로 실현하기 위해 자신이 마주하고 있는 세계를 변화시킨 것이다. 그리고 만일 이런 변화가 가능한 상황에서 행위자가 아무런 조치도 취하지 않은 채 갈등 상황에만 놓여 있다면 우리는 그 행위자에게 아마도 부정적인 평가를 내릴 것이다. 그 부정적인 평가가 비합리성 같은 강한 부정적 평가인지 다른 종류의 약한 부정적 평가인지는 알 수 없다. 또, 만일 상황을 변화시켜 해야 할 바를 모두 관철할 수 있다면 둘 중 하나만 하는 것보다 그것이 더 나은 선택이라고 볼 여지도 있다. 이와 관련하여 한 가지 문제가 제기될 수 있다. 우리에게는 우리의 규범적 믿음에 근거한 의도를 관철시키기 위해 세계를 변화시켜야 할 이유가 있는가? 만일 있다면 그 이유를 제공하는 규범적 원천은 무엇인가?[28] 답하기에 쉽지 않은 문제이나 이 문제에 답하려는 노력은 그 나름의 함축이 있을 것이라 믿는다.

6. 나가는 말

이 글의 논의를 정리하면 다음과 같다. 갈등에는 내적 갈등과 외적 갈등이 있다. 내적 갈등은 한 명의 합리적 행위자가 겪는 갈등으로서 자기 자신이 해야 한다고 믿는 두 가지 행위가 양립 불가능할 때 겪는 갈등이다. 이러한 갈등이 발생하는 이유는 해야 한다고 믿는 행위를 하라는 합리성의 요구조건을 따르기 위해 다른 행위에 적용되는 동일한 합리성의 요구조건을 위반해야 하기 때문이다. 이런 상황이 해소되는 세 가지 방식이 있다. 첫째는 각각의 행위에 대한 규범적 믿음 중 하나가 포기되는 것이다. 행위자는 자신이 갖고 있던 규범적 믿음에 대한 재고를 통해 갈등 상황을 벗어날 수 있다. 둘째는 두 행위가 양립 불가능하다는 것이 거짓으로 드러나면서 두 행위를 모두 할 수 있게 되는 방식으로 해소될 수 있다. 셋째는 행위자가 상황을 바꿈으로써 두 행위를 양립 가능하게 만드는 방식으로 해소될 수 있다. 행위자가 내적 갈등을 겪고 있을 때 주변의 상황을 바꾸는 추가적인 행위를

---

28 여기에도 합리성이 개입할 여지가 있다. 3절에서 필자는 내적 갈등 자체는 비합리성을 띠는 상황이라고 언급한 바 있다. 그리고 그렇기 때문에 합리적 행위자는 내적 갈등을 벗어나고자 하는 일종의 "압박"을 받는다고 언급했다. 하지만 이런 압박이 반드시 세계에 대한 변화를 요구하는 것은 아니기 때문에 합리성이 세계를 변화시키는 규범적 원천이라고 답하기에는 불충분하다.

하는 것에 어떤 규범성이 있는지는 열린 문제로 남는다.

이상의 분석에 대해 혹자는 결국 우리가 쉽게 알 수 있는 사소하고 뻔한 이야기를 길게 한 것 아니냐는 지적을 할 수 있다. 어떤 의미에서는 분명히 그렇기도 하다. 하지만 오히려 내적 갈등에 대한 철학적 분석이 우리가 거의 매일 경험하고 잘 이해하고 있는 내적 갈등과 판이하게 다르다면 이는 그 분석이 틀렸을 가능성이 크다는 것을 암시한다고 생각한다. 분석의 목적은 우리의 일상적인 이해를 뒤집는 개념을 제시하는 것이 아니라 일상적인 이해를 명료하게 만들어서 구체적으로 무엇이, 어떻게, 왜 문제가 되는지를 선명하게 만들어주는 것에 가깝다. 그리고 이 글은 그러한 작업의 한 가지 가능한 버전이다. 나아가 이 글에서는 행위자가 내적 갈등에서 벗어나야 한다는 압박을 받는 것과 갈등이 해소되는 과정 전반의 배후에 합리성의 요구조건이 있다는 것이 드러났다고 믿는다. 그리고 이러한 작업을 바탕으로 여기서 다루어지지 않았지만 중요하게 여겨지는 요소, 이를테면 내적 갈등에 수반되는 감정적 문제 같은 것들을 다루거나 혹은 이러한 작업 자체에 대한 비판을 통해 내적 갈등에 관한 이해가 심화될 수 있으리라 믿는다.

참고문헌

권홍우, 「믿음과 욕구가 설명하는 것에 관하여」, 『철학연구』 151, 철학연구회, 2019, 49-69쪽.

Broome, J., "Normative Requirements," *Ratio*, vol. 12, Wiley-Blackwell, 1999, pp. 398-419.

______, "Normative Practical Reasoning," *Proceedings of the Aristotelian Society Supplementary Volume*, Vol. 75, Aristotelian Society, 2001, pp. 175-193.

______, "Practical Reasoning" in J. L. Bermúdez & A. Millar (eds.), *Reason and Nature: Essays in the Theory of Rationality*, New York: Oxford University Press, 2002, pp. 85-111.

______, "Does Rationality Gives Us Reasons?," *Philosophical Issues*, Vol. 15, Wiley-Blackwell, 2005, pp. 321-337.

______, *Rationality Through Reasoning*, Oxford: Blackwell Publishing, 2013.

Kant, I., *Metaphysics of Morals Part II(Metaphysical Principles of Virtue)*, 1797, reprinted in J. Ellington(trans.), *Kant's Ethical Philosophy*, Indianapolis: Hackett Publishing Company, 1994.

Scanlon, T. M., *What We Owe to Each Other*, Cambridge: Harvard University Press, 1998.

Schick, F., "Coping with Conflict," *The Journal of Philosophy*, Vol. 85, Columbia University, 1998, pp. 362-375.

Williams, B., "Ethical Consistency," *Proceedings of the Aristotelian Society Supplementary Volume*, Vol. 39, Aristotelian Society, 1965, pp. 103-124.

03
후회의 합리성

정재연(경북대학교 철학과 석사과정)

1. 들어가는 말

일상에서 후회하는 것은 자연스러워 보인다. 과제를 미루다가 마감이 얼마 남지 않았을 때, 과제를 미리 하지 않은 것에 대해 후회할 수 있다. 약속 시간에 늦을까 봐 급하게 집에서 나와 약속 장소에 가는 도중에 휴대폰을 놔두고 온 것을 알았을 때, 휴대폰 없는 외부 일정은 불가능하다는 생각에 집에 돌아간다면, 차라리 급하게 집을 나오기보다는 챙겨야 할 것들을 한 번 더 점검하지 않은 것에 대해 자책하며 후회할 수 있다. 한편, 우리는 예시와 같이 사소한 것에 대해서만 후회하는 것은 아니다. 음주운전이 범법임에도 이제껏 괜찮았다는 이유만으로 이번에도 어김없이 음주 후 운전하게 되었을 때, 마침 음주 단속에 걸리게 되었거나 교통사고가 발생했다면, 자신이 음주운전 한 것에 대해 후회할 수 있다. 혹은 의식이 혼미해 보이는 어떤 사람이 걸어가고 있는 것을 그냥 지나친 이후에 그 사람이 교통사고로 사망했다는 소식을 뉴스로 접하게 되었다면, 그 사람을 돕지 않았던 것에 대해 자책하거나 슬퍼하며 후회할 수 있다. 이 두 사례는 처음에 보인 두 사례에 비해 사소하지 않은 것들에 대한 후회다. 이렇듯 우리는 다양한 사태에 대해 후회한다.

앞에서 제시된 사례로부터 후회는 어떤 사람이 과거에 했던 일의 결과가 예상보다 좋지 않았다는 믿음에서 비롯되고, 이 믿음은 자신이 과거에 했던 일이 아닌 다른 일을 했다면 더 나았을 것이라는 생각을 포함하는 것으로 볼 수 있다. 위에 제시된 사례에서의 후회가 이와 같은 설명에 들어맞는다고 한다면, 후회는 다음과 같은 조건을 만족한다고 볼 수 있다.[1]

① 특정 상황에서 어떤 선택을 했을 때, 그 상황과 동일하거나 유사한 상황에서 내가 선택한 것과 다른 선택을 할 수 있다고 믿는다.

② 실제로 선택한 이후에 발생하는 결과가 예상보다 좋지 않다고 믿는다.

③ 내가 선택한 것과 다른 선택지를 선택했다면, 더 나은 결과가 발생했을 것으로 믿는다.

④ 부정적인 감정 상태를 동반한다.

위 네 가지 조건을 만족했을 때, 어떤 사람이 특정한 행위를 하거나 하지 않은 사태에 대해 후회하는 것이 일상적으로 받아들여질 수

---

1 김한승, 「후회 없는 삶은 바람직한가?」(『범한철학』 53, 범한철학회, 2009), 332-334쪽 참조.

있다는 점에는 동의할 수 있어 보인다. 그렇다면 다음의 사례에 대해서도 후회가 가능한지 생각해보자.

행위자 A는 마감이 임박한 과제를 해야 한다. 그의 가장 친한 친구는 피아노 독주회를 앞두고 있다. 연주회 시작 시각은 과제 마감일 저녁이었고, 과제는 생각보다 어려워 마감 내에 제출하지 못할 것 같다. 다행히도 A는 연주회 시작 시각에 임박해서 과제를 제출했고 급하게 시계를 보면서 공연장으로 뛰어갔다. 그러던 중 맞은편에서 뛰어오던 한 아이와 부딪혔고 그 아이가 타박상을 입게 되었다. 이 상황에서 A는 타박상을 입은 아이에 대해 미안함을 느끼는 동시에 자신이 과제를 미리 하지 않았던 것, 급하게 뛰어가면서 시계를 봤던 것에 대해 후회한다.

제시된 사례는 행위자의 선택으로 인해 행위자 자신이 전혀 의도하지 않은 결과가 발생했을 경우, 자신이 특정 행위를 하겠다고 선택한 것에 대해 후회하는 경우다. 아이와 부딪힌 사태는 행위자가 의도한 것이 아니라 예상치 못한 사고였다는 점에서 행위자에게 잘못이 없어 보인다. 이 사태 때문에 과거의 선택을 반드시 후회할 필요는 없다. 그러나 사태만 놓고 본다면, 행위자는 아이에게 타박상을 입힌 가해자가 될 수도 있다. 그렇다면, 행위자는 아이에게 사과하는 동시에 어떤 형식의 보상을 해줘야 할 것이다. 통상적으로 우리는 이와 같은 상황에 놓였거나 놓인 것을 본다면, 아이에게 사과하고 상처에 대해 도움을 주는 것이 적절하다고 생각한다. 이는 행위자가 의도하지 않은 것을 통해서도 자신의 과거의 행위에 대해 후회할 수 있다는 것을 시사한다. 이는 어떤 사태에 대해 행위자에게 잘못이 없어 보이는 데도 행위자가 자신의 행위에 대해 후회할 수 있는 이유와 그 행위자가 후회하는 것을 우리가 자연스럽게 받아들일 수 있는 이유에 대해 살펴볼 필요가 있다는 것을 알 수 있다.

도입부에서 제시된 사례와 아이가 타박상을 입은 사례를 종합하면, 통상적으로 후회가 가능하다고 여겨지는 유형을 다음과 같이 정리할 수 있다.

ⓐ 행위자가 어떤 선택을 하는 것이 행위자 자신에게만 영향을 주는 경우, 행위자가 스스로 선택한 것에 대해 하게 되는 후회

ⓑ 행위자가 어떤 선택을 하는 것이 타인에게 영향을 주는 경우, 행위자가 스스로 선택한 것에 대해 하게 되는 후회

ⓒ 행위자가 어떤 선택을 한 이후에 예상치 못한 결과가 발생한 경우, 행위자가 스스로 선택한 것에 대해 하게 되는 후회

세 가지 유형 모두 후회의 조건들을 만족할 수 있다는 점에서 후회가 발생할 수 있는 것으로 보인다. 그러나 어떤 상황에서 후회하는 것이 자연스럽게 받아들여질 수 있다고 해서 후회하는 것이 합리적인지는 알 수 없다. 여기서 언급하는 합리성은 일반적으로 일관적인 태도를 유지하는지 여부를 의미한다.[2] 다시 말해 후회가 합리적인지 알

2 이 글에서 살펴볼 비트너와 윌리엄스는 '합리성'을 각각 다음과 같은 의미로 사용했다. 비트너는 합리성을 '이치에 맞는', '권장될 만한'이라는 의미로 사용했다. 또한 어떤 것이 합리적인지를 묻는 것은 오직 그 어떤 것이 행위 당사자에게 달려있을 경우에만 가능하다고 했다. R. Bittner, "Is It Reasonable to Regret Things One Did?"(*The Journal of Philosophy*, vol. 89, no. 5, 1992), p. 263 참조. 서스맨(D. Sussman)의 경우, 윌리엄스가 말하는 행위 당사자의 후회(agent-regret)는 우리가 행위 한다는 것을 인정하는 적절한 방법이라는 점에서 합리적인 것으로 볼 수 있다고 보았다. D. Sussman, "Is Agent-Regret Rational?"(Ethics, vol. 128, no. 4, The University of Chicago Press, 2018), p. 792 참조. 윌리엄스가 합리성에 대해 직접적으로 제시한 부분은 없으나 행위자는 자신의 경험을 매우 단순한 의미의 합

수 없다는 것은 어떤 사태를 통해 자신의 선택을 후회하는 것이 자신의 행위에 대해 일관적인 태도를 유지하고 있는 것인지를 알 수 없다는 것이다. 특정 상황에서 어떤 사람이 하나의 선택을 하는 것은 자신이 생각하기에 그 선택이 가장 나은 것이었기 때문일 것이다. 즉흥적인 선택의 가능성은 잠시 접어두도록 하자. 그렇다면 자신에게 가장 좋아 보이는 선택지를 선택했음에도 다른 것을 선택하는 것이 더 나았을 것으로 믿는 것은 일견 비합리적으로 보인다. 어떤 선택지에 대해 가장 나은 선택지로 생각한 동시에 가장 나은 선택지로 생각하지 않는 것처럼 보이기 때문이다. 더군다나 ⓒ 유형의 경우에는 자신의 과거 선택과는 무관하다고도 할 수 있는 사태를 통해 자신의 과거 행위를 후회한다는 점에서 합리적으로 보기 어렵다. 그렇다면 후회가 합리적일 수 있는지에 대해 따져볼 필요가 있다. 만약 후회가 비합리적이라면, 그럼에도 후회하는 것을 일상적인 것으로 받아들일 이유를 살펴봐야 할 것이기 때문이다. 만약 후회가 합리적이라면, 일상에서 후회하는 것을 자연스럽게 받아들이고 있는 것에 대한 이유가 될 수 있을 것이기 때문이다.

이 글에서 필자는 비트너(Rüdiger Bittner)와 윌리엄스(Bernard Williams)의 후회에 대한 주장을 바탕으로 하여 후회를 합리적으로 볼 수 있는

리성과 일치하도록 정리할 수 있을 뿐만 아니라 이미 그래왔다고 설명한다. 또한 도덕적 행위자의 역량은 스스로에게 질문할 수 있는 모든 합리적 행위자에게 존재한다고 보았다. B. Williams, *Moral Luck*(New York: Cambridge University Press, 1981), pp. 21-22 참조. 본문에서는 합리성의 필요조건으로 볼 수 있는 일관성을 합리성의 의미로 서술했다. 일상적인 상황에서 어떤 것이 합리적이라면, 최소한 지켜야 할 조건인 일관성에 한하여 합리성을 사용한 것이다. 비트너와 윌리엄스의 합리성이 다르게 설명될 수 있어도 이 두 합리성이 공유하고 있는 바는 일상적인 상황에서 이치에 맞는다는 점이다. **합리성에 대한 자세한 논의는 이후 3절의 '합리성의 의미' 부분에서 다시 다루겠다.**

지를 분석하고자 한다. 이를 위해 2절에서는 비트너와 윌리엄스의 후회에 대한 주장을 차례대로 살펴볼 것이다. 3절에서는 후회가 가능하다고 생각되는 사례에 비트너와 윌리엄스의 주장을 적용하여 이 둘의 주장을 비교할 것이다. 특히 ⓐ와 ⓑ, ⓒ로 나눈 후회의 유형 중 ⓒ 유형에 해당하는 사례에서 자신의 잘못이 없어 보이는 행위에 대한 후회를 합리적으로 볼 수 있는지를 검토하고자 한다. 이 검토는 후회의 조건에 포함된 감정 상태를 어떻게 볼 수 있는지와 후회에 동반되는 감정 상태가 후회의 조건에 포함되어도 후회는 여전히 합리적일 수 있는지에 대한 내용을 포함한다.

필자는 위의 검토를 통해 윌리엄스의 입장을 지지하고자 한다. 이를 위해, 비트너와 윌리엄스의 입장을 비교했을 때 윌리엄스의 입장을 따르는 것이 더 많은 유형의 후회를 설명할 수 있다는 것을 보일 것이다. 또한 윌리엄스의 입장을 받아들인다면, 일상에서 자연스럽게 여겨지는 후회가 합리적일 수 있는지에 대해 검토할 것이다. 이러한 검토 과정에서 후회에 동반되는 특정한 감정 상태는 어떤 사태에 대한 태도로 드러날 수 있고, 이 태도는 자신의 행위에 대해 후회하는 것, 후회에 따르는 사과, 자책 같은 형태로 표현될 수 있다는 점을 지적할 것이다. 이를 통해 윌리엄스가 말하는 바에 따라 감정 상태가 동반되는 후회가 합리적일 수 있다는 것을 보이고자 한다.

2. 후회에 대한 비트너와 윌리엄스의 주장

1) 후회에 대한 비트너의 주장[3]

비트너는 어떤 행위자가 자신이 과거에 한 일을 나쁘다고 생각하는 것에 대한 고통스러운 느낌을 후회로 본다.[4] 그에 따르면, 어떤 감정을 느끼는 것은 특정 상황에 대해 우리가 어떻게 판단하는지에 달려있기 때문에 그 상황에 대한 통찰력을 제공할 수 있다. 그러나 그 상황에 대해 적절하다고 여겨지지 않는 감정을 느낄 경우, 적절하지 않다고 해서 그 감정이 반드시 바로 사라지는 것은 아니라는 점을 지적한다. 따라서 감정은 어떤 상황에 대한 적절한 판단을 하는 데 특별히 도움이 되지는 않는다고 본다.[5] 비트너에게 후회는 어떤 고통스러운 느낌이라는 점에서 마찬가지 관점을 취한다. 어떤 사람이 자신의 과거 행위가 나빴다고 지금 생각하면서 고통스러운 감정을 느낀다면, 그 감정은 과거의 상황에 대해 적절히 판단하는 데 도움이 되지 않는다. 어떤 상황에서 어떤 것을 선택했고 그에 따른 결과가 예상보다 좋지 않다고 믿는 동시에 다른 선택지가 더 나은 결과를 야기했을 것이라는 믿음을 가진다면, 이 믿음에 따라 자신이 수정할 수 있는 것을 찾는 것은 합리적이고 중요하다. 그러나 이와 같은 과정에서 자신의 선택이 나은 것이 아니었다는 데 대해 고통스러운 감정을 느끼는 것은 불필요하다.

---

3 2절 1)에 정리된 내용은 비트너의 주장을 정리한 것이다. R. Bittner, "Is It Reasonable to Regret Things One Did?," pp. 262-273 참조.

4 *Ibid.*, p. 262 참조.

5 *Ibid.*, pp. 264-265 참조.

앞서 제시된 후회의 조건으로 보자면, 네 가지 조건 중 부정적 감정 상태가 동반된다는 ④번 조건 때문에 비트너는 후회를 합리적이지 않은 것으로 보았다. 그에게 합리적인 것은 어떤 행위자가 과거에 자신이 했던 일을 이해하고, 그것이 나쁘다고 생각하는 것에 한하기 때문에 행위자가 고통스러운 감정까지 느끼는 것은 불필요하다. 통상적으로 후회로 인해 고통스러운 감정을 느끼게 될 때, 후회가 과거의 행위를 미래에 하지 않도록 하거나 그보다 더 나은 행위를 미래에 하게 한다고 해도 미래에 더 나은 행위를 하도록 하는 데 기여한 과거의 행위 때문에 반드시 고통스러운 감정을 느낄 필요는 없다. 고통스러운 감정을 느낀다고 해서 행위자가 자신의 과거 행위가 나빴다고 판단한 점이 사라지지도 않는다. 따라서 그에게 후회는 일상에서 할 수 있는 것이지만, 합리적이지 않은 것이므로 권장되지 않는다. 오히려 후회하는 것보다 후회하지 않을 때, 다시 말해 고통스러운 감정을 느끼지 않을 때, 상황을 더 명확하게 이해할 수 있고 자신이 잘못했다고 생각한 부분을 분명하게 찾아내어 수정할 수 있다.[6]

정리하자면, 비트너에게 네 가지 조건을 모두 포함하는 후회는 합리적이지 않다. 자신이 나쁘다고 생각하는 과거의 행위를 개선하고자 한다면, ④번 조건이 포함되지 않는 것이 합리적인데, 이는 적어도 비트너에게는 후회가 아니다.

---

6 *Ibid.*, p. 272 참조.

2) 후회에 대한 윌리엄스의 주장[7]

윌리엄스에 따르면, 후회는 일반적으로 과거의 행위에 대해 그렇지 않았다면 얼마나 좋았을 것인지와 같은 생각을 포함한다. 또한 이 생각에 대한 의식과 생각을 형성할 수 있는 것에 적용될 수 있는 어떤 느낌을 포함한다.[8] 후회하는지 여부는 특정 사태에 대해 재고하는 것에 의해 결정된다. 후회의 좀 더 근본적인 형태는 단순한 실수가 아니라 숙고에 의해 알게 된 오류를 포함한다.[9] 따라서 후회는 단순히 좋지 않은 결과에 의해서만 하게 되는 것은 아니다. 오히려 후회하는지 여부는 자신의 행위 결과가 발생한 시점에서 자신이 숙고할 것인지와 숙고했을 때 오류를 발견하는지에 의존한다. 따라서 후회가 일어날 만한 사태에 대해 아는 사람들은 그 사태에 대해 후회할 수 있다. 그러나 윌리엄스는 사태에 대해 아는 사람들의 일반적인 후회(regret)와 어떤 과거의 행위에 대해 그 행위의 당사자만 할 수 있는 후회(agent-regret)는 다르다고 본다.[10] 이는 아이가 타박상을 입은 사례를 통해 이해해볼 수 있다. 사례를 다시 제시하면 다음과 같다.

행위자 A는 마감이 임박한 과제를 해야 한다. 그의 가장 친한 친구는 피아노 독주회를 앞두고 있다. 연주회 시작 시각은 과제 마감 전날 저녁이었고 과제는 생각보다 어려워 자칫하면 마감 내에 제출하지

---

7 2절 2)의 내용은 1절에서 제시된 아이의 타박상 사례를 통해 윌리엄스의 주장을 정리한 것이다. B. Williams, *Moral Luck*, pp. 20-39 참조.

8 *Ibid.*, p. 27 참조.

9 *Ibid.*, p. 35 참조.

10 윌리엄스는 후회를 'regret', 'agent-regret'으로 나누어서 언급하지만 필자는 전자를 '목격자의 후회', 후자를 '행위자(행위 당사자)의 후회'로 사용하고자 한다. *Ibid.*, p. 27 참조.

못할 것 같다. 다행히도 A는 연주회 시작 시각에 임박해서 과제를 마무리했고 과제를 제출하자마자 급하게 시계를 보면서 공연장으로 뛰어갔다. 그러던 중 맞은편에서 뛰어오던 한 아이와 부딪혔고 그 아이가 타박상을 입게 되었다.

이 사례에서 만약 어떤 사람이 아이가 뛰어가는 것과 행위자 A가 시계를 보면서 급히 가는 모습을 보고 있었다면, 그 둘이 서로 부딪혀서 아이가 다쳤을 때 자신이 그 사태를 막을 수 있었을 것이라는 생각을 할 수 있다. 이 생각으로 인해 자신이 아무것도 하지 않은 것에 대해 후회할 수 있다. 또한 행위자 A의 경우, 자신이 시계를 보며 급하게 뛰어간 것은 친구의 연주회에 늦지 않기 위해서였지만 시계를 보며 뛰어가는 행위가 아이를 다치게 했다고 생각한다면, 자신이 여유롭게 과제를 마치지 못한 것 등을 후회할 수 있다. 사태를 목격한 사람과 행위자 A는 모두 나름의 후회를 하고 있다. 두 사람 모두 사태에 대해 자신의 행위를 숙고하며 어떤 오류를 발견했기 때문이다. 그러나 행위자 A의 후회는 자신이 사태 자체에 어떤 연관이 있어 모종의 책임이 있다는 생각이 포함될 수 있다는 점에서 목격자가 하게 되는 후회와 다르다.

사태에 대해 어떤 책임이 있다는 것은 행위자 A가 의도치 않게 다른 사람에게 해를 입혔을 때 이 사태가 행위자 A 자신과 어떤 관계가 있다고 생각하는 점, 단지 이 사태는 자신이 의도한 것이 아니므로 자신의 잘못은 없다는 것만으로 단순히 제거되지 않는 어떤 것이 있다는 점을 의미한다. 목격자가 어떤 후회를 한다고 해서 우리는 그 목격자가 후회에 따른 어떤 태도를 보여야 한다고 생각하지는 않는다. 그러나 아이가 다친 사례에서 우리가 통상적으로 A가 하는 것이 적절하다고 생각하는 것에는 아이에게 사과하는 것, 다친 것에 대해 적절한 보상을 하는 것 등이 있다. 만약 A가 자신이 부딪히려고 한 것이 아니므로 잘못이 없다고 한다면, 우리는 이를 적절하지 못한 태도로 볼 것이다. 적어도 그 사태에서는 행위자 A와 아이의 타박상은 유관해 보이고, A가 잘못이 없다고 보기에는 우리가 생각하기에 A가 하는 것이 적절하다고 여겨지는 특정한 태도가 있기 때문이다. 사과 혹은 보상 등을 A의 적절한 태도로 자연스럽게 여기는 것은 확실히 자신의 잘못이 없다는 것만으로 그 사태와 행위자 A가 완전히 분리되는 것이 아니라는 점을 보인다.

윌리엄스에 따르면, 행위 당사자의 후회에는 단순히 달리 행위 했더라면 어땠을 것인지에 대한 생각뿐만 아니라 특정한 종류의 심리적인 내용과 특정한 종류의 표현이 포함된다.[11] 이때 행위자가 책임을 느낀다는 것은 바로 이 특정한 종류의 심리적 내용과 특정한 방식의 태도를 표현하는 것으로 볼 수 있다. 만약 A가 후회한다면, 아이가 다치는 데 원인이 되었다고 보이는 자신의 과거 행위에 대해 자책하면서 아이에 대한 미안한 감정을 표현하고 보상하고자 하는 태도를 보일 수 있다. 이를 통해 심리적인 내용, 보상 같은 특정한 종류의 표현이 행위자의 후회에 포함된다고 본 것을 이해할 수 있다.

윌리엄스의 주장을 정리하면 다음과 같다. 후회는 어떤 사태에 대해 자신의 과거 행위에 대해 숙고할 수 있는 모든 사람이 할 수 있다. 따라서 행위자뿐만 아니라 그 사태의 목격자도 후회할 수 있다. 그러나 목격자의 후회와 행위 당사자의 후회는 다르다. 행위자가 과거의 행위에 대해 후회하는 것은 자신과 사태가 어떤 연관이 있다고 생각하

11 R. Bittner, "Is It Reasonable to Regret Things One Did?," pp. 27-30 참조.

고, 설령 그 사태를 의도한 것이 아니어도 자신의 잘못이 없다는 것만으로는 사라지지 않는 모종의 책임이 있다고 생각한다는 것을 의미한다. 따라서 행위자가 후회할 수 있는 영역은 의도에 의한 결과에 대해서만이 아니라 어떤 책임이 있다고 생각되는 것으로 확장될 수 있다. 이때 행위 당사자의 후회에 포함되는 심리적인 자책, 보상적 태도의 표현은 의도하지 않았어도 어떤 책임이 있다고 생각하는 행위에 대해 가능한 것으로 볼 수 있다. 따라서 행위 당사자의 후회는 우리가 행위한다는 것을 인정하는 적절한 방법이라는 점에서 합리적인 것으로 볼 수 있다.

3. 후회의 합리성

1) 후회에 대한 비트너의 주장과 윌리엄스의 주장 비교

후회에는 고통스러움, 슬픔, 자책 같은 감정 상태가 포함된다고 본 점에서 비트너와 윌리엄스의 후회에 대한 주장에는 유사점이 있다. 그러나 비트너는 특정 감정 상태가 동반되기 때문에 후회를 합리적이지 않은 것으로 본 반면, 윌리엄스는 감정 상태가 포함되어도 후회가 충분히 합리적일 수 있다고 보았다. 오히려 윌리엄스는 특정한 심리적인 내용을 가지고 특정한 표현을 하는 것을 후회가 가지는 중요한 요소로 보았다. 앞서 제시된 후회의 조건을 다시 제시하면 다음과 같다.

① 특정 상황에서 어떤 선택을 했을 때, 특정 상황과 동일하거나 유사한 상황에서 내가 선택한 것과 다른 선택을 할 수 있다고 믿는다.

② 실제로 선택한 이후에 발생하는 결과가 예상보다 좋지 않다고 믿는다.

③ 내가 선택한 것과 다른 선택지를 선택했다면, 더 나은 결과가 발생했을 것으로 믿는다.

④ 부정적인 감정 상태를 동반한다.

비트너가 말하는 합리적인 사람은 행위자에게 온전히 달려있는 어떤 사태에 대해 자신의 행위를 돌아볼 때, ①, ②와 ③ 조건만 포함한 숙고적 활동을 통해 자신이 나쁘다고 생각한 부분을 수정한다. 윌리엄스의 경우, 후회할 수 있는 사태는 단순히 행위자에게만 달려있는 경우가 아니라는 점에 집중했다. 행위 당사자의 어떤 행위가 의도치 않게 다른 사람에게 해를 입혔을 때, 행위자가 이 사태와 자신 사이에 어떤 연관이 있다고 생각하는 점, 단지 자신의 잘못은 없다는 것만으로는 단순히 제거되지 않는 어떤 것이 있다고 생각하는 점은 의도하지 않은 것에 대해서도 우리가 각자의 행위에서 어떤 오류를 발견할 수 있다는 것을 의미한다. 이러한 숙고적 활동을 통해 특정한 심리적 내용을 가지게 되고, 사태에 대해 특정한 표현을 할 수 있는 것이다. 이는 사태에 대한 책임을 지면서 동시에 행위 한다는 것을 인정하는 적절한 방법이라는 점에서 합리적인 것으로 볼 수 있다.

2) 합리성의 의미

여기서 잠깐 합리성의 의미에 대해 짚고 넘어갈 필요가 있다. 앞서 언급했던 합리성의 의미는 일상적인 의미에서 일관적인 태도를 유지하는 것이었다. 후회할 때, 자신이 가장 나은 것으로 생각해서 선택한 것에 대해 가장 나은 것이 아니라고 생각한다는 점은 일관되지 않은 태도를 취하는 것처럼 보인다. 이렇게 본다면, 후회에 동반되는 감정 유무를 떠나 후회는 합리적이지 않은 것으로 보이기 때문에 ①, ②, ③ 조건만 만족하는 숙고적 활동도 비합리적인 것이 된다.

후회는 통상적으로 어떤 사람이 과거에 했던 일에 의해 현재 발생한 결과가 예상보다 좋지 않다는 현재의 믿음에서 비롯되고, 이 믿음으로 인해 자신이 과거에 다른 일을 하는 것이 더 나았을 것이라는 생각을 포함한다고 언급했던 점을 상기할 필요가 있다. 이는 현재의 결과를 통해 과거에 선택했던 것이 더 나은 것이 아니었다고 생각하면서 더 나은 결과가 나올법한 선택을 고려하는 것이다. 이는 과거의 선택 시점에서는 행위 당사자가 할 수 없는 것이다. 행위 당사자가 과거에 한 행위는 현재에 나타난 결과로 인해 정당화되는 것이기 때문이다. 이를 따른다면, 더 나은 선택지가 바뀌었다는 점을 통해 후회를 비일관적으로 보는 것은 오히려 합리적이지 않다. 여기서 일관적인 태도를 유지하는 합리성은 동일한 사태에 대해 가장 나은 것으로 생각하는 선택지가 수정되었는지 여부가 아니라, 어느 경우에서든지 행위자로서 가장 나은 선택을 찾고자 한다는 점에서 일관적인 태도를 유지하는 것으로 보는 것이 적절해 보인다.

더 나아가 비트너와 윌리엄스가 사용하는 합리성의 의미가 서로 다른 것에 대해서도 검토가 필요하다. 비트너가 말하는 합리성은 이치에 맞는다는 것을 의미한다.[12] 또한 어떤 것이 합리적인지를 묻는 것은 오직 그 어떤 것이 행위 당사자에게 달린 경우에만 가능하다. 윌리엄스는 우리가 자신의 행위에 대해 생각할 때는 이미 자신의 행위들을 합리성에 따라 생각할 수 있다고 보았다. 그리고 합리성에 따라 자신의 행위를 판단할 수 있는 사람이라면, 바람직한 것이 무엇인지에 대해서도 판단할 수 있는 역량을 가지고 있다고 보았다. 이는 일관된 태도로 자신이 행위 한다는 것을 인정하면서 자신의 행위를 숙고하는 적절한 방법이다. 또한 윌리엄스에 따르면, 행위자의 행위가 합리적인지는 온전히 행위자가 의도한 것만이 아니라 의도하지 않은 것에 대해서도 물을 수 있다.

합리적이라는 것은 어떤 것을 할 때, 그 어떤 것 혹은 어떤 것을 하는 것이 적절할 경우를 말한다. 우리가 어떤 것에 대해 생각할 때, 그 생각들이 적절한지를 판단하는 것은 생각들이 서로 일관적인지에 달려있다. 그 생각들이 일관적이지 않다면, 비합리적이라고 판단한다. 또한 어떤 행위를 좋거나 바람직하거나 나은 것이라고 생각하지 않는다면, 우리는 그 행위가 비합리적이라고 판단한다. 행위가 합리적이라면, 그 행위는 좋거나 바람직하거나 나은 것이다. 통상적으로 어떤 행위자가 적절한 행위 혹은 적절한 마음 상태를 가지고 행위 할 때, 그 행위자는 합리적으로 생각하고 행위 하는 것이다. 이 때문에 일상에서 자연스럽게 할 수 있다고 생각되는 후회에 대해서도 합리성을 생각해볼

12 *Ibid.*, p. 263 참조. 비트너는 합리성(reasonable)을 다음과 같이 설명한다. "The word 'reasonable' is to be understood here in its everyday sense, roughly equivalent to phrases like 'it's a good idea', 'it makes sense', 'it is recommendable'."

수 있다.

비트너가 말하는 숙고적 활동에서 중요한 것은 자신의 행위가 나빴다고 생각하는 이유에 해당하는 것을 수정하는 것이다. 후회의 조건을 통해 봤을 때 행위 당사자가 자신의 행위를 좋지 않았다고 생각하는 것은 자신의 행위로 인해 좋지 않은 결과가 발생했다고 믿는 동시에 과거의 행위가 가장 좋은 선택이 아니었다는 것을 믿는 것에서 비롯된다. 따라서 비트너는 믿음의 수정을 중요시한다는 점에서 일관적이지 않은 생각들을 수정하는 것에 초점을 맞췄다고 볼 수 있다. 자신의 과거 행위에서 좋지 않다고 생각하는 부분을 발견했음에도 여전히 그 생각을 유지하는 것은 좋지 않다고 생각한 것을 나은 것으로 생각하고 있는 것과 다름없기 때문에 비합리적이다.

윌리엄스의 후회에 대한 설명에서 합리성은 생각 간의 일관성과 행위자로서의 합리성을 모두 포함하고 있는 것으로 보인다. 행위자의 합리성에 대해서도 더 나은 행위를 하고자 하는 것만이 아니라 바람직한 행위를 하는 것도 포함해서 고려하고 있는 것으로 보인다. 과거의 행위에 대해 달리 행위 했으면 좋았을 것으로 생각하는 것은 그 행위가 나은 것이 아니었다는 것을 믿기 때문이다. 만약 최선의 행위가 아니었다고 믿으면서 그 행위를 유지한다면, 이는 분명히 비합리적이다. 그러나 합리성에 대한 이와 같은 설명은 의도한 행위에 따른 결과에 대해서만 적용 가능해 보인다. 만약 행위자가 어떤 행위를 한 이후에 예상치 못한 결과가 발생한다면, 이는 반드시 행위자에 의해 발생한 것으로 볼 수 없으므로 자신의 행위로 인해 직접적으로 좋지 않은 결과가 발생했다고 믿을 필요는 없다. 단지 사고에 불과하므로 다음에 그 사고가 일어나지 않기를 바랄 수도 있다. 그러나 윌리엄스는 행위의 합리성을 단순히 의도한 행위에 대한 결과뿐만 아니라 의도하지 않은 행위에 의해 발생한 사태에 대해서도 고려했다. 이 경우, 행위의 합리성에는 바람직한 것을 선택하는 것도 포함되는 것으로 보인다.

비트너의 숙고적 활동에 대한 견해와 윌리엄스의 후회에 대한 견해는 행위자가 더 나은 행위를 하고자 하는 태도를 일관되게 유지한다는 점에서는 합리적으로 볼 수 있다. 이 합리성은 후회의 특성을 고려할 때, 과거와 현재 각각의 시점에서 가장 나은 것으로 생각한 선택 사이의 비일관성을 의미하는 것이 아니다. 오히려 과거에 선택했던 행위를 더 이상 가장 나은 것으로 생각하지 않을 때, 현재 시점에서 더 나은 행위라고 생각하는 것으로 선택을 수정하는지를 의미한다. 이는 더 나은 행위를 하고자 하는 태도를 유지한다는 점에서 합리적이다. 그러나 비트너의 합리성은 행위자가 수정할 수 있는 행위에 대한 검토에 초점이 맞춰져 있는 반면, 윌리엄스의 합리성은 행위자가 수정할 수 있는 행위에 대해서만이 아니라 예상치 못했던 사태에 대해서도 자신의 행위가 바람직했는지 혹은 적절했는지를 고려한다.

3) 사례의 유형에 비트너와 윌리엄스의 주장 적용 후 비교 및 검토

앞서 제시된 합리성의 의미를 받아들인다면, ①, ②, ③ 조건을 따랐을 때, 합리성은 유지될 수 있는 것으로 보인다. 그렇다면 ④번을 포함하는 것이 합리적인지를 따져봐야 할 차례다. 이는 비트너와 윌리엄스가 가장 큰 차이를 보이는 부분이기도 하다. 비트너에게 어떤 감정을 느끼는 것, 특히 후회에 포함되는 고통스러움을 느끼는 것은 합리성에 영향을 준다고 보았다. 고통스러운 느낌이 ①, ②, ③ 조건을 따르는 숙고의 활동에 부정적인 영향을 주기 때문이다. 또한 어떤 상황에서 어떤 종류의 감정이 이용 가능한지 아닌지는 우리가 어떻게 사물을 보는지에 달려있다고 할 때, 이는 우리가 느끼고 있는 감정이 적절한지 아닌지를 판단할 수 있다는 점을 시사한다. 그러나 어떤 상황에서 특정한 감정을 느끼는 것이 적절하지 않다고 해서 그 감정이 그 순간 제거되는 것은 아니다. 따라서 비트너는 어떤 사태에 대해 행위자가 후회할 때, 그 후회가 온전히 행위 당사자에게만 달린 것이 아니라고 보았다. 만약 후회의 네 가지 조건 중 ④번 조건을 제외한다면, 적어도 세 가지 조건을 만족하는 숙고적 활동은 행위 당사자에게 달려있다고 볼 수 있다. 이는 어떤 사태에 대해 더 나은 행위가 가능하다는 것을 알았을 때, 혹은 더 나은 선택지가 있다고 생각될 때, 이에 대해 고통스러워하는 것이 아니라 수정하는 데 초점을 맞춰야 한다고 본 점과 일맥상통한다.

그렇다면, 비트너의 주장을 앞서 제시되었던 사례의 유형에 적용했을 때, 이 유형에 속하는 사례들이 각각 합리적일 수 있는지 살펴볼 수 있다.

ⓐ 행위자가 어떤 선택을 하는 것이 행위자 자신에게만 영향을 주는 경우, 행위자가 스스로 선택한 것에 대해 하게 되는 후회
ⓑ 행위자가 어떤 선택을 하는 것이 타인에게 영향을 주는 경우, 행위자가 스스로 선택한 것에 대해 하게 되는 후회
ⓒ 행위자가 한 선택 이후에 예상치 못한 결과가 발생한 경우, 행위자가 스스로 선택한 것에 대해 하게 되는 후회

도입부에서 제시되었던 사례 중 ⓐ 유형에 해당하는 것은 과제를 미루다가 마감이 얼마 남지 않은 경우다. 과제를 미루는 것에 대한 결과는 과제를 미룬 당사자에게만 영향을 준다고 볼 수 있다. ⓑ 유형에는 약속 시간에 늦을까 봐 급하게 집에서 나왔는데 약속 장소에 가는 도중에 휴대폰을 놔두고 온 것을 알게 된 경우가 해당할 수 있다. 집에서 나오기 전에 챙겨야 할 것들을 한 번 더 점검하지 않은 것에 대해 후회한다는 것은 친구와 약속한 시각을 지키지 못할 수 있다는 믿음 때문이다. 이는 자신의 행위가 타인에게 영향을 주고 있고 이를 안다는 점에서 ⓑ에 해당한다. 이 두 유형의 경우, 비트너의 주장을 바탕으로 봤을 때 충분히 합리적일 수 있다. 이 두 유형에 해당하는 사례는 확실히 어떤 사태에 대해 자신의 과거의 행위에 대해 수정이 필요하다는 것을 알고 이를 미래의 행위에 반영하는 것으로 충분하기 때문이다.

ⓒ 유형의 경우는 조금 다르다. ⓒ 유형에는 음주운전, 의식이 혼미해 보이는 사람을 그냥 지나친 경우, 아이의 타박상 사례가 해당할 수 있다. 먼저 의식이 혼미해 보이는 사람을 지나친 후 뉴스에서 그 사람의 사망 소식을 봤다고 할 때, 행위자가 반드시 후회한다고 보기는 어렵다. 사망 소식을 봤을 때, 자신이 그 사람을 미리 도와주었다면 어땠을 것인지에 대해 생각할 수는 있다. 이는 자신이 그 사람을 도왔다면 교통사고를 당하지는 않았을 것이라는 믿음이 있기 때문이다. 그러나 이 상황은 타인이 관여하고 있는 것보다는 행위자가 어떤 사람 혹은 어떤 사건을 목격한 것으로 보는 것이 적절하다. 따라서 이 사례에서 사고를 목격한 행위자가 자신의 과거 행위를 후회하거나 후회하지 않는 것 중 어떤 행동을 하는 것이 적절한지는 단정 지을 수 없다.

음주운전 사례에서 행위자가 음주 후 운전한 것이 단속에 걸리거나 음주운전 중 교통사고를 일으킨 경우, 비트너를 따른다면 행위자가 해야 할 것은 음주운전을 하지 않는 것에 초점을 맞추는 것이다. 자신의 행위가 나빴다는 생각을 하고 그 행위를 수정하는 것이 비트너에게는 합리적인 것이기 때문이다. 만약 교통사고를 일으킨 것에 대해 보상해야 할 경우 보험회사를 통해 보상하면 될 것이다. 그러나 일상적으로 우리는 자신이 음주운전을 하지 않거나 보험회사를 통해 보상 문제를 해결하는 것만 행위자에게 요구하지는 않는다. 오히려 앞으로 음주운전을 하지 않겠다고 말하거나 물질적으로 보상하는 것만으로 충분하다고 생각하는 사람에게 비난하기도 한다. 그러나 비트너의 합리성은 적어도 후회에 대해 비난받을 수 있는 지점이 있다는 것을 고려하고 있지 않아 보인다.

아이가 타박상을 입은 사례에서도 사태 자체에 대해 행위자가 자신의 과거 행위에 대해 후회할 것은 없다. 행위자에게는 아이가 타박상을 입는 데 기여할 수 있는 어떤 의도가 전혀 없었기 때문이다. © 유형에서 말하는 것처럼, 전혀 예상하지 못한 결과가 발생한 것이다. 설령 아이가 다친 것이 행위자와의 충돌이기 때문에 아이에 대해 특정한 표현이 있어야 된다고 해도 이 사태에 대한 특정 종류의 표현이 필요하다는 점과 과제를 마감하자마자 급하게 뛰어갔던 것에 대한 후회는 특별한 관계가 있어 보이지 않는다. 비트너에 따르면 행위자의 행위만 생각한다면, 행위자가 할 수 있는 것과 아이가 다친 것 사이에는 관계가 없어 보이고 행위자에게 잘못이 없다고도 할 수 있다. 그러나 우리는 이런 사태를 목격했을 때, 다친 사람에게 사과의 표현을 해야 한다는 것을 자연스럽게 받아들인다. 만약 그 아이에게 어떤 심리적 내용의 표현 없이 상처에 대한 물질적인 보상만 한다고 할 때도 우리는 그 사람에게 사과의 표현을 별도로 하지 않은 것에 대해 비난할 수 있다. ①, ②, ③ 조건만 포함하는 비트너의 합리성은 이런 지점이 고려되지 않는다.

정리하자면, 후회의 조건에서 어떤 감정 상태를 제외하는 비트너의 숙고적 활동은 행위자가 의도한 것에 의해 어떤 결과가 발생했을 경우에 대해서는 합리적이라는 점을 설명할 수 있다. 그러나 의도치 않게 발생한 사태에 대해서도 숙고적 활동을 통해 모종의 책임을 발견하고 특정한 표현을 보이는 것이 합리적인지는 설명할 수 없다.

한편, 윌리엄스의 후회에 대한 설명을 통해서는 세 가지 유형에 대해 설명할 수 있다. 행위자의 의도적인 행위뿐만 아니라 의도하지 않았거나 예측할 수 없었던 행위의 결과에 대해서도 자신의 행위에 대해 후회하는 것은 적절하기 때문이다. 그렇다면 ⓒ 유형에 해당하는 사례에서도 후회하는 것은 적절하다. 다만 어떤 사태를 목격한 사람이 할 수 있는 후회와 행위자가 사태에 참여하거나 관여되었을 때 행위 당사자가 하게 되는 후회가 서로 다를 뿐이다. 이 두 후회가 후회의 네 가지 조건을 모두 만족한다고 할 때, 목격자의 후회는 어떤 감정 상태가 포함된 심리적 내용을 가지고 특정한 표현을 하도록 요구되지 않는다. 그에게 후회는 반드시 필요하다고 생각되는 것이 아니기 때문이다. 행위 당사자가 어떤 사태에 관여된 경우에는 행위자에게 과거 행위에 대한 숙고적 활동, 슬픔이나 고통스러움 같은 감정 상태에 있는 것이 함께 요구된다. 그리고 이 특정한 감정 상태를 가지고 특정한 방식으로 태도를 표현하도록 요구된다. ⓒ 유형의 사례에서 음주운전 후 교통사고가 발생했다고 했을 때, 운전한 사람이 교통사고를 낼 의도를 가지고 운전한 것은 아니다. 그러나 교통사고가 발생했을 때, 운전자가 음주운전을 했다는 것에 대해 수정하는 것만으로 그 사람이 적절한 태도를 보였다고 생각하지 않는다. 우리는 그 운전자가 교통사고로 인해 피해를 발생시킨 점에 대해 자책을 느끼고 피해가 발생한 것에 대해 사과할 것을 요구한다. 아이가 타박상을 입은 사례에서도 마찬가지다. 우리는 행위자에게 아이를 다치게 하기 위한 의도가 전혀 없었음에도 행위자가 급하게 뛰어가느라 앞을 계속 보지 못한 점에 대한 자책과 함께 아이가 다친 것에 대한 보상적 태도를 취하는 것이 적절하다고 자연스럽게 받아들인다. 이 두 사례를 통해 살펴본 ⓒ 유형에 대해서도 행위자는 자신의 행위를 후회할 수 있고 행위로 인해 예상치 못하게 발생한 사태에 대해 모종의 책임을 질 수 있다. 이는 자신의 행위에 대한 자책 같은 심리적 내용을 가지고 보상적 태도를 표현하는 것이다.

윌리엄스의 후회에 대한 설명을 따르면, 1절에서 제시된 후회의 네 가지 조건을 모두 만족하는 것은 적절하다. 동시에 의도치 않게 발생한 사태에 대해서도 사태에 대한 숙고와 함께 특정한 심리적인 내용과 특정한 보상적 태도를 표현하는 것이 후회에 포함될 수 있다고 본 것은 우리가 행위자에게 자연스럽게 요구하는 것과 일관적이다. 이는 일상적으로 후회가 발생할 수 있는 사례에 대해 비트너보다 폭넓게 설명 가능하다. 그러나 자연스럽게 받아들이는 후회에 대해 윌리엄스가 더 잘 설명한다고 해서 반드시 윌리엄스의 후회가 합리적이라는 것이 따라나오지는 않는다. 따라서 윌리엄스가 말하는 후회를 합리적인 것으로 받아들일 수 있는지에 대해 살펴볼 필요가 있다.

4) 윌리엄스가 말하는 후회가 합리적일 수 있는지에 대한 검토

윌리엄스가 합리성에 대해 언급한 부분을 상기해보면 다음과 같다. 그에 따르면, 과거의 행위에 대해 후회하는 것은 자신의 행위를 인정하는 적절한 방법이라는 점에서 합리적인 것으로 볼 수 있다. 또한 의도치 않게 발생한 사태에 대해 단순히 물질적인 보상만을 통해 비의도적인 부분을 행위자와 분리하려고 한다면, 이를 합리적으로 보기는 어렵다. 윌리엄스에 따르면, 합리적 행위자는 자신의 행위가 합리적인지와 함께 바람직한지에 대해서도 숙고할 수 있는 역량을 가지고 있기 때문이다.[13] 그렇다면 ⓒ 유형에 해당하는 아이의 타박상 사례에서 행위자 A가 자신의 행위를 후회하는 것이 합리적인지는 행위자로서 더 나은 선택을 하고자 하는 태도를 일관되게 유지하는지에 따라 판단하기 힘들어 보인다.

다음의 예시를 통해 우리가 ⓒ 유형에 해당하는 사례에서 말할 수 있는 합리성이 무엇인지 생각해볼 수 있다. 어떤 사람 x는 길을 걷다가 티라미수를 먹고 싶어 바로 앞에 보이는 커피 전문점에 들어갔다. 티라미수와 그에 곁들일 커피를 주문하고 직원이 요구하는 값을 지불한 뒤 커피와 함께 티라미수를 받아서 맛있게 먹었다. 맛있게 먹던 중, 어떤 사람 y가 들어와서는 마침 다른 사람이 주문한 뒤 받을 예정이던 커피와 티라미수를 자기가 먹겠다고 선언한 후 이에 대한 값을 픽업 테이블 위에 올려놓았다. y는 자신이 먹고 싶은 의도를 가지고 한 행위가 의도치 않게 원래 주문했던 사람에게 해를 입힌 것에 대해 그 사람이

---

13 B. Williams, *Moral Luck*, pp. 20-39 참조.

주문했던 커피와 티라미수의 값만큼을 지불했다고 당당하게 말한다.

x와 y의 행위는 형식상으로 보면 동일하다. 각자가 원했던 커피와 티라미수에 대한 값을 지불했기 때문이다. 그러나 우리는 x의 행위는 적절하지만, y의 행위는 적절하지 않다고 볼 것이다. 우리는 여기서 행위가 적절한지를 나누는 모종의 기준이 있다는 것을 발견한다. y에게 빼앗긴 커피와 티라미수를 주문한 사람은 사실 커피와 티라미수 가격만큼의 피해만 입은 것이 아니다. 이 사람은 자신이 원하는 것에 대해 그에 해당하는 가격을 지불하고 순서를 기다려 받을 예정이었다. 따라서 자신의 순서가 오기까지 기다려야 한다는 모종의 규칙을 준수하여 자신이 원하는 것을 얻을 권리를 침해당한 것이다. y가 픽업 테이블에 올려놓은 돈은 이 침해당한 부분에 대해서는 보상할 수 없다. 설령 y가 다음부터 이러지 않겠다고 하면서 자신의 행위에 대한 수정 의사를 밝힌다고 해도 이것만으로는 부족해 보인다.

행위자의 후회는 자신이 의도한 것과 의도하지 않은 결과 모두에 대해 가능하다. 자신이 의도한 것에 의한 결과가 예상보다 좋지 않았다고 믿는다면, 이에 대해 자신이 과거에 했던 선택을 수정하여 미래에 반영하는 것은 행위자로서 항상 더 나은 선택을 고려한다는 점에서 합리적이다. 그러나 행위자 자신이 의도하지 않은 결과로 인해 그 결과 자체와 무관해 보이는 행위에 대해 후회하는 것도 충분히 합리적일 수 있다. 이는 단순히 자신의 행위에 대해 숙고하고 수정할 부분을 찾는 데만 제한되는 것이 아니다. 사태 자체에 한해 행위자가 모종의 책임이 있을 수 있다고 판단하고 그 사태가 발생한 것에 대해 슬픔 같은 심리적 상태를 가지고 특정한 보상적 태도를 보이는 것은 우리 모두가 암묵적으로 받아들이고 있는 모종의 규칙, 법칙, 관습 등에 대해 합의

하고 있다는 점을 시사한다. 커피 전문점 사례에서 y가 자신이 빼앗은 커피와 티라미수를 주문한 사람에게 물질적 가치 이외의 보상을 해야 하는 것이 적절해 보이는 이유는 우리가 합의하고 있는 모종의 규칙을 어긴 점에 대한 보상이다. 만약 여러 사람이 공유하는 세상에서 암묵적으로 모두가 합의하고 따르는 어떤 것이 있다면, 또한 이것이 각자의 자격 혹은 권리를 조화롭게 누릴 수 있는 방식이라면, 행위자에게는 이 합의된 내용을 바탕으로 어떤 선택을 하는 것이 그렇지 않은 것보다 더 나은 선택이라는 점에서 합리적일 수 있다.

윌리엄스가 말하는 합리성은 생각 간의 일관성만이 아니라 행위의 합리성도 고려한다. 또한 윌리엄스가 말하는 합리적 행위자에게는 도덕적 행위자의 역량이 있기 때문에 행위의 합리성에는 행위의 적절성, 바람직함이 포함된다고 볼 수 있다. 커피 전문점 사례에서의 행위자가 의도하지 않은 행위에 대해서도 후회할 수 있는 이유는 행위의 결과로 드러난 사태에서 그 행위가 바람직해 보이지 않았기 때문이다. y가 다른 사람이 주문한 커피와 티라미수를 먹겠다고 선언하면서 픽업 테이블에 돈을 올려놓은 행위가 적절하지 않다면, 합리적인 사람의 경우 자신의 행위를 적절한 것으로 수정할 것이다. 그러기 위해서는 자신의 행위가 부적절하다고 믿는 동시에 다른 행위를 했을 때 적절해질 수 있다는 것을 믿어야 한다. 그러나 y가 하는 것이 적절하다고 여겨지는 행위에 자신이 가져간 커피와 티라미수의 주인에게 사과 혹은 보상의 태도를 표현하는 것이 포함되는 것은 자신의 행위를 수정하는 데 보상적 태도를 표현하는 것도 포함된다는 것을 의미한다. 그리고 이 보상적 태도를 표현하는 것이 가능한 이유는 자신의 행위를 수정하는 데 포함될 수 있는 부정적인 감정 상태에 의해서다. 윌리엄스가 말한 것처럼 만약 행위 당사자의 후회에 과거의 행위에 대해 달리 행위할 수 있었을 것이라는 생각과 특정한 심리적 내용, 특정한 표현이 포함된다면, 우리가 생각하기에 y가 할 수 있는 적절한 행위가 모종의 사과를 표현하는 것이라고 할 수 있는 이유는 심리적 내용과 사과 같은 보상적 표현을 하는 것이 사태에 대한 적절한 태도를 보이는 것이라고 할 수 있기 때문이다. 이를 통해 감정 상태가 단순히 어떤 자극에 의한 수동적인 발현이 아니라 어떤 사태에 대해 가질 수 있는 태도로서 적절하거나 바람직하게 행위 하는 데 기여하는 것으로 볼 수 있다.

윌리엄스가 말하는 후회를 따른다면, 의도치 않게 발생한 사태와 행위자 사이에 어떤 연관성이 있어 보이는 이유는 물질적으로 보상이 가능한 부분을 제외하고도 암묵적으로 합의하고 있는 어떤 것에 대한 보상이 제대로 이루어지지 않았기 때문이라는 점을 짚어낼 수 있다. 합의하고 있는 것이 무엇인지에 대해 이 글에서 다루기에는 주제를 벗어난 것으로 보인다. 여기서 말할 수 있는 것은 행위자가 자신의 행위와 무관해 보이는 어떤 사태에 대해 책임이 있다고 생각할 경우, 합의하고 있는 것을 바탕으로 자신의 행위를 숙고하고 사태에 대해 특정한 심리적 내용을 가지며 특정한 보상적 태도를 표현할 수 있다. 이는 행위자가 자신의 행위를 인정하는 적절한 방법이라는 점에서 합리적일 수 있다.

4. 나가는 말

통상적으로 후회는 어떤 사람이 과거에 했던 일의 결과가 예상보다 좋지 않다는 믿음에서 비롯되고, 이 믿음으로 인해 자신이 과거에 실제로 했던 일이 아니라 다른 일을 하는 것이 더 나았을 것이라는 생각을 포함한다. 후회의 조건에는 네 가지가 있다. 이 중 후회에 동반되는 감정 상태가 있다는 조건이 적절한지를 두고 비트너와 윌리엄스의 의견에 차이가 있었다. 비트너는 후회를 과거에 했던 일이 나빴다고 생각하는 것에 대한 고통스러운 느낌으로 설명하면서 비합리적인 것으로 보았다. 부정적인 감정 상태가 과거의 했던 일에 대한 숙고에 방해가 될 수 있다고 보았기 때문이다. 반면 윌리엄스에게는 이 감정 상태가 중요했다. 이는 일반적으로 후회가 발생하는 사례에 대해 좀 더 폭넓은 접근을 가능하게 한다. 비트너에 따르면, 과거 행위에 대한 숙고적 활동은 행위자에게 달린 일에 집중하기 때문에 행위자가 의도한 행위에 대해서만 합리성을 고려할 수 있다. 그러나 윌리엄스가 감정적 상태를 중요하게 본 점은 행위자가 의도한 행위뿐만 아니라 의도하지 않았어도 책임이 있다고 생각되는 사태와 관련된 자신의 행위에 대해 후회하는 것이 합리적인지도 고려할 수 있다. 행위자의 후회는 과거의 행위에 대한 숙고적 활동, 이에 대한 자책 같은 특정한 심리적 내용, 발생한 사태에 대한 보상 같은 특정한 표현을 포함하기 때문이다. 윌리엄스의 설명은 후회하는 것이 자연스럽게 받아들여지는 사례에 대해 비트너보다 더 넓은 영역을 설명하는 데 기여했다.

윌리엄스의 후회는 부정적 감정 상태를 포함하고 있어도 충분히 합리적일 수 있다. 이는 행위자로서 더 나은 선택을 고려한다는 점에서 일관된 태도를 유지한다는 합리성의 의미를 벗어나지 않는다. 어떤 사태를 맞닥뜨렸을 때 자신의 행위에 대해 고통스러워하거나 자책하는 것은 단순히 물질적으로 가치를 매겨 적절한 보상을 하는 것 이외에 물질적인 가치로 환산할 수 없어 보이는 것에 대해서도 보상을 가능하게 하기 때문이다. 여기서 물질적 가치로 환산될 수 없는 것이 무엇인지에 대해 다루지는 않았으나 암묵적으로 모두가 합의하고 있는 모종의 규칙, 법칙, 관습 등과 같은 것으로 부를 수 있을 것이다. 이는 모두가 함께 살아가는 세상에서 서로가 가질 수 있는 권리 혹은 자격 같은 것을 누리기 위해 암묵적으로 받아들이고 있다는 점에서 이를 따르는 선택을 하는 것은 따르지 않는 선택을 하는 것보다 합리적으로 보인다. 더 나은 선택을 하는 행위자로서의 태도를 일관되게 유지하고 있기 때문이다.

우리가 살아가는 사회에서는 자신의 행위에 대해 생각할 때, 어떤 사태에 대해 잘못이 없다고 생각하는 것에 대해서는 철저히 그 사태와 행위를 분리해서 생각하는 경향이 있다. 적어도 그 사태와 직접적인 연관이 없다고 생각하면, 자신이 그 사태에 대해 모종의 책임을 질 필요는 없다고 생각하므로 목격자를 자처하기도 한다. 다툼이나 갈등이 발생했을 때도 행위자는 자신의 행위와 사태를 분리하여 자신에게 잘못이 없다고 주장하는 동시에 타인의 행위와 사태를 연관 지어 타인에게 잘못이 있다고 주장하기도 한다. 흔히 '내로남불'로 불리는 상황이 발생하는 것이다. 그러나 여러 사람이 함께 살아가는 곳에서는 우리가 의도한 것만이 아니라 의도치 않은 것을 통해서도 우리의 행위가 타인에게 어떤 영향을 줄 수 있다. 그런 경우에 단순히 비의도적인 것들을 모두 자신과 분리해내면, 어떤 사태로 인해 피해를 입은 타인은 오히려 비의도적으로 마주한 사태를 자신과 분리해낼 수 없게 된다. 피해를 입은 것에 대한 보상을 어떤 형태로든 받을 수 없게 되는 것이다. 우리 모두가 이런 사태에서 그 누구에게도 보상받지 못하는 피해자가 될 수 있다. 반면, 사태에 관여되었다고 생각되는 사람들이 모두 자신의 책임을 인지하고 책임을 따르는 행위를 한다면, 이는 우리 중 누구든지 어떤 사태에서 보상받을 기회가 있을 수 있음을 의미한다.

일반적으로 우리는 이전에 했던 행위의 결과를 바탕으로 이후에 어떤 행위를 하는 것이 더 나은 것일지를 고려한다. 또한 후회는 통상적으로 미래에 더 나은 선택을 하는 데 도움을 준다. 여러 사람이 함께 살아가는 만큼 나의 의도가 담긴 선택이 다른 사람들의 선택에 영향을 주는 바람에 나의 행위의 결과에 예상치 못한 사태가 포함될 수도 있다. 그러나 우리는 의도한 행위와 의도하지 않은 행위 모두에 대해 어떤 행위를 하는 것이 더 나은지를 고려할 수 있다. 전혀 예상하지 못한 사태를 통해 자신의 행위를 돌아볼 수도 있다. 자신의 과거 행위를 생각했을 때, 자신에게 어떤 책임이 있다고 생각하고 그에 따른 특정한 태도를 보이고자 한다면, 여기서 자책하고 슬퍼하거나 괴로워하는 등의 감정 상태에 있는 것은 비합리적이지 않다. 이러한 후회의 과정은 어떤 사태들에 대해 책임을 질 수 있는 부분을 적절하게 인식하게 하고 사람들이 모종의 사과, 용서 같은 화해의 의식을 통해 서로 보상을 주고받고 조화롭게 살아갈 수 있는 바탕을 마련하는 데 기여할 수 있기 때문이다.

참고문헌

김한승, 「후회 없는 삶은 바람직한가?」, 『범한철학』 53, 범한철학회, 2009, 319-338쪽.

Bittner, R., "Is It Reasonable to Regret Things One Did?," *The Journal of Philosophy*, vol. 89, no. 5, 1992, pp. 262-273.

Sussman, D., "Is Agent-Regret Rational?," *Ethics*, vol. 128, no. 4, The University of Chicago Press, 2018, pp. 788-808.

Williams, B., *Moral Luck*, New York: Cambridge University Press, 1981.

04

사띠의 분노 조절 메커니즘

박정아(경북대학교 철학과 석사수료)

1. 서론

현대사회에서 갈등은 다양한 계층과 조직을 넘어 보편적이며 만연화 양상을 보인다. 갈등은 악의적이고 파괴적이므로 피해야 한다는 것이 전통적 입장이다. 현대적인 입장에서 갈등은 관계 간에 발생하는 피할 수 없는 것이며, 때때로 건전한 경쟁 관계 촉진이나 의사 교환의 활성화 기제로 인식된다.[1] 그러나 현대의 갈등 연구자들은 적정 수준의 갈등이 개인의 심리 · 사회적 관계 유지에 도움은 되지만, 높은 수준의 갈등은 조직 · 집단 · 국가를 혼란과 분열로 심화시키고, 불안 · 분노 그리고 극단적 대립과 마찰에까지 이르게 된다고 지적한다.[2] 특

* 이 논문은 2022년 3월 『불교학 연구』(제70호, 불교학연구회)에 수록되었다.

1 나태준 · 박재희, 『갈등해결의 제도적 접근』(서울: 한국행정연구원, 2004), 18쪽.

2 박호숙, 「심리적 갈등의 유형과 관리 방법에 관한 연구」[『한국조직학회보』 3(1), 한국조직

히 분노 감정은 갈등의 결과인 동시에 다시 갈등을 유발하는 원인[3]이라는 점에서 주목해야 할 요인으로 간주된다.

현대적 의미에서 분노(anger)는 상황에 따라 자연스럽게 일어나는 보편적인 인간의 필수 감정으로 분류된다. 따라서 내 · 외적으로 기능하지 않는 분노 감정은 그 자체로는 사실상 긍정 · 부정의 의미는 없다. 그러나 분노의 역기능적 표현은 타인에게 위해를 가하거나 개인의 심신 건강을 위협하는 핵심 요인이며 심리 · 사회적으로 부정적인 영향을 미친다.[4] 분노의 원인에 대해 인지 이론가들은 분노 당사자의 분노 유발 상황에 대한 인지적 평가와 해석 과정을 제안한다.[5] 정신의학에서도 비합리적 신념을 바탕으로 하는 분노 사고가 역기능적 분노 표현의 원인이라고 가정한다. 분노 관리 전문가들은 분노 감정보다는 분노 표출의 원인에 대한 인지적 재구성이 도움이 될 수 있다고 주장한다.[6] 이와 같은 가설들은 분노가 인지적 차원의 접근으로 치유가 가능할 수 있음을 시사한다.

최근 현대 심리치료 분야에서는 역기능적 사고와 비합리적 신념을 조절하기 위한 방안으로 마음챙김(mindfulness) 같은 남방불교의 수

학회, 2006], 28-29쪽.

3 Van Kleef et al., "Anger in social conflict: Cross-situational comparisons and suggestions for the future"(*Group Decision and Nogotiation*, vol. 17, Institute for Operations Research and the Management Sciences, 2008), pp. 14-15.

4 전겸구 외 4인, 「다면적 분노 척도 개발 및 타당화」[『한국심리학회지: 건강』 26(1), 한국건강심리학회, 2021], 125-144쪽.

5 A. T. Beck, "A 60-Year Evolution of Cognitive Theory and Therapy"(*Perspectives on Psychological Science*, vol. 14-1, The Association for Psychological Science, 2019), pp. 17-18.

6 서수균 · 권석만, 「비합리적 신념, 자동적 사고 및 분노의 관계」[『한국임상심리학회지』 24(2), 한국임상심리학회, 2005], 327-339쪽.

행법이 제안되고 있다.[7] 이들은 자동으로 일어나는 부정적인 생각이나 감정에 대해 거리를 두고 그것을 관찰하게 하거나, 주의를 호흡이나 감각 등에 전환하고 거기에 집중하는 방식 등을 취하고 있다. 이러한 방식은 지금 여기에서 대상에 대한 있는 그대로의 앎을 통해 부정적 사고의 확산을 막고 감정적 동요를 감소시키는 것을 기제(mechanism)로 한다. 여기에서 의미하는 있는 그대로의 앎은 '사띠(sati)'를 말하며 마음지킴, 마음챙김, 알아차림 그리고 mindfulness, awareness 등과 같은 용어들로 혼재되어 지칭된다. 그리고 이들이 가지는 의미는 카밧진(Kabat-Zinn)이 정의한 '현재 순간의 경험에 대한 비판단적 알아차림'과 관련된다.[8]

대표적인 부정적 정서로 분류되는 분노도 이와 같은 중재법을 시도하고 있으나, 결과에 대해서는 대체로 회의적이다. 그것은 분노 당사자가 분노의 원인이 외부에 있다는 강한 신념을 갖고 있거나, 자신의 분노에 대한 의미 부여 같은 부적응적 대처 사고들이 분노를 더욱 부추기거나 오히려 강화하는 역할을 하기 때문이다.[9] 또한 분노는 다른 정신장애와 함께 동반되는 감정으로 분류될 뿐, 분노 자체만으로는 독립적인 진단 기준조차 갖추지 못하고 있기 때문에 분노에 대한 치료적 개입이 어렵다는 시각도 한 요인으로 작용한다.[10]

---

7 문현미, 「인지행동치료의 제3동향」[『한국심리학회지: 상담 및 심리치료』 17(1), 한국상담심리학회, 2005], 20-22쪽; 허버트 벤슨(양병찬 옮김), 『이완반응』(서울: 페이퍼로드, 2020), 116-130쪽.

8 J. Kabat-Zinn, *Wherever you go, there you are: Mindfulness meditation in everyday life*(New York: Hyperion, 1994), p. 4.

9 서수균, 『분노와 관련된 인지적 요인과 그 치료적 함의』(서울대학교 박사학위 청구논문, 2004), 2-3쪽.

10 분노는 우울, 불안과 달리 미국정신의학회(APA)에서 분류한 정신장애 진단기준인

한편 남방불교 문헌들에서 분노(*dosa*)는 탐욕(*lobha*), 어리석음(*moha*)과 함께 해로운 마음(*akusalacittāni*)의 강력한 뿌리로 강조되고 있다.[11] 또한 12가지 해로운 마음에 해당하는 불선법(不善法) 중 하나로 분류되고,[12] 괴로움을 가져오고 괴로움을 익게 하는 법으로 취급된다.[13] 특히 분노는 용모가 나쁘고 못생기고 추하게 태어나는 원인과 조건[14]이라고도 지적된다. 출가수행자들의 선정(*jhāna*)의 증득을 방해하는 요소로 반드시 극복해야 하는 다섯 가지 장애(五蓋, *pañca-nīvaraṇa*) 중 하나로 간주된다.[15] 분노(*kodha*)를 16가지 마음의 오염원(*upakkilesa*) 중 하나로 규정하고, 더럽고 때 묻은 옷감이 다른 옷감으로 물들여지지 않듯이 분노로 마음이 오염되면 악처(*duggati*)에 태어나게 된다고 경고한다.[16] 독사나 오줌,[17] 그리고 병(*roga*)[18] 등으로 비유하며, 자신과 타인을 파괴하는 요소로 규정하고 있다.[19]

그뿐만 아니라 「톱의 비유 경(*Kakacūpama sutta*)」에서 붓다는 다른 비

DSM-5의 기분장애(Mood Disorders)로 분류되지 않는다. 다만, 외상 후 스트레스 장애와 반사회성 · 경계성 · 자기애성 인격장애 등 일부 정신장애에 분노와 관련된 증상들이 포함되어 있다.

11 kusala와 akusala의 정의에 대해서는 람버트 슈미트하우젠(최진경 옮김), 『요가수행자의 불교적 바탕』(서울: 씨아이알, 2016), 27쪽 재인용 참조.

12 대림 · 각묵 옮김, 『아비담마 길라잡이 上』(울산: 초기불전연구원, 2004), 111쪽.

13 대림 옮김, 『앙굿따라 니까야 1』(울산: 초기불전연구원, 2009), 288-292쪽.

14 대림 옮김, 『앙굿따라 니까야 2』(울산: 초기불전연구원, 2009), 468쪽.

15 각묵 옮김, 『상윳따 니까야 5』(울산: 초기불전연구원, 2009), 509-510쪽. 감각적 욕망, 악의, 해태와 혼침, 들뜸과 후회 그리고 의심이라는 다섯 가지 범주를 바른 삼매에 들지 못하게 하는 마음의 오염원으로 들고 있다.

16 대림 옮김, 『맛지마 니까야 1』(울산: 초기불전연구원, 2012), 257쪽.

17 대림 옮김, 『청정도론 2』(울산: 초기불전연구원, 2012), 479쪽.

18 대림 옮김, 『맛지마 니까야 2』(울산: 초기불전연구원, 2012), 252쪽.

19 대림 옮김, 『앙굿따라 니까야 4』(울산: 초기불전연구원, 2009), 479-482쪽.

구들과 과하게 어울려 지내면서 비난에 대해 면전에서 화를 내고 언쟁을 벌이는 몰리야팍구나(Moliyaphagguna) 비구에게 "어느 누가 그대를 손으로 때리고 흙덩이를 던지고 몽둥이로 때리고 칼을 내리치더라도 … 내 마음은 그것에 영향을 받지 않으리라. 악담을 내뱉지 않으리라"며 분노를 일으키지 말 것을 강조한다.[20] 여기에 오히려 "다른 사람들이 상해를 입히고 욕설을 할지라도 우리는 다른 사람에게 상해나 욕설을 하지 않고 지워 없앰을 실천해야 한다"[21]고 당부한다. 이와 같이 남방불교에서는 화난 사람에게서 나타나는 의기양양한 분노뿐만 아니라, 슬프고 우울한 사람에게서 나타나는 의기소침한 분노조차 파괴적이기 때문에 절대로 일어나지 않도록 해야 한다[22]는 것이 분노에 대한 입장이다.

그렇다면 붓다는 분노를 어떻게 제거할 수 있다고 설하는가. 『맛지마 니까야(*Majjhima Nikāya*)』와 『상윳따 니까야(*Saṃyutta Nikāya*)』에서는 마음의 오염원으로부터 벗어나기 위해, 성냄을 버리기 위해 그리고 열반을 실현하기 위해서는 팔정도를 닦아야 한다고 강조한다.[23]

---

20 대림 옮김, 『맛지마 니까야 1』, 520쪽.

21 위의 책, 277-278쪽.

22 멤 틴 몬(김종수 옮김), 『체계적으로 배우는 붓다 아비담마』(서울: 불광출판사, 2016), 118쪽.

23 *Majjhimanikāya*. I. 15.15-15.17, "도반들이여, 여기 탐욕도 나쁘고, 성냄도 나쁩니다. 탐욕도 버리고 성냄도 버리기 위해 중도가 있습니다(Tatrāvuso lobho ca pāpako, doso ca pāpako. Lobhassa ca pahānāya dosassa ca pahānāya atthi majjhimā paṭipadā)"; 대림 옮김, 『맛지마 니까야 1』, 200쪽 번역 참고; *Saṁyuttanikāya*. IV. 252.1-252.4, "도반이여, 그러면 어떤 것이 이러한 열반을 실현하기 위한 도이고 어떤 것이 도닦음입니까? 도반이여, 그것은 바로 여덟 가지 구성요소로 된 성스러운 도이니 …(katamo panāvuso maggo katamā paṭipadā etassa nibbānassa sacchikiriyāyāti. Ayameva kho āvuso ariyo aṭṭhaṅgiko maggo …)"; 각묵 옮김, 『상윳따 니까야 4』(울산: 초기불전연구원, 2009), 510쪽 번역 참고; 중도가 실천체계인 팔정도로 발달한 것에 대해서는 틸만 페터(김성철 옮김), 『초기불교의 이념

감각기능을 잘 단속하면서 머무는 자에게는 속상함과 열병을 초래하는 번뇌들이 없다고 설한다.[24] 진정한 사문과 바라문이 되기 위한 과정에서 수행을 방해하는 장애를 극복하고 감각의 문을 보호하기 위해 사띠를 갖추라고 명한다.[25] 번뇌를 제거하기 위해서는 반조(返照)의 지혜를 개발할 것[26]과 사유(*sankappa*)와 숙고도 제시하고 있다.[27] 이 외에도 경전의 여러 곳에서 붓다는 번뇌 · 오염원 · 장애들에 대해 "철저히 알아야 한다. 올바로 보아라. 괴로운 느낌에 떨지 말고 감당하라. 견뎌내라"고 강조한다. 올바로 보는 사람은 갈애를 잘랐고, 족쇄를 풀었고, 자만을 관통하여 마침내 괴로움을 끝낸 것이라고 말한다.[28] 이처럼 분노를 포함한 번뇌를 끊기 위해 붓다는 사띠 수행 등을 제안하고 있다는 것을 알 수 있다.

분노에 대한 독립적 진단조차 불분명한 현대 정신의학에 반해, 남방불교에서는 분노가 인간을 해롭게 하고 수행자의 수행을 방해하는 요소로 반드시 극복해야 하고 제거되어야 하는 번뇌로 강조한다. 그뿐만 아니라 이들을 제거하기 위한 수행법으로 사띠를 체계적이고 세밀하게 제시하고 있다. 이것은 남방불교가 번뇌를 제거하고 해탈 · 열반을 지향하는 치유의 철학이자 종교로서 현대인의 분노 관리에 적절한 답을 제시해줄 수 있음을 보여준다.

과 명상』(서울: 씨아이알, 2009), 48과 50쪽 재인용 참조.

24 대림 옮김, 『맛지마 니까야 1』, 185쪽.

25 대림 옮김, 『맛지마 니까야 2』, 246쪽.

26 대림 옮김, 『맛지마 니까야 1』, 454-460쪽.

27 위의 책, 500-501쪽.

28 각묵 옮김, 『상윳따 니까야 4』, 430쪽.

이에 따라 이 글에서는 남방불교의 수행법인 사띠가 분노 조절 과정에 어떻게 개입될 수 있는지를 살펴보고자 한다. 이를 위해 빨리(Palī) 문헌 및 관련 연구 성과를 토대로 분노의 발생 과정을 고찰하고, 『맛지마 니까야』의 「화살경(*Salla sutta*)」을 근거로 사띠에 의한 분노 조절 과정에 대해 논의하고자 한다.

2. 분노의 발생과 특성

남방불교에서 분노는 마음을 오염시키고, 괴로움의 원인으로 취급되며, 출가수행자의 열반 · 해탈을 위해 반드시 제거해야 할 것으로 나타난다. 반면 현대적인 관점에서 분노는 이와는 다소 차이가 있는 것으로 보인다. 현대정신의학에서는 분노를 스트레스와 좌절에 대해 개인의 가치, 본능적인 욕구, 기본신념을 보존하려는 의지가 반영된 것으로 간주한다.[29] 나아가 적절한 분노는 동기 강화의 원동력이며,[30] 존재의 항상성을 위한 '자기보존 운동'으로[31] 용인되기도 한다. 이것은 현대인에게 분노가 삶의 동력으로서 필요한 감정이라는 것을 의

29 서수균 · 권석만, 「비합리적 신념, 자동적 사고 및 분노의 관계」, 327-339쪽.

30 〈Column of Samsung Newsroom〉에 "성취욕구의 원천, 분노"를 기고한 곽금주는 2010년 네덜란드 위트레흐트대학교(Utrecht University) 심리학과 연구팀의 '분노와 목표에 대한 접근 동기 간 관계' 연구를 인용하며, 분노는 목표물에 접근하고자 하는 동기를 강화하는 원동력이 된다고 했다. 곽금주, "성취욕구의 원천, 분노", 〈Column of Samsung Newsroom〉, 2014. 12. 19.

31 김경호, 「분노로부터 마음의 평정: 분노의 동역학을 중심으로」(『철학탐구』 34, 중앙대학교 중앙철학연구소, 2013), 37-64쪽.

미한다. 따라서 현대인의 경우 출가수행자와는 달리 제거의 차원이 아닌 단지 조절의 차원에서 분노를 다루어야 할 것으로 보인다.

이 장에서는 빨리 문헌에 나타난 분노 발생의 원인과 그 과정에 초점을 모음으로써 현대인을 위한 분노 조절의 단초를 마련하고자 한다.

「느낌 상윳따(*Vedanā saṁyutta*)」에서는 세 가지 느낌을 들면서 접촉으로 일어난 그 어떤 느낌이든 괴로움이라고 말한다.[32] 즐거운 느낌에 대한 탐욕(*lobha*)과 괴로운 느낌에 대한 적의(*paṭigha*) 그리고 즐겁지도 괴롭지도 않은 느낌에 대한 어리석음(*moha*), 이들에 대한 갈애와 집착이야말로 괴로움의 원인으로 작용하기 때문이다. 이 중 분노는 괴로운 느낌을 조건으로 발생한다.

> "비구들이여, 그와 같이 배우지 못한 범부는 괴로운 느낌을 경험하게 되면 근심하고, 상심하고, 슬퍼하고, 가슴 치고, 울부짖고, 광란한다. 그래서 우울해하고 피곤해하며, 슬퍼하고 통곡하며, 미혹에 빠진다. 그는 육체적인 것과 정신적인 것 두 가지 느낌을 느낀다. 그가 괴로운 느낌을 경험하게 되면 적의가 생겨난다."[33]

느낌(*vedanā*)은 단지 조건들의 접촉에 의해 일어나는 오온의 두 번

---

32 *Saṁyuttanikāya*. IV. 205.1-205.4, "즐거움이든 괴로움이든 괴롭지도 즐겁지도 않든 안의 것이든 바깥의 것이든 모든 느껴진 것들 그것은 괴로움이라고 아나니 … (sukhaṃ vā yadi vā dukkhaṃ adukkhamasukhaṃ saha Ajjhattañ ca bahiddhā ca yaṃ kiñci atthi veditaṃ etaṃ dukkhanti ñatvāna …)"; 각묵 옮김, 『상윳따 니까야 4』, 429쪽 번역 참고.

33 *Saṁyuttanikāya*. IV, 208.13-208.18, "Evam eva kho bhikkhave assutavā puthujjano dukkhāya vedanāya phuṭṭho samāno socati kilamati paridevati urattāḷiṃ kandati, sammohaṃ āpajjati, so dve vedanā vediyati kāyikañca cetasikañ ca. Tassāyeva kho pana dukkhāya vedanāya phuṭṭho samāno paṭighavā hoti."; 위의 책, 435쪽 번역 참고.

째로, 감정의 단초가 되는 마음부수(心所, *cetasika*)다.[34] 분노의 원인이 되는 괴로운 느낌은 불쾌하고 바람직하지 않은 대상과 접촉할 때 경험된다. 『아비담마타 상가하(*Abhidhammattha Sangaha*)』에서는 괴로운 느낌을 고통스러운 느낌(*dukkha vedanā*)과 불만족한 느낌(*domanassa vedanā*) 두 가지로 나누고 있다.[35] 고통스러운 느낌은 몸과 마음 둘 다에서 일어나는 괴로운 느낌을 말하지만, 불만족한 느낌은 괴로운 정신적 느낌이다. 이 중 분노는 불만족한 느낌과 함께 일어나고, 악의와 결합한다.[36]

분노의 과정을 좀 더 구체적으로 확인하기 위해 망상(戱論, *papañca*) 같은 오염된 인식 과정에 대해 설하고 있는 「꿀 덩어리 경(*Madhupiṇḍika sutta*)」과 이와 관련한 선행 연구를 살펴보고자 한다.

"벗이여, 눈(眼)과 물질현상(色)을 조건으로 눈에 의한 의식(識)이 발생한다. 셋의 부딪힘이 접촉(觸)이다. 접촉을 조건으로 느낌(受)이 있다. 느끼는 그것을 그는 지각(想)한다. 지각하는 그것을 그는 생각(尋)한다. 생각하는 그것을 그는 망상(戱論, *papañca*)한다. 망상하는 그러한 이유로 그 사람에게 망상에 [오염된] 지각(想)과 관념이 생겨난다. [또한 그 사람에게] 과거 · 미래 · 현재에 걸쳐 눈으로 인식되는 물질현상에 대해 [망상에 오염된 지각과 관념이 생겨난다]."[37]

---

34 멤 틴 몬(김종수 옮김), 『체계적으로 배우는 붓다 아비담마』, 383쪽. "6가지 감각장소(六入)는 접촉이 일어나도록 조건 짓는다. 접촉은 32가지 세간의 과보의 마음에 있는 접촉의 마음부수를 말한다."

35 대림 · 각묵 옮김, 『아비담마 길라잡이 上』, 120쪽.

36 멤 틴 몬(김종수 옮김), 『체계적으로 배우는 붓다 아비담마』, 120쪽.

37 *Majjhimanikāya*. I. 111.35-112.4, "Cakkhuñcāvuso paṭicca rūpe ca uppajjati cakkhuviññāṇaṃ. Tiṇṇaṃ saṅgati phasso. Phassapaccayā vedanā. Yaṃ vedeti, taṃ sañjānāti. Yaṃ sañjānāti taṃ vitakketi. Yaṃ vitakketi taṃ papañceti. Yaṃ papañceti tato nidānaṃ

인용문에서는 망상이 전개되는 과정에 대해 다음과 같이 묘사하고 있다. 먼저 세 가지 조건(*paccaya*)을 원인(hetu)으로 느낌이 발생한다. 그리고 이러한 느낌에 대해 반응하는 주체인 '그'가 개입된 지각(想, *saññā*)이 생겨난다. 이후 그 지각에 대한 생각(尋, *vitakka*)과 그 생각에 대한 '망상'의 과정으로 전개되고 있다. 이것은 망상이 지각 단계에서 망상 주체자의 주관(主觀)이 개입됨으로써 시작되고, 생각으로 연결되면서 형성되는 것으로 이해된다.

이와 동일한 경전을 인용한 임승택과 안양규도 의식(識, *viññāṇa*)에서 느낌까지는 주관적 개입이 존재하지 않는 비인칭적인 방식으로 진행되지만, 지각 이후부터 망상까지는 주관적인 구성이 개입된 인칭적 방식에 의해 이루어진다고 한다.[38] 냐나난다(Ñānananda)도 느낌까지는 '나'의 개입이 없는 연기적 과정으로 진행되지만, 이후부터는 개인적이고 주체적인 반응이 개입된다고 했다.[39] 이 같은 논의를 토대로 할 때, 망상은 조건으로 발생한 느낌을 지각하는 시점에 반응 주체자의 주관이 개입되어 전개되는 것으로 해석할 수 있다.

이 외에도 여기서 한 가지 더 주목해볼 만한 것이 있다. 그것은 망상이 가진 특성에 관한 것이다. 조건으로 발생한 느낌 이후, 느끼는 그것을 그가 지각하고 지각한 그것을 생각하며, 생각한 그것을 망상해나가는 전개 과정이 끊임없이 연결되고 덧붙여지는 양상을 취하고 있다.

---

purisaṃ papañcasaññāsaṅkhā samudācaranti atītānāgatapaccuppannesu cakkhuviññeyyesu rūpesu."; 임승택, 「인문치료와 불교명상」(『철학연구』 122, 철학연구회, 2012), 250-251쪽 번역 참고.

38 위의 논문 251쪽: 안양규, 「부정적인 사고에 대한 붓다의 가르침과 아론 벡의 인지치료」(『명상심리상담』 1, 한국명상심리상담학회, 2007), 101쪽.

39 냐나난다(아눌라 스님 옮김), 『위빠사나 명상의 열쇠 빠빤차』(서울: 한언, 2006), 28쪽.

이것은 마치 생각이라는 실들이 계속 이어지고 겹쳐지면서, 결국에는 서로 뒤엉켜버려 쉽게 풀리지 않는 실타래를 연상시킨다. 망상이 생각에 함몰되어 생각에 대해 생각하고 있는 상태라고 의심되는 부분이다. 이에 대해 냐나난다는 망상이 원래의 어떤 것으로부터 '확산'된 상태라고 주장한다.[40] 이를 뒷받침하기 위해 그는 산만한 생각을 지속하는 의미로 망상과 비슷하게 쓰이는 위짜라(*vicāra*)와 비교한다. 그에 따르면, 위짜라는 망상처럼 산만한 상태이기는 하지만 아직은 지적 정교함과 체계적인 면을 유지한 것이다. 이에 반해 망상은 뒤엉킨 생각들이 주제도 없이 꼬리를 물고 돌아다니는 상태라고 언급한다.[41]

여기에 더하여 그는 '*madhupiṇḍika*'가 '꿀 덩어리'로 번역되지만, 거기에는 비옥함이 포함된 것이라고 말한다. 그리고 그 비옥함이 가진 의미는 바로 인식의 확산을 통해 이루어진 개념이 어떻게 중생을 정복해가는지를 보여주는 것이라고 강조한다. 꿀 덩어리를 맛보고 나서 그 달달함에 취해 있는 것과, 생각들이 얽히고 확산 · 증폭되어 걷잡을 수 없게 되는 것이 그 속에 빠지게 되면 벗어나기 어렵게 된다는 것을 암시한다. 이것은 망상의 확산 · 증폭이 가지는 위험성을 보여주는 좋은 근거다.

일반적인 감각-인식 과정은 감각 대상, 감각기관 그리고 의식 삼자의 접촉(觸, *phassa*)으로 느낌이 일어나고, 느낀 그것을 지각하고, 지각한 그것을 생각하는 과정으로 전개된다. 망상의 경우에는 그가 지각

---

40 같은 논문, 26쪽. Ñānananda는 papañca의 어원이 pra와 √pañc가 결합한 것으로 '퍼져나가다', '확산하다', '발산하다', '여럿으로 되다'의 의미를 지니며, 이를 두고 papañca는 개념이 형성되는 과정에서 원래의 어떤 것으로부터 '확산된' 상태로 볼 수 있다고 했다.

41 같은 논문, 26-27쪽.

한 이후 생각으로 흐르는 동안 자의적인 생각들이 서로 얽혀서 확산 · 증폭으로 인해 마음이 오염된다. 그리고 이렇게 오염된 마음 작용으로 인해 괴로워하게 된다.

해로운 마음에 속하는 분노의 발생과 진행 과정도 이와 별반 다르지 않다.[42] 나아가 니까야의 몇몇 경전에서 나타난 다음과 같은 비유를 통해 분노의 특성을 구체적으로 유추해볼 수 있다.

"분노는 두들겨 맞은 독사에게 물린 것과 같다. 독소가 섞인 오줌과 같다.[43] 극심한 고통에 시달리는 병과 같다.[44] 그리고 분노는 끓고 있는 물과 같다."[45] 이 같은 비유는 분노가 상당히 강렬한 상태임을 암시한다. 또한 "성냄(*dosa*)에 정복되면 마음이 사로잡힌다.[46] 악의(*paṭigha*)에 사로잡히고 압도당하면 이미 일어난 악의로부터 벗어나는 길을 올바로 볼 수 없게 된다."[47]와 같이 분노의 강렬한 상태를 직접적으로 드러내기도 한다. 분노의 확산이 빠르다는 것을 암시하는 대목도 발견된다.[48] 이와 같은 언급을 통해 분노는 상당히 강렬한 것이며 빠르게 마음을 오염시킨다는 의미로 해석할 수 있다.

분노는 여기서 그치지 않는다. 자의적 해석이 뒤엉킨 분노로 오염된 마음은 악의의 잠재성향(*paṭighānusaya*)으로 내재되어 의식의 씨앗이

---

42 각주 33과 이에 해당하는 본문의 인용문 참조. 분노는 대상을 인식하는 초기에 발생한 느낌에 대해 악의적인 마음현상과 관련 지으면서 발생하는 것으로 고찰했다.

43 대림 옮김, 『청정도론 2』, 171쪽.

44 대림 옮김, 『맛지마 니까야 2』, 252쪽.

45 각묵 옮김, 『상윳따 니까야 5』, 393쪽.

46 대림 옮김, 『앙굿따라 니까야 1』, 484-489쪽.

47 각묵 옮김, 『상윳따 니까야 5』, 393쪽.

48 한 모금의 독을 마시고 그 독이 온몸에 퍼지는 것과 같다. 숲속의 불이 퍼져나가는 것과 같다. 끓는 물에 비추어진 자신의 얼굴을 전혀 알아볼 수 없는 것과 같다.

된다.

잠재성향(*anusaya*)은 윤회의 삶을 거듭하면서 존재들의 무더기(蘊, *khandha*)에 잠재한 오염원의 씨앗으로 작용한다.[49] 「의도 경(*Cetanā sutta*)」에서는 잠재성향이 대상을 인식하는 느낌의 조건인 의식과도 밀접하게 관련되어 있다고 말한다.[50] 의식은 느낌을 촉발하여 감각 대상에 대한 다양한 마음부수(心所)들의 구체화에 기여하는 일종의 씨앗 같은 역할을 한다.[51] 여기에는 갈애가 함께한 이미 획득된 인식을 조건으로 한다.[52] 「교리문답의 짧은 경(*Cūla-vedalla sutta*)」을 포함한 니까야의 여러 경전에서 분노는 악의의 잠재성향이라는 씨앗으로부터 기인한다고 말한다.[53] 따라서 통제되지 못한 분노는 그것의 씨앗을 뿌리는 것이고, 그 씨앗은 다시 분노의 싹을 틔우는 데 기여하는 악순환의 과정에 있다는 것으로 해석할 수 있다.

지금까지의 고찰과 논의를 토대로, 분노의 진행방식은 망상과 마찬가지로 인식에 대한 자의적 생각들이 오염되면서, 확산과 증폭의 영

---

49 멤 틴 몬, 『체계적으로 배우는 붓다 아비담마』, 336쪽. "잠재성향은 번뇌가 가진 족쇄 등과 같은 성질들과 달리 조건이 없을 때는 전혀 알 수 없으나 상응하는 감각 대상과 접촉하는 순간에 실제로 표면에 나올 준비가 되어 있다."

50 *Saṁyuttanikāya*. II. 65.23-65.25, "비구들이여, 어떤 것을 의도하고 어떤 것을 계획하고 어떤 것에 대해 잠재성향을 가지면 그것은 의식이 머무는 조건이 된다. 조건이 있을 때 의식이 확립된다(Yañca bhikkhave, ceteti yañca pakappeti, yañca anuseti, ārammaṇametaṃ hoti viññāṇassa ṭhitiyā. Ārammaṇe sati patiṭṭhā viññāṇassa hoti)"; 각묵 옮김, 『상윳따 니까야 2』, 236쪽 번역 참고.

51 앤드류 올렌즈키(박재용 · 강병화 옮김), 『붓다 마인드』(경기: 올리브그린, 2018), 224쪽.

52 각묵 옮김, 『상윳따 니까야 2』, 387쪽.

53 *Majjhimanikāya*. I. 303.8-303.11, "벗 비사카여, 즐거운 느낌에는 탐욕의 잠재성향이 잠재해 있고, 괴로운 느낌에는 악의의 잠재성향이 잠재해 있고, 괴롭지도 즐겁지도 않은 느낌에는 무명의 잠재성향이 잠재해 있다(Sukhāya kho āvuso visākha vedanāya rāgānusayo anuseti. Dukkhāya vedanāya paṭighānusayo anuseti. Adukkhamasukhāya vedanāya avijjānusayo anusetīti)"; 대림 옮김, 『맛지마 니까야 1』, 328쪽 번역 참고.

향 아래 놓인다는 것은 부인할 수 없어 보인다. 여기에 한발 더 나아가 분노는 빠르게 오염된 인식을 갖게 하고, 강렬하게 마음을 압도하면서 잠재성향으로 침잠된다.

3. 사띠의 기능

괴로움으로부터 벗어나 해탈 · 열반을 실현하기 위한 수행법으로 남방불교에서는 위빠사나(*vipassana*)를 말하고 있다. 위빠사나는 사념처(*cattārosatipaṭṭhānā*) 수행으로, 몸 · 느낌 · 마음 · 법의 네 가지 대상에 주의를 기울여 순간순간 일어나는 경험을 따라가면서(*anupassin*) 관찰하는 방식을 취한다.[54] 이 과정에서 사띠는 중심적인 역할을 한다. 사띠는 현재의 경험에 대해 습관적인 상념들이 끼어들거나 망상으로 흘러들지 않도록 마음을 지키고 단속하기를 통해 감각 대상을 있는 그대로(*yathātaṃ*) 아는(being fully aware, *sampajañña*) 일련의 과정이다.

「염처 경(*Satipaṭṭāna sutta*)」에서는 호흡과 몸의 행위를 관찰하는 동안 사띠가 어떻게 작동되는지 보여준다.

> “비구들이여, 어떻게 비구가 몸에서 몸을 관찰하며 머무는가? (…) 그는 알면서 숨을 들이쉬고 알면서 숨을 내쉰다. 그는 숨을 길게 들이쉬면서 ‘길게 들이쉰다’고 알고, 길게 내쉬면서 ‘길게 내쉰

---

54 임승택, 「위빠사나 수행의 원리와 실제」(『불교연구』 20, 한국불교연구원, 2004), 185-189쪽.

다'고 안다. 짧게 들이쉬면서 '짧게 들이쉰다'고 알고, 짧게 내쉬면서 '짧게 내쉰다'고 안다. (…) 다시 비구들이여, 비구는 갈 때는 '가고 있다'고 알고, 서 있을 때는 '서 있다'고 알며, 앉아 있을 때는 '앉아 있다'고 알고, 누워 있을 때는 '누워 있다'고 안다. 또 그의 몸이 어떤 자세를 취하고 있든 그 자세대로 안다."[55]

여기에서 사띠는 현재의 경험 대상을 인식하기 위한 단지 의식적인 기록(recording)에 해당한다. 호흡과 행위를 인식할 때, 부정과 긍정에 대한 어떠한 평가도 반영되지 않는다는 것을 의미한다. 또한 인식이 대상을 아는 과정에서 평가를 위해 자동으로 일어나는 회상이나 추론에 마음이 포섭당하지 않는 것도 포함된다. 이때의 사띠에 대해 콴(Kuan)은 "대상 또는 마음과 대상 둘 사이의 상호작용에 대해 어떠한 평가도 하지 않으면서, 객관적으로 단지 아는 것(simply awareness)"이라고 정의한다.[56]

「괴로움을 일으키는 법 경(*Dukkhadhamma sutta*)」에서는 다른 방식의 사띠를 말한다.

"비구들이여, 예를 들면 어떤 사람이 많은 가시가 있는 숲에 들

---

55 *Majjhimanikāya*. I. 56.11-57.2, "Idha bhikkhave bhikkhu kāye kāyānupassī viharati. … So satova assasati, sato passasati. Dīghaṃ vā assasanto dīghaṃ assasāmīti pajānāti. Dīghaṃ vā passasanto dīghaṃ passasāmīti pajānāti. Rassaṃ vā assasanto rassaṃ assasāmīti pajānāti. Rassaṃ vā passasanto rassaṃ passasāmīti pajānāti. … Puna ca paraṃ bhikkhave bhikkhu gacchanto vā gacchāmīti pajānāti. ṭhito vā ṭhitomhīti pajānāti. Nisinno vā nisinnomhīti pajānāti. Sayāno vā sayānomhīti pajānāti. Yathā yathā vā panassa kāyo paṇihito hoti tathā tathā naṃ pajānāti."; 대림 옮김, 『맛지마 니까야 1』, 332-333쪽 번역 참고.

56 T. Kuan, *Mindfulness in Early Buddhism*(New York: Routledge, 2008), pp. 41-56.

> 어간다고 하자. 그러면 그의 앞에도, 뒤에도, 왼쪽에도, 오른쪽에도, 아래에도, 위에도 가시일 것이다. 그는 '제발 가시가 나를 찌르지 않았으면!'이라고 마음을 지키면서(being mindful, *sati*) 나아갈 것이고 마음을 지키면서(being mindful, *sati*) 물러날 것이다. 이와 같이 이 세상에 즐겁고 기분 좋은 것이 있으면 이를 일러 '가시'라 한다. 이를 가시라고 안 뒤 단속과 단속하지 못함을 알아야 한다."[57]

인용문에서는 즐겁고 기분 좋은 대상과의 접촉에서 비롯되는 번뇌를 사악하고 불결한 가시로 비유하고 있다. 그것이 가시라는 것을 알았다면, 이것을 잘 단속하고 있는지 단속하지 못하고 있는지를 알아야 한다고도 말한다. 이것은 일상생활의 모든 행위에서 끊임없이 일어나는 번뇌로부터 마음이 오염되지 않도록 인식을 단속해야 한다는 것을 비유한 것이다. 콴도 이때의 사띠를 인식의 단속(restraint)이나 지킴(guard)과 관련되어 있다고 정의한다. 그는 이것을 보호하는 앎, 지키는 앎(protective awareness)이며, 이 과정에서는 도덕적 판단(선법, 불선법)을 필요로 한다고 강조한다.[58]

사띠가 인식을 보호하고 단속하는 통제자 역할을 해야 하는 이유

---

57 *Saṁyuttanikāya*. IV. 189.9-189.17, "seyyathāpi bhikkhave puriso bahukaṇṭakaṃ dāyaṃ paviseyya: tassassa puratopi kaṇṭako, pacchato pi kaṇṭako, uttaratopi kaṇṭako, dakkhiṇatopi kaṇṭako, heṭṭhatopi kaṇṭako, uparitopi kaṇṭako. So sato ca abhikkameyya sato paṭikkameyya; mā maṃ kaṇṭakoti, evaṃ kho bhikkhave yaṃ loke piyarūpaṃ sātarūpaṃ ayaṃ vuccati ariyassa vinaye kaṇṭako; taṃ kaṇṭakoti iti viditvā saṃvaro ca asaṃvaro ca veditabbo."; 각묵 옮김, 『상윳따 니까야 4』, 398-399쪽 번역 참고.

58 사띠가 가진 단속의 기능은 『맛지마 니까야』의 "감각기능의 단속을 잘 단속하면서 머무는 자에게는 그러한 속상함과 열병을 초래하는 번뇌들은 없다(*Majjhimanikāya*. I. 9.37-10.2, saṃvarasaṃvutassa viharato evaṃsa te āsavā vighātapariḷāhā na honti)" 같은 구절을 통해 알 수 있다.

는 간단하다. 인식은 경험하는 대상에 대한 자의적 해석의 진원지로서, 마음을 오염시키는 요인을 선별해야 하기 때문이다. 이와 같은 내용은 「낑수까 나무 비유 경(*Kimsuka sutta*)」[59]을 통해 구체적으로 이해할 수 있다. 여기에서 붓다는 사띠를 탐욕스럽고 부정한 사람이 성을 통과하지 못하도록 하기 위해 성의 입구를 철저히 지키는 지혜롭고 현명한 문지기로 비유한다. 이것은 현재의 대상을 인식하는 데 부적절한 개념이 흘러들어오지 못하도록 감각의 입구를 사띠로 지켜야 한다는 것을 비유한 것이다.

인간의 일상 활동들에 대한 인식은 감각기관과 대상 사이의 접촉으로 이루어진다. 비유적으로 말한 문지기로서의 사띠는 사물에 대한 불건전한 인식과 그에 따른 문제들이 감각의 문을 통해 개인에게 들어오는 것을 지키고, 사물에 대한 적합한 인식만 인정할 수 있도록 보호하기 위함이다.[60] 이것으로 사띠는 감각-인식 과정에서 감각의 문을 지키고 단속함으로써 인식이 대상을 통제하고 조절될 수 있도록 하는 위치에 놓일 수 있다.[61]

인식이 도덕적 기준으로 대상을 선별하기 위해서는 대상에 대한 긍정이나 부정 판단과 관계없이 우선 단지 아는 것이 전제되어야 한다. 그래야만 대상의 세부적인 사항을 알기 위해 주관적 해석을 동원하는 동안 그것이 건전한 것인지 아니면 불건전한 것인지에 대한 여부를 인식이 구별할 수 있기 때문이다. 이와 같이 사띠는 두 층위로 그 역할을 나눠볼 수 있다. 대상을 인식하는 동안 어떠한 판단이나 평가

---

59 각묵 옮김, 『상윳따 니까야 4』, 407쪽.

60 T. Kuan, *Mindfulness in Early Buddhism*, p. 45.

61 *Ibid.*, p. 43.

의 개입 없이 단지 아는 것이며, 이것을 전제로 그것이 선한 것인가 불선한 것인가에 대해 인식이 선별할 수 있도록 통제하고 조절하는 적극적 사띠가 그것이다.

4. 사띠를 통한 분노의 조절

지금까지의 논의를 통해 분노는 불만족한 느낌을 조건으로 발생하고, 인식이 불건전하게 흘러 빠르고 강렬하게 마음을 오염시킨다는 것을 알 수 있다. 사띠는 현존을 특성으로, 인식의 부정적 흐름을 막고 대상을 있는 그대로 알게 하여 지혜를 계발할 수 있는 수행법이다. 따라서 사띠는 분노에 대한 마음이 오염되는 것으로부터 현존의 위치에서 바른 앎의 방식을 갖추게 함으로써 조절할 수 있을 것으로 보인다.

이 장에서는 2절과 3절에서 도출된 분노의 발생 과정과 특성 그리고 사띠의 역할을 토대로 「화살경(*Salla sutta*)」에 비추어 분노의 과정을 단계별로 나누고, 분노 조절을 위해 사띠가 언제 어떻게 개입될 수 있는가에 대해 논의하고자 한다.

먼저, 첫 번째 화살에 찔리면서 느낌이 발생한다. 느낌은 감각기능(六根), 감각 대상(六境) 그리고 의식(識)이라는 삼자가 결합한 접촉(觸)을 조건으로 한다. 이것은 조건의 성립에 따라 일어나는 연기적인 것이며, '나'의 주관적 해석으로 알게 되는 것이 아니라 대상을 인식하기 위한 첫 관문에서 하나의 신호(signal)를 감지하는 것으로 설명할 수 있다.[62] 즉, 첫 화살에 찔리면서 일어나는 느낌은 감지된 신호를 짧은 시간 동안 인식으로 변환하기 위한 과정이라는 것이다.

붓다는 이 첫 화살에 대해 잘 배운 성자이건 배우지 못한 범부이건 피할 수 없는 것[63]이라고 했다. 피할 수 없다는 것은 이 과정이 인간에게는 필연적이며, 의도적으로 통제하거나 조절할 수 없음을 의미한다. 즉, 인간이 관여할 수 있는 범위 밖의 것으로 해석할 수 있다. 그러므로 보편적인 현대인의 입장에서 이 시기에 인식의 과정을 통제하는 사띠의 발휘 가능성에 대해 논의한다는 것은 사실상 의미가 없어 보인다. 다만 이 글에서는 이 시기를 분노의 첫 단계로 가정하고, 분노의 시발점이라는 점에서만 의미를 두고자 한다.

다음으로, 첫 화살을 맞고 이제 '이것은 무엇인가'라는 해석을 시도하는 인식 과정이 시작된다. 감지된 신호의 정체를 알기 위해 주관이 개입하고, 그에 따른 판단과 평가로 분별을 시작하는 시기다. 이 시기를 분노의 두 번째 단계로 가정한다.

「데와다하 경(*Devadaha sutta*)」에서는 "닿고 닿더라도 그것들이 그의

---

62 이에 대해서는 감각-지각과 인지(sensory-perception & cognition)의 신경생리학적 기전이 가진 근거를 예로 들 수 있다. 인간이 대상을 인식(認識, recognition)하기 위해서는 몇 가지 과정을 거친다. 예를 들어 시지각(visual perception)의 경우, 눈을 통해 유입된 정보는 말초와 중추신경계를 거치면서 의미 있는 정보만이 대뇌의 1, 2차 감각피질(somatosensory cortex) 그리고 연합피질(association cortex)에 순차적으로 신호를 전달(synapse)한다. 이때 1, 2차 감각피질은 뇌가 감각 대상을 해석하기 위한 정보 인식의 수준이며, 이후 what & where pathway를 거치면서 그것이 무엇이고 어디에 있는 것인지를 알게 된다.

63 *Saṁyuttanikāya*. IV. 207.24-208.2, "비구들이여, 배우지 못한 범부도 즐거운, 괴로운, 즐겁지도 괴롭지도 않은 느낌을 느낀다. 마찬가지로 잘 배운 성스러운 제자도 즐거운, 괴로운, 즐겁지도 괴롭지도 않은 느낌을 느낀다(Assutavā bhikkhave puthujjano sukhampi vedanāṃ vediyati, dukkhampi vedanaṃ vediyati, adukkhamasukhampi vedanaṃ vediyati, sutavā bhikkhave ariyasāvako sukhampi vedanaṃ vediyati, dukkhampi vedanaṃ vediyati, adukkhamasukhampi vedanaṃ vediyati)"; 각묵 옮김, 『상윳따 니까야 4』, 434쪽 번역 참고.

마음을 사로잡아 머물지 못하도록 하라"는 대목이 있다.[64] 이것은 느낌과 동시에 일어나는 자의적인 해석으로 인해 인식이 오염되지 않도록 사띠를 발휘해야 하는 시점을 말해준다. 분노에 대해 오염될 수 있는 인식 작용을 멈추거나 관찰이 가능한 시점이라는 것이다. 이때 사띠는 앞서 논의한 바와 같이, 단지 아는 것과 보호하고 지키는 두 층위에서 그 역할을 수행할 수 있을 것으로 보인다.

먼저 사띠는 '분노하는 마음이 일어나는구나'와 같이 인식의 순간을 포착할 수 있게 한다. 이에 대한 어떠한 평가도 없이 객관적으로 그것을 단지 알게 할 뿐이다. 이것은 지혜로써 알게 되는 것과는 다르다. 대상에 대한 의식적 기록으로, 앞서 콴이 언급한 바와 같이 단지 아는(simply awareness) 수준을 의미한다.

이것을 전제로 이제 사띠는 적극적으로 불건전한 것들이 인식에 개입하려는 여지를 보호하고 지키는 역할로 나아간다. 이때, 오랜 세월을 거쳐 길든 두려움과 공포, 욕구 그리고 홀림 등 부정적인 감정이나 감각경험 등에 대응하려는 방식들이 자동으로 일어나 순식간에 마음을 휩쓸 수 있다. 화살은 보지 않은 채 화살에 대한 두려움과 공포, 화살을 피하고자 하는 욕구, 화살에 대한 홀림 등 화살에 대해 판단하는 생각들에 빠져들 수 있다는 것이다. 그러나 이 시기는 냐나난다가 지적했듯, 아직은 지적 정교함과 체계적인 면을 유지할 수 있는 상태다. 사띠는 이미 일어난 분노를 인정하고 그것을 기꺼이 경험하는 수

---

64 *Saṁyuttanikāya*. IV. 125.24-125-26, "비구들이여, 눈으로 인식되는 형색들이 있으니 마음에 드는 것도 있고 마음에 들지 않는 것도 있다. 그러나 이들에 닿고 또 닿더라도 그것들이 그의 마음을 사로잡아 머물지 못하도록 [해야 한다](Santi bhikkhave cakkhuviññeyyā rūpā manoramāpi amanoramāpi, tyāssa phussa phussa cittaṃ na pariyādāya tiṭṭhanti)"; 위의 책, 305쪽 번역 참고.

용적 태도를 갖게 함으로써 분노에 대한 영향력으로부터 버틸 수 있게 한다. 그리고 사띠는 불건전한 것들이 흘러 들어오지 않도록 문지기가 되어 인식을 보호하고 지킨다.

두 번째 단계에서 사띠는 분노를 포착하여 그것을 대하는 인식을 알게 하고, 인식을 통제함으로써 불건전하게 흐르는 것을 막는다. 그리고 분노에 대항하여 적극적으로 싸우는 것이 아니라, 분노 자체를 기꺼이 경험하게 한다. 이것은 두 번째 화살을 어느 정도 벗어나거나 피할 수 있게 하고, 나아가 건전한 인식의 계발에도 기여하게 된다.[65]

분노에 대한 마음이 일어나는 것을 알지 못한다면, 결국 두 번째 화살을 맞게 된다. 이때 화살은 첫 화살에 매인 채 경험하는 것으로,[66] 실체와는 별도로 자의적인 해석으로 오염된 생각들이다. 두 번째 화살을 맞고서 이제 생각들이 주체가 되어 걷잡을 수 없는 상태로 흐르게 된다. 반복적으로 슬퍼하고, 가슴을 치고 울부짖고, 광란하게 되는 오염된 생각들의 확산과 증폭이 일어나게 된다. 이 시기를 분노의 세 번째 단계로 가정한다.

---

65 *Majjhimanikāya*. I. 116.27-116.36, "비구들이여, 비구가 어떤 것에 대해 사유를 거듭해서 일으키고 고찰을 거듭하다 보면 그대로 마음의 성향이 된다. … 비구들이여, 악의 없음과 관련된 사유를 거듭해서 일으키고 고찰을 거듭하다 보면 악의와 관련된 사유가 없어져버리고 악의 없음과 관련된 사유를 거듭하여 그의 마음은 악의 없음과 관련된 사유로 기울어진다. 해코지 않음과 관련된 사유를 거듭해서 일으키고 고찰을 거듭하다 보면 해코지와 관련된 사유가 없어져버리고 해코지 않음과 관련된 사유를 거듭하여 그의 마음은 해코지 않음과 관련된 사유로 기울어진다(Yaññadeva bhikkhave bhikkhu bahulamanuvitakketi anuvicāreti tathā tathā nati hoti … Abyāpāda vitakkañce bhikkhave bhikkhu bahulamanuvitakketi anuvicāreti, pahāsi byāpādavitakkaṃ. Abyāpādavitakkaṃ bahulamakāsi. Tassa taṃ abyāpādavitakkāya cittaṃ namati. Avihiṃsāvitakkañce bhikkhave bhikkhu bahulamanuvitakketi anuvicāreti pahāsi vihiṃsāvitakkaṃ. Avihiṃsāvitakkaṃ bahulamakāsi. Tassa taṃ avihiṃsāvitakkāya cittaṃ namati)"; 대림 옮김, 『맛지마 니까야 1』, 503쪽 번역 참고.

66 각묵 옮김, 『상윳따 니까야 4』, 436쪽.

이 시기는 「바닥없는 구렁텅이 경(*Pātāla sutta*)」에서 말하는 '실제로 있지도 않고 이치에 맞지도 않는 것을 말하는 큰 바닷속의 바닥없는 구렁텅이(*atthi mahāsamudde pātālo*)'에 빠진 것으로 보인다.[67] 이에 대해 붓다는 "배우지 못한 범부가 괴로운 느낌을 겪게 되면, 그것을 감당하지 못하여 그 속에서 발 디딜 곳을 찾지 못하기 때문"이라고 말한다. 따라서 인식은 강렬하고 빠르게 마음을 오염시켜 분노에 사로잡히고, 분노에 압도당하게 되어 그 벗어나는 길을 올바로 볼 수 없는 지경에 처할 수 있다.[68] 분노에 사로잡힌 채 오랫동안 암송해온 만뜨라도 생각나지 않을 만큼[69] 정상적인 인지 활동이 불가능한 상태가 된다는 것이다. 급기야 분노로 오염된 생각들은 다시 분노를 일으키는 씨앗이 되고, 그것이 뿌려질 기름진 토양 역할을 하게 될 가능성이 충분하게 된다.

분노에 대한 생각의 구렁텅이 속에 빠진 이때, 사띠가 인식을 통제한다는 것은 사실상 불가능할 것으로 보인다. 그러나 단지 그러한

67 위의 책, 432쪽.

68 *Saṁyuttanikāya*. IV. 208.20-208.23, "그가 괴로운 느낌에 닿으면 이제 그는 감각적 욕망의 즐거움을 누리려는 쪽으로 나아가게 된다. 그것은 무슨 이유 때문인가. 비구들이여, 비우지 못한 범부는 감각적 욕망의 즐거움을 누리는 것 말고는 그 괴로운 느낌으로부터 벗어나는 다른 출구를 알지 못하기 때문이다(so dukkhāya vedanāya phuṭṭho samāno kāmasukhaṃ abhinandati. Taṃ kissa hetu, na bhikkhave pajānāti assutavā puthujjano aññatra kāmasukhā dukkhāya vedanāya nissaraṇaṃ)"; 각묵 옮김, 『상윳따 니까야 4』, 435쪽 번역 참고.

69 *Saṁyuttanikāya*. V. 122.5-122.11, "그와 같이 마음이 악의에 사로잡히고, 악의에 압도되어 머물고 또한 이미 일어난 악의로부터 벗어남을 있는 그대로 알지 못할 때, 그는 자기의 이익을 있는 그대로 알지 못하고 보지 못하고, 남의 이익을 있는 그대로 알지 못하고 보지 못하고, 둘 모두의 이익을 있는 그대로 알지 못하고 보지 못하고, 오래 암송한 만뜨라들도 분명해지지 않나니 암송하지 않은 것들은 말해 무엇 하겠는가(Puna ca paraṃ brāhmaṇa, yasmiṃ samaye byāpādapariyuṭṭhitena cetasā viharati byāpādaparetena. Uppannassa ca byāpādassa nissaraṇaṃ yathābhūtaṃ na jānāti. Attatthampi tasmiṃ samaye yathābhūtaṃ na jānāti na passati. Paratthampi tasmiṃ samaye yathābhūtaṃ na jānāti na passati. Ubhayatthampi tasmiṃ samaye yathābhūtaṃ na jānāti na passati. Dīgharattaṃ sajjhāyakatāpi mantā nappaṭibhanti. Pageva asajjhāyakatā)"; 각묵 옮김, 『상윳따 니까야 5』, 393쪽 번역 참고.

상태임을 아는 단순한 앎의 상태로서 사띠의 역할은 가능할 수 있을 것이다. 붓다는 이 상황에서 잘 배운 성스러운 제자는 “바로 자신의 목숨이 위협받는데도 떨지 않고 … 견뎌내는 사람, 그는 진실로 … 그 깊은 속에서도 능히 안전한 발판을 확보한다”고 말한다.[70] 구렁텅이에 빠져 있음에도 버텨낸다면 바로 그 속에서도 발 디딜 곳을 찾아낼 수 있음을 의미한다. 이 구절은 구렁텅이에 빠졌을 때, 성자는 그것을 대하는 태도가 범부와는 다르다는 것을 말하고 있다. 그러나 비록 범부일지라도 인내심을 발휘한 사띠를 통해 분노의 영향력에 대해 버티는 힘을 체득해야 할 필요성을 암시하는 것으로도 이해할 수 있다. 따라서 그 누구든 분노에 휩쓸린 상황에서도 그러한 상태임을 ‘단지 아는’ 사띠는 발휘되어야 할 것이다. 그것이 느리게 일어나더라도 일단 발휘되면 마음의 오염원들은 힘이 약해질 수밖에 없기 때문이다.[71] 이것은 불건전한 생각들이 확산과 증폭의 와중에서도 마음의 오염이 더 이상 강해지지 못하도록 하여 악의의 잠재성향으로 이어지는 것을 막는 데도 기여할 수 있게 될 것이다.

분노의 첫 화살은 조건에 의해 일어나는 자연적인 것으로 피할 수 없다. 그러나 두 번째 화살은 사띠로써 피할 수 있는 여지가 있다. 비록 두 번째 화살을 맞게 되더라도 지속적인 사띠는 분노의 영향력을 약화시킴으로써 이것이 잠재되는 것을 어느 정도 막을 수 있게 된다.

---

70 각묵 옮김, 『상윳따 니까야 4』, 433쪽.

71 아날라요(이필원 · 강향숙 · 류현정 옮김), 『Satipaṭṭhāna: 깨달음에 이르는 알아차림 명상 수행』(서울: 명상상담연구원, 2014), 206쪽.

5. 마무리

이 글은 사띠가 분노 조절에 개입될 수 있는 여지와 그것이 언제 어떻게 개입될 수 있는가를 살펴보는 것이 목적이다. 이를 위해 빨리 문헌 및 관련 연구를 고찰하여 분노의 발생 과정을 추적했다. 이를 토대로 「화살경(*Salla sutta*)」에 비추어 분노의 과정을 단계별로 가정하고, 현대인이 개입할 수 있는 인지적 차원에 초점을 맞추어 분노 조절을 위한 사띠의 메커니즘을 논의했다.

분노는 누구나 갖는 보편적인 감정으로, 상응하는 조건이 있을 때 자연스럽게 일어나는 첫 번째 화살이다. 그러나 이미 일어난 분노와 싸우거나 회피하는 등 적절하게 대처하지 못한다면, 두 번째 화살을 맞게 된다. 두 번째 화살은 분노가 아닌, 분노에 대한 생각이 주인공이다. 나아가 이러한 생각에 휘둘리고 함몰되는 것은 분노의 씨앗을 뿌리는 것이고, 그것이 쉽게 싹을 틔우도록 기름진 토양을 다지는 결과를 초래한다.

사띠는 분노에 대한 인식을 통제함으로써 분노에 대항하거나 회피하려는 불건전한 것들의 개입을 막는다. 또한 이미 일어난 분노를 있는 그대로 알게 하고, 기꺼이 경험하는 태도를 갖게 함으로써 피할 수 없이 일어난 분노의 힘이 무력해지도록 한다. 사띠를 놓치고 두 번째 화살을 맞게 되더라도 인내심을 발휘한 사띠는 분노에 대한 생각들의 영향력을 약화시키고, 분노의 싹을 틔우지 않게 할 것이다.

부정적이든 긍정적이든 자연스러운 감정이 일어나면, 그것의 힘이 저절로 약해지도록 둘 것인가 아니면 그것에 대항할 것인가의 문제는 결국 그것을 갖는 개인의 몫으로 보인다. 마찬가지로 분노도 그것에 저항하기보다 이미 일어난 분노를 분명히 알고, 있는 그대로 경험함으로써 그것의 영향력으로부터 벗어날 수 있을 것이다.

이 글을 통해 사띠는 분노를 인식해나가는 과정 동안 개입된다면 조절이 가능할 것으로 보인다. 그러나 이러한 결과는 분노의 불같은 특성을 고려한다면 사실상 이론에 불과할 수 있다. 니까야에서 확인된 분노는 발생에서부터 강렬하고 재빠르게 마음을 오염시킨다. 또한 서론에서 언급한 것처럼, 분노는 위협 상황에 대처하기 위한 인간의 자동적인 반응이며, 분노 원인에 대한 분노 당사자의 강한 신념이 분노 관리를 힘들게 한다. 이것은 사띠 수행의 경험이 없는 보편적인 현대인의 경우, 분노를 있는 그대로 경험하는 것이 쉽지 않다는 것을 시사하는 것이며, 곧바로 두 번째 화살을 맞게 될 가능성이 크다는 것을 예측하게 한다. 특히 두 번째 화살을 맞은 상태에서는 분노에 대한 생각에 휩싸여 정상적인 인지 활동이 불가능하다. 범부는 이 같은 상황에서 과연 사띠를 두기 위해 인내심을 발휘할 수 있을 것인가. 이에 대한 해답이야말로 비로소 현대인에게 실천 가능한 제안이 될 수 있을 것이다.

이 글은 '분노'라는 강렬한 감정을 사띠로 조절 가능한가에 관해 남방불교 문헌을 통해 시도하고 그 가능성을 확인했다는 것에 의의가 있다.

참고문헌

각묵 옮김, 『상윳따 니까야 2, 4, 5』, 울산: 초기불전연구원, 2009.

김경호, 「분노로부터 마음의 평정: 분노의 동역학을 중심으로」, 『철학탐구』 34, 중앙대학교 중앙철학연구소, 2013, 37-64쪽.

나태준 · 박재희, 『갈등해결의 제도적 접근』, 서울: 한국행정연구원, 2004.

냐나난다(아눌라 스님 옮김), 『위빠사나 명상의 열쇠 빠빤차』, 서울: 한언, 2006.

대림 옮김, 『청정도론 2』, 울산: 초기불전연구원, 2004.

______, 『맛지마 니까야 1, 2』, 울산: 초기불전연구원, 2012.

______, 『앙굿따라 니까야 1, 4, 5』, 울산: 초기불전연구원, 2009.

대림 · 각묵 옮김, 『아비담마 길라잡이 上』, 울산: 초기불전연구원, 2004.

람버트 슈미트하우젠(최진경 옮김), 『요가수행자의 불교적 바탕』, 서울: 씨아이알, 2016.

멤 틴 몬(김종수 옮김), 『체계적으로 배우는 붓다 아비담마』, 서울: 불광출판사, 2016.

문현미, 「인지행동치료의 제3동향」, 『한국심리학회지: 상담 및 심리치료』 17(1). 한국상담심리학회, 2005, 15-33쪽.

박호숙, 「심리적 갈등의 유형과 관리 방법에 관한 연구」, 『한국조직학회보』 3(1). 한국조직학회, 2006, 27-62쪽.

서수균, 『분노와 관련된 인지적 요인과 그 치료적 함의』, 서울대학교 박사학위 청구논문, 2004.

서수균 · 권석만, 「비합리적 신념, 자동적 사고 및 분노의 관계」, 『한국임상심리학회지』 24(2), 한국임상심리학회, 2005, 327-339쪽.

아날라요(이필원 · 강향숙 · 류현정 옮김), 『Satipahāna: 깨달음에 이르는 알아차림 명상수행』, 서울: 명상상담연구원, 2014.

안양규, 「부정적인 사고에 대한 붓다의 가르침과 아론 벡의 인지치료」, 『명상심리상담』 1, 한국명상심리상담학회, 2007, 93-134쪽.

앤드류 올렌즈키(박재용 · 강병화 옮김), 『붓다 마인드』, 경기: 올리브그린, 2018.

임승택, 「위빠사나 수행의 원리와 실제」, 『불교연구』 20, 한국불교연구원, 2004, 183-213쪽.

______,「인문치료와 불교명상」,『철학연구』 122, 철학연구회, 2012, 245-26쪽.

전겸구 · 서경현 · 성한기 · 육영숙 · 정귀임,「다면적 분노 척도 개발 및 타당화」,『한국심리학회지: 건강』 26(1), 한국건강심리학회, 2021, 125-144쪽.

틸만 페터(김성철 옮김),『초기불교의 이념과 명상』, 서울: 씨아이알, 2009.

허버트 벤슨(양병찬 옮김),『이완반응』, 서울: 페이퍼로드, 2020.

곽금주, "성취 욕구의 원천, 분노", 〈Column of Samsung Newsroom〉, 2014. 검색 일자: 2022.3.8. https://news.samsung.com/kr/%EC%A0%84%EB%AC%B8%EA%B0%80-%EC%B9%BC%EB%9F%BC-%EC%84%B1%EC%B7%A8-%EC%9A%95%EA%B5%AC%EC%9D%98-%EC%9B%90%EC%B2%9C-%EB%B6%84%EB%85%B8

Kabat-Zinn, J., *Wherever you go, there you are: Mindfulness meditation in everyday life*, New York: Hyperion, 1994.

Kuan, Tse-fu, *Mindfulness in Early Buddhism*, New York: Routledge, 2008.

Majjhimanikāya, ed. TRENCKNER, V. and R. CHELMERS, 3 vols., London: Pali Text Society, 1979, 1925 & 1951 respectively (reprints).

Saṁyuttanikāya, ed. FEER, M. L., 5 vols., London: Pali Text Society, 1991, 1989, 1975, 1990 & 1976 respectively (reprints).

Beck, A. T., "A 60-Year Evolution of Cognitive Theory and Therapy," *Perspectives on Psychological Science*, vol. 14-1, The Association for Psychological Science, 2019, pp. 16-20.

Van Kleef, G. A., Eric V. D., Steinel, W., Harinck, F & Beest, I. V., "Anger in social conflict: Cross-situational comparisons and suggestions for the future," *Group Decision and Nogotiation*, vol. 17, Institute for Operations Research and the Management Sciences, 2008, pp. 13-30.

05

갈등과 문화: 니체의 데카당스 문화 비판

정희중(경북대학교 철학과 박사수료)

1. 들어가는 말

현대사회에는 여러 갈등 문제가 존재한다. 갈등 문제를 해결하는 방안에는 구체적인 갈등 상황에 대한 조정을 통해 각자의 이익을 관리하는 방법이 있을 수 있다. 하지만 그러한 해결 방안은 한시적이다. 왜냐하면 우리는 하나의 갈등 상황에서 빠져나오자마자 곧바로 또 다른 갈등 상황에 빠지고 말기 때문이다. 표면적으로 다양하게 보이는 갈등 상황을 더욱 심층적으로 들여다볼 때, 우리는 그러한 갈등들이 삶의 근본적인 문제로부터 뻗어나온 것임을 알 수 있다. 그렇다면 그에 대

* 이 글은 한국니체학회 2021년 추계학술대회에서 발표한 원고를 수정 및 보완한 것이며, 다음과 같이 먼저 발표된 바 있음을 밝혀둔다. 정희중, 「니체의 데카당스 극복: 소크라테스와 바그너 비판을 중심으로」(『한국예술연구』 35, 한국예술종합학교 한국예술연구소, 2022), 53-74쪽. DOI: 10.20976/kjas.2022.35.003

한 좀 더 근본적인 해결 방안은 단순히 각각의 갈등 상황에 대한 조정법만 마련하는 것이 아니라, 갈등에 대한 심층적인 해명을 통해 갈등 자체를 건강한 것으로 변용시키는 실천 방안을 확보하는 것이라고 볼 수 있다.

니체에게 있어 현대사회의 여러 갈등 양상과 문제는 근본적으로 데카당스의 문제라고 볼 수 있다. 왜냐하면 니체의 관점에서 우리를 고통스럽게 하는 갈등 양상은 무엇보다 우리가 심리적으로 나약해지고 생리적으로 퇴화한 결과이기 때문이다. 반대로 우리가 생리적 · 심리적으로 건강할 경우, 갈등은 우리의 몸, 정신, 기력 등을 소진시키는 것이 아니라 오히려 더욱 활동적이고 강하게 만드는 기제로 작동한다.

이 글은 갈등에 대한 이러한 관점을 바탕으로 니체가 데카당스의 문제를 제기하고 해결하는 과정을 살펴보고자 한다. 이를 통해 우리는 갈등의 근본 개념으로서 데카당스에 대한 실천적 방안을 모색해볼 수 있을 것이다.

현대의 우리에게 '데카당스'라는 개념은 지나치게 호화스럽거나 사치스러운 것, 또는 도덕적인 퇴폐, 저질, 죄악 등과 같은 의미로 받아들여진다. 그러나 이러한 의미들은 니체가 데카당스 개념을 통해 강조하고자 했던 것들을 오히려 모호하게 만드는 측면이 있다. 왜냐하면 그러한 의미들은 여전히 니체가 지속적으로 비판했던 '도덕주의'의 자장 안에 머물러 있기 때문이다. 현대의 데카당스 개념은 아직도 도덕주의적이며, 니체가 데카당스 문제를 제기하며 달성하기를 원했던 '가치의 전도'는 방법론적으로 소수의 예술가와 철학자들에게 전승되었을 뿐, 전체 문화의 차원에서 '지배적인 가치'가 되지 못하고 있다.

니체의 데카당스 개념은 어떤 것인가? 개념적으로 그것은 '시간과 높이의 차이'[1]를 바탕으로 형성되어 있다. 허들스턴은 니체가 로마 제국의 몰락을 참조하여 데카당스 개념을 형성했을 것이라 추측한다. 니체는 『반시대적 고찰 Ⅱ』에서 "하나의 세계가 몰락하려면 시간"[2]이 필요하다고 말했는데, 이는 '잘못된 개념들'에도 지속시간이 존재한다는 것을 말하고자 함이었다. 그리고 이 지속시간은 문화적 높이가 하강하는 시간을 뜻한다. 즉, 데카당스에 대한 니체의 이해는 '높은 것이 하강하는 지속시간으로서의 시대'와 그 시대에 속하는 사람들의 퇴락의 문제다. 이렇게 로마 제국의 높은 성취와 그것의 몰락과의 '시간과 높이의 차이'를 개념적으로 끄집어낸 니체는 그것을 '그리스 문화의 비극적 높이가 하강하는 시간'에 대해 설명하는 데 사용한다. 그리고 이러한 하강에 구조적으로 결부되어 있는 문제는 인간이 살고 있는 세계를 유기적으로 볼 때의 '자연과 인간의 관계성'이다. 자연은 인간을 포함하는 세계 전체에 해당하며, 인간은 세계 전체로서의 자연의 부분에 해당한다. 이는 또한 '전체로서의 자연'과 '부분으로서의 인간'의 관계 양식인 '문화적인 문제'에 해당한다.

이렇듯 니체는 데카당스 개념을 문화적 높이의 몰락으로 생각했는데, 이는 그리스 비극이 성취했던 자연과 인간의 조화가 데카당스 문화로 인해 파괴되었다는 것을 의미한다. 그리고 니체에게 소크라테스와 바그너는 모두 이러한 데카당스 문화의 대표자에 해당한다. 소

---

1 여기서 니체의 차이는 시간과 높이의 위상학적 개념을 포함한다.

2 니체는 『로마 제국 쇠망사(*The History of the Decline and Fall of the Roman Empire*)』를 저술한 에드워드 기번(Edward Gibbon, 1737~1794)을 인용하며 다음과 같이 말한다. "왜냐하면 기번(Gibbon)이 말한 것처럼 하나의 세계가 몰락하려면 시간 이외에는 아무것도 필요하지 않고 또 많은 시간이 필요하다면, '점진성의 나라'인 독일에서 잘못된 개념이 소멸하는 데는 시간, 그것도 훨씬 더 많은 시간이 필요할 것이기 때문이다." 프리드리히 니체(이진우 옮김), 『반시대적 고찰Ⅱ: 삶에 대한 역사의 공과』(서울: 책세상, 2005), 378쪽 참조.

크라테스는 인식의 비대화를 통해, 바그너는 라이트모티프나 무한선율 등의 기법을 통해 부분이 전체를 초과하고 지배하는 데카당스 문화를 형성시켰다. 이러한 데카당스를 극복하고자 하는 니체는 데카당스의 문제를 병과 건강이라는 생리적 문제와 연결시키며, 기존의 인식적이고 도덕적인 가치를 예술적이고 생리적인 가치로 재가치화함으로써 데카당스를 극복할 수 있다는 사유를 펼친다. 이러한 극복은 데카당으로서의 소크라테스와 바그너를 단지 소멸시키는 것이 아니라, 예술적 차원으로 변용시키는 것에 해당한다.

따라서 니체의 데카당스 개념은 소크라테스, 바그너와의 문화적 대립과 갈등 관계를 중심으로 고찰되어야 한다. 여기서의 갈등은 니체가 추구하는 비극적 문화가 소크라테스, 바그너의 데카당스 문화와 겪는 문화적 갈등을 의미한다. 즉 니체의 관점에서 소크라테스의 이성과 바그너의 음악은 공통적으로 데카당스에 해당하며, 니체는 그러한 데카당스 문화를 극복하고자 노력했다.

2. 데카당스의 특징

니체는 일생 동안 극심한 두통과 병에 시달렸으며, 그러한 자신의 삶을 통해 건강과 병이라는 실존적 갈등 관계를 체험한 바 있다. 그러한 체험을 통해 니체는 병에 걸린 자의 관점에서 삶을 바라볼 수 있게 되었다. 그러므로 니체에게서 데카당스의 문제는 '어떻게 우리가 퇴락 상태에서 건강 상태로 회복할 수 있는가'에 대한 심리적이고 생리적인 고찰에 해당한다. 이때 인간의 심리와 생리는 종합적 관계로서 인간의 건강 상태에 영향을 미치는 것이다.

이와 관련하여 안재오는 니체의 데카당스 개념을 니체의 체험에서, 즉 "극히 건강이 나쁜 상태에서 병마와 싸우는 데 일생을 바쳤다는 점"[3]을 중심으로 파악한 바 있다. 이에 따르면 데카당스는 건강과 질병이라는 관점에서 해석되어야 하며, "기본적으로 질병과 생의 타락 (…) 고통과 절망을 극복하지 못하는 특징"[4]을 가진다. 여기서 중요한 점은 병에 걸린 자여야만 기존의 쇠락 상태에서 벗어나 건강 자체를 쇄신할 수 있는 관점을 가질 수 있다는 것이다. 그러므로 데카당스는 심리적 · 생리적으로 건강을 쇄신함으로써 극복될 수 있다.[5]

특히 이상범은 데카당스와 인간의 심리-생리적인 연관성을 분석한 바 있다. 그는 데카당스가 심리적인 것과 생리적인 것의 복합 증상이며, 특히 후기의 니체가 "데카당스를 일종의 문명의 병으로 규정하고 좀 더 적극적으로 그 현상과 원인을 심리-생리학적으로 파고들기 시작한다"[6]고 말한다. 즉 니체는 심리학적으로 "그리스도교에 대한 심리적 탐구를 통해 선한 인간의 심리를 실존적 무기력의 데카당스 병으

---

3 안재오, 「니체의 데카당스론」(『인문학연구』 7, 한국외국어대학교 철학문화연구소, 2002), 195쪽.

4 같은 논문, 197쪽.

5 여기서의 '쇄신'은 디오니소스적 부활과 그 맥락을 같이한다. 즉 쇄신은 1차적인 것에서 머무는 것이 아니라, 1차적인 것의 몰락 속에서 탄생하는 2차적인 것을 강조하는 것이다. 가령 태어난 삶을 그대로 받아들이는 사람은 자유로운 사람이 아니다. 자유로운 사람은 그 삶을 속박과 굴종으로 느끼고 벗어나고자 하는 사람에게 부여되는 칭호다. G. de Huszar, "Nietzsche's Theory of Decadence and the Transvaluation of all Values"(*Journal of the History of Ideas*, vol. 6, no. 3, University of Pennsylvania Press, 1945), pp. 270-271 참조.

6 이상범, 「데카당스에 대한 니체의 심리-생리학적 해명」(『니체연구』 36, 한국니체학회, 2019), 142쪽 참조.

로 진단"[7]하고, 생리학적으로 "자기 삶의 변화를 실현할 수 있는 힘의 부재, 즉 실존적 무능력 — 예술생리학의 관점에서는 창조적 무능력 — 을 병으로 진단"[8]한다. 그렇기 때문에 니체는 인간의 문화적 병에 대한 철학적 의사를 자처하게 된다.

정원석은 "데카당스의 어휘를 본격적인 문화 문제로 소개한 자가 니체인 셈"[9]이라고 평가하며, 니체가 "'심리적 병약함'을 심미적 생산성의 자극제"[10]로 보았다고 말한다. 이는 19세기의 데카당스 예술에 대한 니체의 관점을 해석한 것으로 문화를 유기적인 것으로 파악하는 니체의 관점을 잘 보여주지만, 여기서 니체의 데카당스 개념을 단지 예술 사조로서의 데카당스를 긍정하거나 부정하는 차원으로 축소해서는 안 될 것이다. 왜냐하면 삶의 관점에서 데카당스는 궁극적으로 언제나 다시 극복되어야 하는 것이기 때문이다.

이러한 데카당스와 문화의 문제에 대해 김창준은 데카당스를 "생물학적인 약화, 극단적인 신경의 예민함, 적극적 삶에 대한 회의, 투박하고 건강한 능력의 약화, 삶에의 의지 약화와 죽음에 대한 공감 등을 의미하는 것"[11]이라고 보고, 니체에게 데카당스 개념은 "현대가 앓고 있는 병리 현상의 한 부분"[12]이라고 말한다. 즉, 니체에게 데카당스는

---

7 같은 논문, 166쪽.

8 같은 곳.

9 정원석, 「댄디와 데카당의 앙상블: '세기말' 댄디즘과 데카당스의 상호작용」(『독어독문학』 137, 한국독어독문학회, 2016), 134쪽.

10 같은 곳.

11 김창준, 「니체의 데카당스 개념과 토마스 만의 「트리스탄」」(『외국문학연구』 45, 한국외국어대학교 외국문학연구소, 2012), 33쪽.

12 같은 곳.

퇴락한 현대의 문화 그리고 그러한 현대성에 대한 표현에 해당한다.

위와 같은 연구들, 즉 건강과 병에 관한 니체의 체험을 중심으로 한 연구, 인간의 심리-생리학적 증상과 철학적 생리학을 중심으로 한 연구, 19세기의 데카당스 예술에 대한 니체의 비판을 고찰한 연구 등을 통해 우리는 문화에 대한 니체의 관점이 인간의 건강 상태와 유기적으로 관계를 맺고 있다는 것을 알 수 있다. 그러므로 데카당스는 또한 개인적 데카당스와 문화적 데카당스로 구분하여 논의될 수 있다.[13]

그렇다면 니체의 관점에서 데카당스의 특징은 무엇인가? 단적으로 데카당스는 어떠한 전체 속의 특정한 부분이 이상적으로 비대화되어, 즉 이상 발육하여 전체를 초과하고, 그러한 초과에 따라 부분이 전체에 대해 지배력을 행사하는 것을 말한다. 이때 문제가 되는 '부분의 초과와 지배'는 개인적인 수준에서는 소크라테스적 인식 능력의 지배에 해당하며, 문화적인 수준에서는 무정부주의(아나키의 지배), 독재자의 폭정(폭군의 지배), 문화의 지배적인 세계관(가령 바그너주의, 도덕주의, 그리스도교) 등에 해당한다.

특히 19세기 유럽의 예술은 이러한 특징을 잘 보여준다. 당시 유럽에서는 보들레르 등의 예술가들이 데카당스를 하나의 예술적 사조로 강조하며, 병, 죽음, 퇴폐, 악마주의 등의 소재와 표현을 탐닉했다. 데카당스 예술가들은 "종래에는 소재의 선택에 있어서 도덕적으로 불신이 가고, 질적으로도 저열하게 취급되는 예술을 사용하기 위해 (…)

13 개인적 데카당스와 문화적 데카당스의 구분에 대해서는 A. Huddleston, *Nietzsche on the Decadence and Flourishing of Culture*(Oxford: Oxford University Press, 2019)에서 "Nietzsche on the Decadence of Individual and Culture" 참조.

여기에 새로운 의미를 부여하며 그 가치평가를 역전"[14]시켰지만, 니체에게 그러한 역전은 심각한 문제에 해당했다.[15]

당시의 니체는 데카당스 문화의 특징을 더욱 정확히 겨냥하기 위해 '스타일(Stil)'의 문제를 언급했다. 문학의 경우에 스타일은 문체다. 니체는 데카당스 문학이 어떠한 문체로 되어 있는가를 살펴봄으로써 전체와 부분의 문제를 결정적으로 제기했다. 니체는 부르제가 데카당스의 문체를 통일성의 와해와 독립성의 문제로 보았던 것과 마찬가지로,[16] 그것을 전체와 부분의 문제로 연결시키고 또한 생명의 문제와 중요하게 결부시킨다.[17]

니체에게 데카당스는 더 이상 전체와 부분이 유기적 생명 관계를 갖지 않는 것을 의미한다. 부분은 전체를 초과하거나 파괴하고, 전체의 생명을 부분 자신의 생명으로 축소시킨다. 이때 일종의 아나키 상태가 발생하고 의지가 분열되며, 이른바 현대에서 말해지는 개인의 자유와 평등한 권리가 범람하게 된다.[18] 이러한 상황에서 전체는 더 이상

---

14 김창준, 「니체의 데카당스 개념과 토마스 만의 「트리스탄」」(『외국문학연구』 45, 한국외국어대학교 외국문학연구소, 2012), 32쪽.

15 물론 이러한 데카당스 문학은 그러한 퇴폐적 소재를 통해 당시의 물질적이고 기술적인 문화에 의해 고통 받는 도시적 삶을 드러내고, 그러한 경직된 사회의 보수적인 예술관에 저항하는 것이었지만, 니체의 관점에서는 신경을 자극하는 효과에 의해 인간을 쇠약하게 만드는 '부분 과잉의 이성적 표현'에 가까웠다.

16 "데카당스의 문체는 그 안에서 책의 통일성이 와해되어 페이지의 독립성에 자리를 내주고, 페이지가 와해되어 문장의 독립성에 자리를 내주며, 문장은 단어의 독립성에 자리를 내주는 문체이다." P. Bourget, *Essais de psychologie contemporaine*(Paris: Gallimard, 1993), p. 14; 류진현, 「문화현상으로서의 〈데카당스〉: 19세기말 프랑스 문학의 한 흐름」(『불어불문학연구』 58, 한국불어불문학회, 2004), 480쪽 재인용.

17 프리드리히 니체(백승영 옮김), 『바그너의 경우』(서울: 책세상, 2002), 36-37쪽 참조.

18 니체가 프로파간다로서 인간의 자유와 평등 개념을 비판할 때는 바로 이러한 의미에서 비판하는 것임을 염두에 둘 필요가 있다. 여기서의 자유는 양적 차원, 즉 질서와 규칙이 없는 아나키적 혼란 상태이며 평등은 질적 차원, 즉 동등하게 저열한 수준의 높이로 몰락하는

생명을 가진 유기체가 아니라 단순히 부분들이 수적으로 모아진 집합에 지나지 않는다. 데카당스로서의 개인은 부분-생명으로서 전체-생명을 이루는 일원이 아니라, 다만 파편화되고 다시 셈해지는 것으로만 전체로 합쳐지는 소외의 부분에 해당한다.

문학과 마찬가지로 미술에서 데카당스의 특징은 당시의 상징주의 화가인 귀스타브 모로와 오딜롱 르동의 작품에서 볼 수 있다. 모로의 〈오르페우스(Orphee)〉에서는 젊은 트라키아 여인이 잘린 오르페우스의 머리를 안고 있는데, 이는 '신체라는 전체'에서 분리된 '개체로서의 머리'를 형상화하고 있다. 여기서 그 개체로서의 머리가 오르페우스의 전체를 대변한다. 또한 르동의 〈웃는 거미(L'Araignee souriante)〉와 〈아이-벌룬(Œil-ballon)〉에서는 인간의 신체 기관이 다른 사물이나 동물의 신체에 접합되거나 삼켜져버린 형상을 볼 수 있다. 이러한 축소된 부분-생명, 즉 부분 대상은 데카당스 문학에서와 마찬가지로 온전한 전체의 생명력을 파괴하는 개체적 최소 기관의 과잉성을 보여준다.

데카당스의 특징은 이렇게 '부분이 전체를 초과하는 이상 발육'에 해당한다. 그렇다면 니체는 소크라테스와 바그너에게서 어떻게 이상 발육의 문제를 제기하는가? 또한 이러한 데카당스를 니체는 어떠한 방식으로 극복하고자 하는가? 이에 대한 고찰을 통해 우리는 니체에게서 가치의 전도가 단순히 개념적 전환의 문제, 즉 학문적 문제라기보다는 생리적 재가치화라는 예술적 문제임을 확인할 수 있을 것이다.[19]

하향평준화다.

19 일반적으로 니체의 소크라테스적 인식 비판과 그리스도교 도덕 비판은 형상을 대체한 개념을 비판하며, 말하자면 전도된 가치 체계에 대해 사고의 전환을 촉구하는 측면이 강한

그림 1. 귀스타브 모로, 〈오르페우스〉, 1865, 유화, 155×99.5cm, 파리 오르세미술관 소장

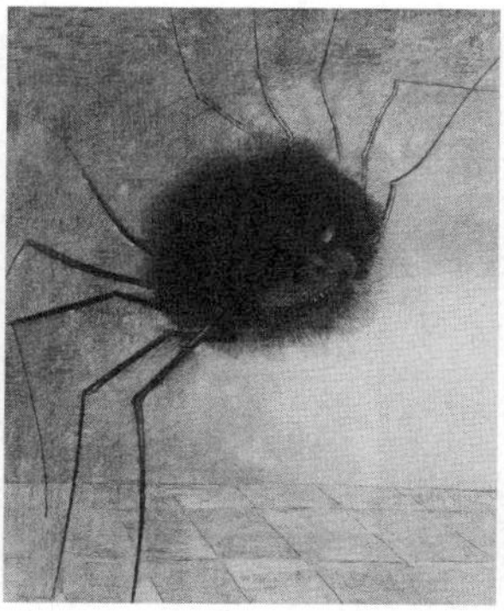

그림 2. 오딜롱 르동, 〈웃는 거미〉, 1881, 목탄, 49.5×39cm, 파리 오르세미술관 소장

그림 3. 오딜롱 르동, 〈아이-벌룬〉, 1878, 목탄, 42.2×33.2cm, 뉴욕 현대미술관 소장

3. 데카당으로서의 소크라테스: 인식적 이성의 이상 발육

니체는 『비극의 탄생』에서 소크라테스를 당시 그리스에 새롭게 나타난 마신의 하나로 일컫는다. 그 마신은 디오니소스적 음악과 아폴론적 형상이 결합된 그리스 비극을 파괴하고 죽음으로 이끌었다. 어떻게 그러한 '비극의 죽음'이 가능했던 것일까? 니체에 따르면 그것은 에우리피데스의 비극으로부터 가능했다. 소크라테스의 영향을 받은 에

것으로 보인다. 그러나 니체에게 근본적인 것은 음악에 해당하기 때문에 데카당스에 관한 가장 결정적인 비판은 바그너 비판에 해당할 것이다. 즉 니체가 말하는 '가치의 전도'는 단지 사고의 전환이나 학문적 패러다임의 전환만을 의미하는 것이 아니라, 기존의 가치를 생리적으로 재가치화하는 예술적 창조를 의미한다.

우리피데스의 비극은 디오니소스적 요소를 비극으로부터 떼어내고, 비-디오니소스적 예술과 관습, 그리고 세계관 위에 새롭게 비극을 세웠다. 니체는 에우리피데스를 통해 소크라테스적인 것이 비극으로 유입되면서부터 디오니소스적 요소가 비극에서 축출되었다고 판단한다.

그 때문에 니체는 에우리피데스의 비극을 '연극화된 서사시'라고 부르는데, 여기서는 비극적 효과를 전혀 기대할 수 없었다. 그것은 '예술로서의 비극'이 아니라 '사려로서의 연극'에 해당했으며, 일종의 반자연적이고 기괴한 조합인 '미학적 소크라테스주의'를 보여주는 것이었다. 이러한 '미학적 소크라테스주의'의 최고 법칙은 "아름답기 위해서는 모든 것이 이성적이어야 한다", "아는 자만이 덕성을 가지고 있다"[20]는 소크라테스의 명제에 해당했다.

이로써 음악과 형상의 신화적 예술이었던 비극은 이성과 언어의 도덕적 연극으로 변질되었으며, 특히 여기서 니체가 지적하는 것은 음악이 인간에게 주었던 생리적인 영향이 변질되었다는 것이다. 인간을 도취 속에서 더 높은 곳으로 상승하게 만든 음악은 다만 효과를 위해 관객의 신경을 날카롭게 자극하거나 또는 단순히 과거의 일을 회상하는 회화적 음악이 되었다.[21]

한편 극의 주인공과 이야기는 낙관주의의 형태를 띠게 되었다. 주인공은 운명의 고난과 시련을 겪은 후 결혼 같은 보상을 받거나, 그렇지 않으면 기계장치 신이 등장하여 문제를 해결하게 되었다. 비극을

---

20 프리드리히 니체(박찬국 옮김), 『비극의 탄생』(파주: 아카넷, 2007), 164-165쪽.

21 음악이 단지 '극의 시녀'로 전락한 것은 비극이 몰락한 주요 원인이었으며, 이는 또한 후기의 니체가 바그너를 비판하는 주요 이유 중 하나다. 바그너는 음악의 다채로운 선율을 창조해내지 못하고, 다만 특정 인물이나 장면에 반복적으로 부분-선율을 변주하는 방식으로 라이트모티프(주도동기 또는 유도동기) 기법을 사용한다.

통해 우연적인 운명의 소용돌이 속에서 죽음과 부활을 교감했던 사람들은 이제 '더욱 인식적인 문제 해결'과 '결말에서의 세속적인 낙관' 같은 것들을 기대하게 되었다.

이러한 방식의 낙관주의를 니체는 '명랑성'[22]이라 지적하며 비판한 바 있다. 니체에 따르면, 소크라테스적 인식의 명랑성은 비극이 주었던 형이상학적 위로[23]를 대체하게 되었다. 소크라테스적 다이모니온[Dämonion; 마신(魔神); 개인적 정령 또는 영혼]의 힘은 그리스의 전통적인 수많은 신들을 몰아내고, 지식과 학문을 통한 인식적 삶으로 사람들을 이끌었다.

이러한 소크라테스적 낙관주의, 명랑성, 지식에 대한 욕망 등은 이성을 갖춘 개인에게 한계가 존재하지 않는다는 낙관을 준다는 점에서 데카당스에 해당한다. 이렇게 비대해진 개인 인식, 즉 소크라테스적 인식은 니체에게는 자연과 인간의 유기적 관계를 파괴하는 원인이었으며, 특히 이성, 덕, 행복을 등치시키는 소크라테스의 사상은 당시 그리스인의 본능 전체를 파괴하는 새로운 데카당스 문화의 힘이었다.

니체는 소크라테스적 낙관주의를 모든 개인이 가지게 된다면, 개인들이 세속적 행복을 위한 보편적 지식을 바탕으로 오히려 자신들의 삶의 기반인 사회 전체에 대해 위협적인 요구를 가하게 될 것이라고 생각했다.[24] 즉 부분으로서의 이성적 인간은 자신이 속한 사회 전체를

22 여기서 니체가 비판하는 '명랑성(Heiterkeit)'은 '소크라테스적 낙관주의의 명랑성'을 말한다. 니체는 그와 반대되는 '비극적 명랑성'을 긍정한다.

23 초기의 니체에게 비극은 인간의 고통스러운 실존에 위안을 주는 치료제로서 파악되고, 후기에서는 그리스인이 어떻게 고통스러운 실존을 극복할 수 있었는지에 대한 징후로서 파악된다.

24 프리드리히 니체, 『비극의 탄생』, 222쪽 참조.

몰락시키는 원인이 될 수 있는데, 이러한 점에서 낙관주의는 더 이상 낙관적일 수만은 없는 딜레마적 양상이 되어간다. 결국 그러한 문화는 사물의 실존 전체를 끌어안지 못하는데, 왜냐하면 인간은 자신의 낙관적 목적에 부합하지 않는 자연이나 사회를 제거하거나 조작하여 변형시키기 때문이다. 이것은 결국 자연과 인간의 단절로 이어지며, 이 단절은 인간의 원초적 고통, 즉 전체로서의 자연과의 부조화로 이어진다.

데카당으로서의 소크라테스에 대한 니체의 주요한 비판은 인간의 본능에 대한 소크라테스의 부정에서 기인한다. 소크라테스는 당시 그리스 사람들이 "올바르고 확실한 통찰을 갖지 못한 채 오직 본능만으로 자신의 직업을 수행"[25]하는 것을 비판함으로써 '본능에 대한 인식의 우월한 능력'을 확인하고자 했다. 이러한 비판을 통해 한 개인인 소크라테스는 전통적 가치를 전복시켜 새로운 가치의 선구자가 되고자 한 것이며, 결국 문화의 지배적 세계관을 본능에서 지식으로 전도시키는 데 성공했다.

지식과 본능의 이러한 대립은 이론적 인간과 예술가의 차이와 유비적이다. 니체에게 이 둘, 즉 지식과 본능은 대등한 가치를 가지고 있지 않다. 여기서의 차이는 시간과 높이의 차이이며, 니체의 관점에서 소크라테스의 등장과 영향은 인류가 본능의 높이에서 지식의 높이로, 비극적 예술의 높이에서 이성적 학문의 높이로 하강하는 문화적 몰락, 즉 데카당스를 의미한다. 이 때문에 니체는 지식을 추구하는 이론적 인간을 비판한다.

진리가 무엇인지 더 명확하게 밝혀내고자 하는 지식의 활동을 '진

---

25 같은 책, 173-174쪽.

리의 베일을 벗기는 과정'으로 볼 수 있다면, 이러한 '진리를 둘러싼 작업들'은 결국 허무한 것이 될 수밖에 없다. 왜냐하면 진리를 밝히고자 하는 개인의 힘은 인간의 유한함에 따라 베일을 벗기는 과정에서 모두 소진되어버리고, 학문적 작업은 중간에 한계점에 부딪혀 "해명할 수 없는 것을 응시"[26]하게 된 후 다만 지식욕의 원환 속을 배회하게 되기 때문이다. 그것은 계몽이 스스로를 계몽하지 못하고 실패에 이르는 것을 비판한 호르크하이머, 아도르노 등의 현대 비판이론가들의 주장과 맥락을 같이한다.[27] 결국 이론적 인간은 다만 힘겹게 베일을 벗기는 과정과 그로 인해 찢긴 베일 조각에서 '지식에 의해 제련된 쾌락과 만족'을 느낄 뿐이다. 이렇게 볼 때 데카당스의 원인은 인간의 유한성 자체에 있는 것이 아니다. 그것은 인간이 "자신의 이성의 범주들이 마치 사물이나 세계 자체에 적용될 수 있는 것처럼"[28] 생각하는 데 있다. 곧 본능이 지식으로 몰락한 결과로서의 병적 증상이 데카당스다.

이론적 인간은 존재의 심연을 뚫을 수 있다는 망상적 믿음을 가지고 사유하는 인간이다. 또한 그러한 인간은 존재를 알 뿐만 아니라 수정할 수 있다는 믿음을 바탕으로, 스스로가 객관적인 관찰자로서 객관적인 대상을 조사할 수 있다고 생각한다. 그러나 이러한 초월적 관점은 다만 인간의 실존적 우연성, 운명, 신화적 의미를 부정하는 것을 대가로 얻어진 것이다. 니체는 당시 아테네에서 예술이 학문으로 몰락한 이유가 학문이 강한 높이를 가졌기 때문이 아니라, 아테네 사람들의

---

26 같은 책, 195쪽.

27 정낙림, 「현대는 소크라테스와 더불어 시작했다: 니체의 소크라테스 비판」(『철학연구』 92, 대한철학회, 2004), 404쪽 참고.

28 임건태, 「힘에의 의지의 탈형이상학」(『니체연구』 4, 한국니체학회, 2001), 139쪽.

본능이 먼저 스스로 쇠락했기 때문이라고 본다.

소크라테스는 다만 아테네인의 본능들이 쇠락하는 시기에 치료자로서 등장했다. 당시 아테네인의 본능들은 아나키 상태에 빠져 있었고, 그러한 배경을 바탕으로 소크라테스의 인식충동, 즉 이성의 폭군이 등장하여 "모든 욕구를 지배하는 주인"[29]이 되었다. 니체는 본능들이 서로 대적하며 아나키 상태에 있는 상황에 대한 극단적인 답변이자 해답으로서 소크라테스가 등장했으며, 무엇보다 그가 "치료한다는 외관을 걸치고"[30] 사람들을 매혹했다고 말한다. 그 이후로 소크라테스의 인식적 이성이 디오니소스적 음악인 비극을 대체하고 인간의 고통스러운 실존에 대한 새로운 치료제가 되었으며, 바야흐로 소크라테스적 이성은 세계의 문화적 지배자가 되었다. 그러나 니체에게 그것은 본능이 쇠락함과 동시에 인식적 이성이 이상 발육한 결과였다.

4. 데카당으로서의 바그너: 언어와 선율의 이상 발육

소크라테스의 인식적 이성은 이후 2천여 년 동안 문화의 지배적 사상으로 군림해왔다. 소크라테스주의는 그리스도교 문화로 이어져 도덕형이상학에 기반한 문화적 지배를 형성하여 현대까지 이르게 된 것이다. 니체의 관점에서 그러한 과정은 문화의 지속적인 몰락 과정이

29 프리드리히 니체(백승영 옮김), 『우상의 황혼』(서울: 책세상, 2002), 93쪽.

30 같은 곳.

었으며, 19세기는 그러한 몰락의 종착지로서 '신의 죽음'과 함께 데카당스와 허무주의가 극단적인 방식으로 표출되던 시기였다. 삶의 부정으로서의 도덕이 마침내 현대의 데카당스를 낳았기 때문에 니체의 문화적 쇄신의 기획은 그러한 데카당스를 극복하는 방안으로서 비극적 예술을 부활시키는 것이었다. 초기의 니체는 그러한 기획을 실현할 비극적 예술가로 바그너를 주목했지만, 점점 바그너를 비극적 예술이 아니라 오히려 그 반대편으로 향하는 데카당스 예술가로 판단하면서 비판하게 되었다.

니체가 바그너를 데카당으로 비판하는 내용은 『바그너의 경우』에 잘 드러나 있다. 이에 따르면 바그너는 전체로서의 법칙과 양식을 가진 음악을 형성시키지 못하고, 다만 언어로서의 음악을 만들었다. 바그너의 음악은 전체적으로 종합된 것이 아니라 원소적으로 분해된 것이며, 음악이 아니라 무대언어가 중심이 되는 극장적인 음악의 효과에 불과한 것이었다. 이러한 니체의 비판은 소크라테스적 인식을 통해 연극화된 비극을 고안했던 에우리피데스에 대한 비판과 같은 맥락이다.

> "바그너는 천성적인 음악가는 아니었습니다. 그가 음악의 모든 법칙들, 좀 더 명확히 말하자면 음악의 모든 양식을 포기해버린 것이 그 증거입니다. 그것들로부터 자기가 필요한 것, 즉 무대-수사법, 표현 수단, 몸동작의 강화 수단, 암시 수단, 심적 피토레스크의 수단을 만들기 위해서요, (…) 그는 음악의 언어적 능력을 무한대로 증진시켰습니다."[31]

---

31 프리드리히 니체(백승영 옮김), 『바그너의 경우』(서울: 책세상, 2002), 41쪽.

니체가 보기에 바그너는 음악보다 언어를 우위에 둠으로써 "연극이 우위를 점한다고 믿는, 연극이 제반 예술을 지배하고, 예술을 지배한다고 믿는 난센스를 키웠던 것"[32]이다. 소크라테스가 에우리피데스와 함께 그리스 비극을 몰락시켰듯이, 그리고 그로 인해 인간이 이성과 선의 지배 속에서 2천여 년 동안 쇠약한 삶을 살게 되었듯이, 니체에게는 19세기의 바그너 또한 그러한 삶의 퇴락적 모습에 기반이 되는 현대적 데카당스 양식이었다.

그러므로 니체에게 바그너는 음악에서의 데카당스를 나타내는 표지다. 그리고 음악이 인간의 생리와 핵심적으로 결부되어 있다는 점에서 바그너는 다른 무엇보다 근본적인 데카당이다. 음악의 형식적인 측면에 대한 니체의 비판은 바그너가 마치 회화의 세밀화가와 같이 부분적인 것에 천착한다는 점에 집중된다.

니체에게 바그너의 '라이트모티프(Leitmotiv)'와 '무한선율(unendiche Melodie)', 즉 '선율 없는 무한성'[33]으로서의 선율은 전체 악곡에 대한 프레이즈의 초과 과잉을 나타내는 것으로서 선율의 창조에 대한 바그너의 무능력을 보여주는 것이다. 니체는 이와 관련하여 다음과 같이 바그너를 평가한다.

> "오로지 가장 작은 것을 발견해내는 데에서만, 세부적인 것을 고안해내는 데에서만 바그너는 경탄할 만하고 사랑할 만합니다. — 이 점에서 사람들이 그를 일급의 거장이라고, 음악의 가장 위대

---

32 같은 책, 57쪽.

33 같은 책, 33쪽.

한 세밀화가(Miniaturisten)라고 단언하는 것은 매우 타당합니다. 그는 가장 작은 공간에 무한한 의미와 달콤함을 집어넣습니다."[34]

바그너를 세밀화가로서 세밀한 부분에만 일가견이 있는 것으로 간주함으로써 니체는 그가 음악 전체를 표현하지 못하는 데카당이라고 본다. 바그너는 음악의 유기적 형식을 창조해내지 못했으며, 또한 종결의 느낌을 가지지 않는 무한선율 같은 특징을 통해 음악의 질서와 규칙성을 나타내는 리듬을 약화시키고 심지어 없애버리는 문제를 드러냈다.

니체는 바그너의 음악을 비제와 비교하면서, 바그너의 음악이 난폭하고 인위적이며 '기분 나쁜 땀'을 흘리게 하는 반면, 비제의 음악은 가볍고 정중하며 "땀을 흘리지 않"[35]게 한다고 말한다. 여기서 땀을 흘리는 생리는 인간의 심리와 상호영향 관계 속에 있는데, 이는 음악을 비롯한 심리적 형성물로서의 문화가 인간의 생리적 건강과 실제로 연결되어 있다는 것을 의미한다.[36]

니체는 바그너의 음악이 주는 생리적 영향에 대해 다음과 같이 비판한다. 이에 따르면 바그너는 음악을 통해 인간을 더욱 생리적으로 퇴화하는 방향으로 이끌었다.

"사람들이 바다로 가면, 땅 위에서의 안정적인 걸음걸이를 점차로 상실하고 결국에는 무조건 자연의 힘에 굴복해버리는 법이

---

34 같은 책, 38쪽.

35 같은 책, 17-18쪽.

36 니체는 이를 바그너에 해당하는 '축축한 북방'과 비제에 해당하는 '남방적' 기후의 대비로 묘사하며, 비제의 숙명적이면서 찰나의 행복을 표현하는 감수성을 긍정한다. 니체는 이를 아프리카적 명랑함으로 표현한다. 같은 책, 19-20쪽.

다: 사람들은 헤엄을 쳐야 하는 것이다. 예전의 음악에서는 (…) 때로는 우아하게, 때로는 장엄하게, 때로는 격렬하게, 빠르거나 천천히, 말하자면 춤을 춰야만 했다. 여기에는 절도와 균형 잡힌 시간과 힘 단계의 유지가 필요하고, 이것은 청중의 영혼으로부터 지속적인 사려(Besonnenheit)를 빼앗았다. ― 사려에서 나온 좀 더 싸늘한 기류와 열광으로 데워진 숨결과의 이런 각축 관계에 모든 좋은 음악이 기초하고 있었다."[37]

음악과 연관된 인간의 춤을 헤엄으로 바꾼 바그너의 음악은 인간의 생리적 퇴화를 드러내는 데카당스 문화이며, 현대 음악의 위험이며, '리듬'의 몰락이며, 곧 세밀화가로서 바그너의 마비와 혼돈에 해당한다.[38] 그리고 여기에는 하나의 지적이 추가되어야 한다. 그것은 건강한 음악의 경우, 지속적으로 음악을 듣는 사람으로부터 사려를 빼앗는다는 점이다. 이때 인간의 생리는 냉정한 사려와 뜨거운 열정의 결합으로 이어지고, 마치 그리스 비극이 아폴론적 형상과 디오니소스적 음악의 투쟁과 결합으로 이루어지듯 그러한 결합의 상태에 이르게 된다. 이를 통해 인간은 도취의 기분 좋은 가벼움을 느낄 수 있게 되고, 이성과 인식의 지배로 인해 밀랍 상태가 된 무거운 신체를 다시 음악에 의해 가볍고 유연하게 만들 수 있다.

니체는 바그너가 땅에서 걷거나 춤추는 것이 아니라 마치 양서류

---

37 프리드리히 니체(백승영 옮김), 『니체 대 바그너』(서울: 책세상, 2002), 525쪽.

38 A. Ridley, "Nietzsche, Wagner, Decadence: Response to Katherine Fry"(*The Opera Quarterly*, vol. 29, issue. 3-4, 2013), pp. 278-279 참조.

와 같이 "헤엄치고 부유하기를 원했던 것"[39]이라고 평가한다. 이는 인간의 생리적 방향이 양서류 쪽으로 생리적 퇴화를 하게 된다는 의미이기도 하다.[40] 헤엄치는 인간은 춤을 추는 인간에 비해 대지 위에서 삶의 질서와 균형과 힘을 체득하지 못한 인간이다. 그는 대지 위에 제대로 서지 못하고 다만 허약하게 흐물거린다. 그러므로 헤엄치는 것과 같은 바그너의 무한선율은 '시간과 힘의 균등'[41]이라는 질서, 즉 리듬을 무시하고 해치는 것이다. 리듬이 사라지고 그 자리에 혼돈이 자리한 음악이 바그너의 음악이며, 그것은 니체에게는 위험한 데카당스 음악이다.

그러므로 바그너의 음악은 인간의 자연적 생활 생리를 몰락으로 이끌 수 있다. 두 발로 땅에 서서 걷는 인간 조건하에서의 도취는 양서류적 헤엄이 아니라, 대지 환경의 리듬과 함께하는 춤이 되어야 한다. 니체가 볼 때 바그너의 음악은 인간의 본능으로서의 호흡에 장애를 일으키고, 긴장, 어지러움, 몽롱함을 일으키면서 인간의 본능적 힘을 약화시키는 것이다.

5. 데카당스의 극복: 생리적 재가치화

고대의 데카당스는 소크라테스에 의해 등장한 '인식적 이성의 이

---

39 프리드리히 니체, 『니체 대 바그너』, 525-526쪽.

40 니체는 바그너가 부분으로서의 '양서류적 본성의 비늘'을 음악에 도입했다고 평한다. 같은 책, 520쪽.

41 같은 책, 526쪽.

상 발육'이었다. 그 결과로 비극이 죽었고 인식적 낙관주의가 탄생했다. 왜 니체에게 비극의 죽음과 낙관주의의 탄생이 문제적인가? 왜냐하면 소크라테스에 의해 죽음을 맞이한 비극 예술이 니체에게는 인간 삶의 생리를 심리화 · 형상화시켰기 때문이다.

니체가 말하는 더 높은 곳, 즉 신성성은 바로 삶의 생리에 있다. 그리고 비극은 인간 삶의 생리에 대한 기쁨을 이 세계에서 영원한 방식으로 되풀이할 수 있게 하는 놀이다. 비극은 그러한 신화-놀이로서, 인간의 유한성과 우연성의 고통과 기쁨이 신성하고 필연적인 방식으로, 즉 비극적으로 놀아지는 무대였다.

그러나 소크라테스로 인해 선이 '모든 척도에 대한 척도'[42]가 되었다. 그것에 의해 희로애락의 다양한 신들은 사라지고, 선한 유일신이 지배적 세계관으로서 등극하게 되었다. 이러한 의미에서 소크라테스의 선은 인간 삶의 조건들이 실질적 의미와 함께 결합되어 있던 신들과 인간의 유기적 세계성을 제거한 결과이며, 인식적 낙관주의 또한 인간에게서 삶의 비극적 감각을 강탈한 결과다.

낙관주의에 의해 삶의 운명적이고 불가해한 측면은 '도덕적으로 판단 또는 이해되어야 하는 것'으로 바뀌게 되었고 유한성에 대한 공포, 즉 죽음에 대한 생리적 공포는 냉정하고 침착하게 검토되어야 하는 것으로 바뀌게 되었다. 그러므로 거대한 운명에 대항했던 영웅적 투사는 이제 세부적인 것을 꼼꼼하게 검토해야 하는 조사자가 되었다. 가령 기구한 운명의 고통을 극복하고자 했던 '방랑하는 인간'의 대표자 오이디푸스는 다만 자신의 운명을 예측하지 못하고 근친상간이라

---

42 A. Larsen, "Nietzsche on the socratic Morality as Decadence"(*The European Legacy*, vol. 2, no. 2, 1997), p. 322.

는 도덕적 몰락에 얽힌 개인이 되었다.

그러나 비극은 더 전체적인 관점에서 우주적인 우연과 운명, 그리고 그것에 대한 극복을 경험하려는 예술일 것이다. 비극에 대한 도덕주의적 해석은 소크라테스적 선의 개념으로부터 해석된 관점일 뿐이다. 인간이 예술을 통해 변용시켜온 고통의 감정은 이제 선이라는 초월적 원리에 의해 악으로 규정되었으며, 이러한 문화적 높이의 하강을 통해 인간에게서의 비극적 감각은 단순히 나쁜 결말을 의미하는 것으로 전도되었다.

그리스 비극은 인간의 유한함에 따른 공포에서 비롯된 실존적 절망에 대한 그리스인의 대답이었다.[43] 비극은 인간이 스스로의 유한성 속에서도 공포와 절망을 극복하려는 신성한 기쁨을 맛볼 수 있게 해준다. 그러한 면에서 비극적 예술은 '부분으로서의 개인'을 '전체로서의 자연'과 화해하고 조화를 이루는 삶, 즉 생리적 본능을 따르는 삶으로 이끄는 것이다. 이러한 비극적 가치는 오직 낙관적인 이론가에게서 부인되고 전도될 뿐이다.[44]

니체는 19세기의 바그너에게서도 소크라테스 같은 데카당스를 발견하는데, 이러한 데카당스를 니체는 어떻게 해결하고자 하는가? 니체가 보기에 바그너는 현대성이라는 병증을 요약해서 보여주고 있고

---

43 *Ibid.*, p. 323 참조.

44 이는 초기의 니체가 왜 칸트와 쇼펜하우어를 높이 평가했는지를 알 수 있게 해준다. 칸트와 쇼펜하우어 이전의 '낙관적 학문'은 "모든 세계의 수수께끼를 인식하고 규명할 수 있는 것으로 믿고, 공간 · 시간 · 인과율을 최고의 보편타당성을 지닌 무조건적인 법칙으로 간주"했다. 그러나 칸트와 쇼펜하우어에 이르러 그러한 공간 · 시간 · 인과율은 오히려 물자체 또는 의지에 대한 본질적 인식을 불가능하게 만드는 것이 되었다. 이는 니체의 '즐거운 학문'으로 나아가는 이행 단계, 이를테면 '비극적 학문'이라 부를 수 있을 것이다. 낙관적 학문에서 비극적 학문으로, 비극적 학문에서 즐거운 학문으로! 프리드리히 니체, 『비극의 탄생』, 223쪽 참조.

그러한 의미에서 데카당스이지만, 인간은 일단 그러한 병에 걸려야 한다. 즉, 바그너주의자가 되어야 한다. 인간은 단순히 데카당스를 거부하는 것으로는 또 다른 데카당이 될 뿐 데카당스를 극복할 수는 없다.

우리는 데카당스에 빠진 후 '기존 가치의 재가치화'[45]라는 삶의 투쟁을 성공시켜야 한다. 니체가 자신을 데카당이면서도 데카당을 극복했다고 밝힌 것과 마찬가지로, 데카당은 '데카당이 되는 나약한 데카당(weak decadent)'과 '데카당을 극복하는 건강한 데카당(strong decadent)'으로 구분될 수 있다. 그리고 건강한 데카당의 경우 기존 가치의 재가치화를 통해 데카당을 건강으로 변용시킬 수 있다.[46] 이러한 구분의 바탕이 되는 니체의 관점에 따르면 우리는 나약한 데카당이 되어야만 건강한 데카당 또한 될 수 있으므로 우리가 필수적으로 갖추어야 할 덕목은 자신 안의 데카당과 싸우는 투사적 덕목일 것이다.

우리는 치유를 위해 먼저 나약한 데카당이 되어야 하며, 그런 다음 건강한 데카당으로서 자기 자신을 극복해야 한다. 이러한 건강한 데카당에는 삶의 생리를 바탕으로 하는 반박 능력이 필요하며, 이것이야말로 기존의 인식적 가치를 삶의 생리적 가치로 재가치화하는 능력에 해당한다. 그렇기 때문에 니체는 바그너의 음악을 반박하고자 했으며, 그와 같은 생리적 반박을 다음과 같이 제시한 바 있다.

"그 박자에 맞추어 사람들이 호흡할 수 없는 음악은 건강하지

---

45 여기서의 재가치화는 철학적 표현으로서의 가치전환을 의미하는 것이 아니라 인식적 가치를 생리적 가치로 변용시키는 것을 의미한다.

46 Jacqueline Scott, "Nietzsche and decadence: The revaluation of morality"(*Continental Philosophy Review*, vol. 31, 1998), p. 65 참조.

않다. (…) 바그너의 음악이 나의 힘을 약화시킨다는 것, 그것이 나에게 결국 잔잔한 땀으로 자신을 알리는 생리적 조급증을 유발한다는 것은 도대체 어디에 원인이 있는가? 바그너 음악의 한 악장 후에, 기껏해야 두 악장 후에 나는 도망쳐버린다. — 생리에 맞서는 예술은 모두 반박된 예술이라는 점을 확실히 해두자. … 바그너의 음악은 생리적으로 반박될 수 있다. …"[47]

인간의 생리에 맞서는 바그너의 음악이 반박될 수 있다는 점, 이는 한편으로 건강한 음악을 만드는 예술가를 전체 문화 안에서 산출해야 한다는 것과, 다른 한편으로 음악을 듣는 개인이 자신 안에서 생리적 퇴화의 음악을 반박하고 그것을 다시금 건강의 음악으로 변용시켜야 한다는 '이중의 운동'을 뜻한다. 이 이중의 운동은 문화적이고 개인적인 양 수준에서 데카당을 건강으로 변용시키는 힘과 연결되어 있다. 문화가 인간 충동의 변용을 통해 형성될 수 있고, 반대로 위대한 작품 같은 문화적 성취물로 인해 인간의 삶이 자극받거나 치료될 수 있다면, 그리고 그러한 것들을 통틀어 인간이 삶을 더 풍요롭게 키워갈 수 있다면, 그것은 피라미드적 사회 구조[48]에서 가장 높은 지배적인 문화의 역할이다.

고대 그리스에서 비극이라는 최고의 예술 작품이 나타날 수 있었던 이유는 그리스 사회가 그러한 최고의 작품이 만들어질 수 있는 유

---

47 프리드리히 니체(백승영 옮김), 『유고(1888년 초~1889년 1월 초)』(서울: 책세상, 2004), 325-326쪽.

48 니체는 "높은 문화는 일종의 피라미드다"라고 말했다. 즉, 문제는 그것이 어떤 문화적 지배자에 의해 형성되는 피라미드인지에 관한 것이다. 프리드리히 니체(백승영 옮김), 『안티크리스트』(서울: 책세상, 2002), 306쪽.

기적인 사회였기 때문이다. 그것은 개인적인 수준에서 개인의 이익이 자신 안의 실존적 힘 자체의 높이를 긍정함으로써 얻어지는 결과(위버멘쉬: 자신의 이익과 전체의 이익을 결부시킨 채 더 높이 돌파하는 자로서)이며, 문화적인 수준에서 단지 초월적 선과 이성의 도덕을 통해 '찢긴 진리-베일'의 보유량으로 등급이 매겨진 지식의 피라미드[49]가 아니라, 각각의 이익과 전체의 이익이 비극적 신화와 예술을 통한 삶의 신성성을 통해 유기적으로 결합된 예술의 피라미드를 긍정하는 것이다.

니체가 소크라테스와 바그너를 데카당으로 규정하고 문화적 퇴화로서의 갈등적 요소로 바라보는 이유는 소크라테스와 바그너에 대한 갈등과 투쟁이 우리의 삶을 더욱 상승시키고 풍요롭게 하는 데 이바지한다고 보기 때문이다. 니체는 갈등 요소로서의 데카당스를 삭제하거나 제거하는 방식으로 해결할 수 있다고 보지 않았다. 왜냐하면 그러한 극단적인 방식 자체가 또한 데카당스이기 때문이다. 그와 달리 니체의 해결책은 기존의 인식적 가치를 생리적 가치로 재가치화함으로써 데카당스를 '건강한 것'으로 변용시키는 것에 해당하며, 그러한 건강이 성공적으로 문화의 지배적 세계관으로 자리 잡을 때 '부분의 이상 발육'이라는 문제가 해소되고 '전체로서의 자연' 또한 건강해진다는 것이다.

이러한 해결 방안에 대한 사례가 바로 그리스인이 비극을 통해 자연과 맺었던 유기적 관계이며, 그것은 초기의 니체가 그러한 비극적 음악의 현대적 부활로서 바그너에게서 기대했던 모습이었다.[50] 앞서

---

49 프리드리히 니체, 『비극의 탄생』, 192쪽.

50 앞서 살펴보았듯이 후기의 니체는 바그너가 현대의 데카당스에 해당한다는 점에 실망하고 비판하게 된다. 특히 바그너가 『파르지팔』에서 그리스도교적 구원의 태도를 보였다는 점

말했듯이 니체에게 데카당스는 변용[51]이라는 상승을 통해 삶의 건강과 풍요로움이 될 수 있는데, 이러한 변용을 가능하게 하는 것은 무엇보다 예술, 더 정확히는 비극적 예술이다. 이러한 관점에서 데카당스에 관한 문제는 또한 '변용 능력의 생리적 퇴화'라는 문제로 볼 수도 있다. 니체에게 소크라테스와 바그너는 비극적 예술과 새로운 가치의 창조로서의 변용 능력을 모두 쇠락하게 만들었다는 점에서 또한 데카당스였다.

6. 건강함: 삶의 예술적 창조

니체는 힘의 증대를 표현하는 차이를 "좀 더(Mehr)"의 차이라고 부르고, 이와 반대로 데카당스의 차이를 "감소(Abnahme)"[52]의 차이라고 불렀다. '좀 더'는 의지의 활동이고, '감소'는 비교의 활동이다. 즉 차이는 생리적 상태의 변화에 따라 달리 나타나며, 힘이 성장할 때는 증가의 차이를, 힘이 약화될 때는 감소의 차이를 느끼게 된다. 이 글에서는 이

에서, 니체에게 바그너는 '비극적 예술'의 탈을 쓴 '가장 위험한 데카당'에 해당한다.

51 변용의 비극적 의미는 무엇보다 고통을 기쁨으로 변화시키는 힘이며, 그 힘의 강도에 따라 나는 동물이 될 수도 있고, 체념하는 염세주의자, 구원을 바라는 종교인, 확실성을 통한 안정을 추구하는 철학자, 아름다움에 대한 관조로 도피하는 예술가 등이 될 수도 있으며, 위버멘쉬가 될 수도 있다. 이 점에서 비극적 문화는 고통을 줄이기 위해 삶을 줄이고자 하는 염세주의적 문화와 다르다. 비극적 문화에서는 가장 어둡고 극심한 고통이야말로 가장 명랑하고 위대한 기쁨이 될 수 있는 조건이다. 소크라테스주의, 그리스도교, 바그너주의의 '이상 발육'은 과잉이라는 형식적 공통성을 가진다는 점에서 니체의 힘과 적수로서의 경쟁적 관계에 놓여 있다.

52 프리드리히 니체, 『유고(1888년 초~1889년 1월 초)』, 92-93쪽.

러한 감소를 '문화적 높이의 몰락', 즉 문화적인 문제로서의 데카당스로 파악했다.

니체는 소크라테스와 바그너를 주요한 문화적 몰락의 징후로 보았다. 왜냐하면 그들은 인간에게 힘의 감소를 느끼게 했을 뿐만 아니라, 힘의 약화를 가져다준 장본인들이었기 때문이다. 소크라테스는 개인의 이성 능력, 선의 이데아, 변증적 대화술 등을 통해 아테네 사람들에게 신화적 신성성을 대가로 치르게 하고 지식의 세계관을 문화의 지배적 세계관으로 받아들이게 했다. 또한 바그너는 음악을 극장적 효과와 언어적 표현의 하인으로 만든 극장주의를 추구했으며, 부분적인 프레이즈의 과다한 반복으로 전체 악곡의 조화를 무너뜨리는 라이트모티프 기법, 리듬의 부재로 인간의 생리적 퇴화를 일으키는 무한선율 등을 통해 데카당스 음악을 만들었다.

이러한 문제에 대한 니체의 해결책은 무엇인가? 니체는 이러한 데카당을 극단적으로 제거하는 것이 아니라 우선 자신 안에 받아들이고 그것을 극복해야 한다고 보았다. 우리가 시대의 자식들로서 시대 안에서 병든다는 점에서는 모두 데카당이지만 또한 그것을 극복할 수 있다는 점에서는 모두 건강해질 가능성을 가지고 있다. 병과 건강이라는 가치의 상하 운동은 유기체로서 인간의 운명이며, 이러한 운명에 대한 통찰이 곧 자기극복의 핵심이 된다. 이 자기극복은 기존 가치의 재가치화라는 창조적인 작업을 통해 가능한데, 그것은 특히 가치를 타자가 아닌 나의 관점으로 평가하고 표현하는 예술가에게서 가능한 작업이다. 다만 니체는 예술가 자체로는 기존 가치에 대한 수용과 표현이라는 한계에 묶여 있으므로 거기에 새로운 가치를 창조해내는 철학적 작업이 수반되어야 한다고 보았다. 그렇기 때문에 니체는 철학자가 예술가가 되어야 한다고 말했다.

니체에게 니힐리즘의 극복이 소극적 니힐리즘을 극복하는 적극적 니힐리즘을 통해 가능하듯이, 데카당스의 극복 또한 문화적 병에 빠져드는 '나약한 데카당스'에서 그러한 병을 극복하는 '건강한 데카당스'를 통해 가능한 것이다. 소크라테스와 바그너는 인간을 나약한 데카당스로 이끈다는 점에서 데카당스 문화의 대표자들이며, 니체는 이들과의 대결을 통해 인간을 건강한 데카당스로 이끌고자 했다. 니체의 데카당스 극복 과정의 핵심은 기존의 인식적이고 도덕적인 가치를 예술적이고 생리적으로 재가치화하는 것이며, 그것은 문화의 관점에서는 비극적 문화의 부활을 통해, 개인의 관점에서는 삶의 예술적 창조를 통해 가능한 것이다.

이러한 창조적 재가치화는 특히 도덕주의와 관련되어 있는데, 우리는 니체 스스로 도덕에 대해 일종의 아이러니를 가지고 있음을 알 수 있다. 그는 '반자연적인 도덕', 즉 "데카당스 본능 그 자체"[53]를 거부하는 '비도덕주의자(Immoralist)'로서 스스로를 지칭하면서도, 한편으로 "무리 동물의 도덕" 또는 "인간적인 도덕"을 넘어서는 "좀 더 차원 높은 도덕"[54]이 가능해야 할 것이라고 주장한다. 이러한 아이러니에는 니체가 도덕적 질서 자체에 대해 부정하는 것은 아니라는 의미가 담겨 있다. 즉 기존 가치(고대의 소크라테스주의에서 현대의 바그너로 이어지는 데카당스의 가치)를 무너뜨리는 니체의 망치는 무엇보다 새롭게 창조되어야 할 윤리를 위해 휘둘러지는 것이며, 이를 통해 도입되는 새로운 생리적

53 프리드리히 니체, 『우상의 황혼』, 110쪽.

54 프리드리히 니체(김정현 옮김), 『선악의 저편』(서울: 책세상, 2006), 161쪽.

윤리는 삶 충동의 문화적 발현[55]을 통한 '디오니소스적 충동의 윤리'일 것이다. 그리고 이러한 '디오니소스적 충동의 윤리'는 데카당으로서의 소크라테스와 바그너를 단순히 제거하는 것이 아니라, 문화적 차원에서 '음악을 하는 소크라테스'와 '진정한 비극적 예술가로서의 바그너'로 다시 변용(재가치화)시키는 것에 해당할 것이다.

또한 현대적 갈등의 근본 개념으로서 데카당스 문제에 대한 니체의 함의는 결국, 여러 갈등 요소를 단순히 제거하는 것에 있지 않다. 수많은 갈등 요소들을 '생리적 강함'을 추구하는 요소로 재가치화함으로써 갈등 문제는 '갈등을 결코 해결할 수 없다'거나 혹은 '하나의 이상적인 해결 방안이 있다'라는 양극단에서 벗어나게 된다. 우리는 니체의 데카당스 비판을 통해 갈등의 근본 문제가 결국 전체에 대한 '부분의 이상 발육'이라는 것을 파악할 수 있게 된다. 또한 우리는 그러한 '부분들의 갈등'을 서로의 힘을 증대시키는 '생리적 강함'의 추구로서 받아들일 수 있어야 할 것이다. 갈등을 일으키는 상대방과의 관계에 대해 서로를 완전히 제거하려는 무차별적 관계가 아니라, 서로의 힘을 증대시키는 아곤(agon)적(경기적, 놀이적) 관계로서 이해할 수 있게 된다. 즉, 갈등 문제에 대한 우리의 실천은 갈등적 요소를 우리와의 관계성 속에서 파악하고 생리적으로 재가치화함으로써 우리 자신을 더욱 강하고 건강하게 쇄신하는 데 있다.

---

55 이는 초월적 선의 규범과 명령에 따르는 도덕이 아니라 개인의 이익이 모조리 전체 자연의 이익과 동화되는 '충동의 자유' 혹은 한 개인이 전체로 변용되고 또 전체가 한 개인으로 변용될 수 있는 '디오니소스적 충동'의 긍정을 의미할 것이다.

참고문헌

김창준, 「니체의 데카당스 개념과 토마스 만의 「트리스탄」」, 『외국문학연구』 45, 한국외국어대학교 외국문학연구소, 2012, 29-52쪽.

류진현, 「문화현상으로서의 〈데카당스〉: 19세기말 프랑스 문학의 한 흐름」, 『불어불문학연구』 58, 한국불어불문학회, 2004, 469-497쪽.

안재오, 「니체의 데카당스론」, 『인문학연구』 7, 한국외국어대학교 철학문화연구소, 2002, 193-204쪽.

이상범, 「데카당스에 대한 니체의 심리-생리학적 해명」, 『니체연구』 36, 춘천: 한국니체학회, 2019, 139-183쪽.

임건태, 「힘에의 의지의 탈형이상학」, 『니체연구』 4, 한국니체학회, 2001, 135-165쪽.

정낙림, 「현대는 소크라테스와 더불어 시작했다: 니체의 소크라테스 비판」, 『철학연구』 92, 대한철학회, 2004, 393-412쪽.

정원석, 「댄디와 데카당의 앙상블: '세기말' 댄디즘과 데카당스의 상호작용」, 『독어독문학』 137, 한국독어독문학회, 2016, 131-151쪽.

프리드리히 니체(김정현 옮김), 『선악의 저편』, 서울: 책세상, 2006.

______(박찬국 옮김), 『비극의 탄생』, 파주: 아카넷, 2007.

______(백승영 옮김), 『니체 대 바그너』, 서울: 책세상, 2002.

______(백승영 옮김), 『바그너의 경우』, 서울: 책세상, 2002.

______(백승영 옮김), 『안티크리스트』, 서울: 책세상, 2002.

______(백승영 옮김), 『우상의 황혼』, 서울: 책세상, 2002.

______(백승영 옮김), 『유고(1888년 초~1889년 1월 초)』, 서울: 책세상, 2004.

______(이진우 옮김), 『반시대적 고찰Ⅱ』, 서울: 책세상, 2005.

de Huszar, G., "Nietzsche's Theory of Decadence and the Transvaluation of all Values", *Journal of the History of Ideas*, vol. 6, no. 3, Philadelphia: University of Pennsylvania Press, 1945, pp. 259-272.

Huddleston, A., *Nietzsche on the Decadence and Flourishing of Culture*, Oxford: Oxford University Press, 2019.

Larsen, A., "Nietzsche on the socratic Morality as Decadence", *The European Legacy*, vol. 2, no. 2, London: Taylor & Francis, 1997, pp. 320-325.

Ridley, A., "Nietzsche, Wagner, Decadence: Response to Katherine Fry", *The Opera Quarterly*, vol. 29, issue. 3-4, Oxford: Oxford University Press, 2013, pp. 277-281.

Scott, J., "Nietzsche and decadence: The revaluation of morality", *Continental Philosophy Review*, vol. 31, Berlin/Heidelberg: Springer, 1998, pp. 59-78.

II

소통을 위한
철학적 모색

06

사념처를 통한 소통 가능성

김경선(경북대학교 철학과 박사수료)

1. 들어가며

2019년의 코로나 팬데믹은 우리의 모든 일상을 전복시켰다. 그로 인해 나와 타인'들'은 '사회적 거리'에서 새로운 방식으로 접촉한다.[1] 4차 산업혁명이 더욱더 가속화되었으며, 레이 커즈와일(Ray Kurzweil)이 말하는 특이점(singularity)이 오고 있음을 실감케 한다. 이미 AI는 단순 계산 능력을 넘어 지혜, 판단력, 통찰력을 포괄하는 인간의 지적 능력을 모방하고자 한다는 점에서 인간 지성을 추구하기 시작했다.[2] 이들이 인간의 감정에 인간보다 더 유익하게 반응할 줄 알게 됨으로써 예상되는 차별, 불평등, 불공정 등의 문제가 신중하게 논의되어야 하는 시점이다.[3]

---

1 S. Zizek, *Pandemic! COVID-19 Shakes the World*(New York: OR Books, 2020), p. 43.

2 유기윤 · 김정옥 · 김지영, 『2050미래사회보고서』(서울: 라온북, 2017), 27-28쪽.

3 위의 책, 33-37쪽 등 참조.

사실 우리는 인간의 신체와 정신 혹은 그 잠재력에 관해서 잘 모른다. 그럼에도 현대는 인간의 정신에 대한 탐구보다 인터넷 연결 속도와 빅데이터 알고리즘의 효율성을 높이는 데 집중하고 있다고 유발 하라리(Yuval Noah Harari)는 지적한다. 업그레이드된 컴퓨터에 대한 지나친 의존으로 다운그레이드될 인간에게 닥칠 위기는 유례없는 최고의 불평등사회를 만들 수도 있다.[4] 미래의 인공지능은 감정, 의지, 자의식까지 갖추며, 사람을 거의 모방해낼 것이다. 이들은 단순히 설계자의 계획에 의해서만 작동되는 것이 아니라 스스로 개선할 수 있는 시스템으로 진화될 것이다.[5] 이렇게 인공지성은 더욱 발달하여 인간이 할 수 있는 대부분의 일을 대신해나갈 것이며, 이로 인해 어떤 이들은 더욱 가난해지고, 소득 불평등은 더욱 가속화될지도 모른다.[6]

이러한 인식에 따라 필자는 붓다가 존재의 의지처로 제시한 사념처(四念處, Cattāro Satipaṭṭhanā)를 인간 의식의 계발과 소통의 관점에서 재조명해보고자 한다. 따라서 이 글의 목적은 사념처 수행이 어떠한 의미에서 소통을 위한 의식 계발의 실천적 대안이 될 수 있을지에 대한 가능성을 고찰해보는 것이다.

초기 경전(Pāli Nikāya) 가운데 『디가 니까야(Dīgha Nikāya)』 22경 대념처경(大念處經, Mahāsatipaṭṭhānasutta), 『맛지마 니까야(Majjima Nikāya)』 118경 입출식념경(入出息念經, Ānāpānasatisutta), 『맛지마 니까야』 119경 신지념경(身至念經, Kāyagatāsatisutta) 등은 사띠(sati, 念)를 다루는 대표 경

4 유발 하라리(전병근 옮김), 『21세기를 위한 21가지 제언』(파주: 김영사, 2018), 122쪽.

5 유기윤 · 김정옥 · 김지영, 『2050미래사회보고서』, 27-28쪽.

6 위의 책, 46쪽. 유기윤 교수팀은 시장 참여자를 플랫폼 소유주, 플랫폼 스타, 프레카리아트(일반시민), 인공지성이라는 네 부류로 나누며, 2030년경부터 2070년경까지 한국인의 99.99%가 프레카리아트가 될 것이라 예측하고 있다. 위의 책, 33-37쪽 참조.

전들이다. 그 가운데 대념처경은 사념처를 가장 포괄적으로 다루고 있다. 이들 초기 경전의 특징 중 하나는 정형구의 반복이다. 따라서 이들 정형구에 대한 고찰은 사념처를 이해함에 있어서 필수적인 과정이 될 것이다.[7] 이에 필자는 각 사념처의 공통 정형구와 특별히 차이를 보이는 정형구를 비교하여 고찰할 것이다. 이는 사념처의 개념과 목적 및 사념처에서 중요하게 요구되는 핵심적인 요소들이 무엇인지를 이해하기 위함이다.

따라서 2절에서는 사념처의 개념과 정형구에 공통으로 언급되는 '따라가며 본다'는 의미의 '아누빠사나(隨觀, anupassanā)'와 '부지런함(ātāpī)', '분명한 앎(sampajāna)'의 개념과 신지념경의 후렴구에서 별도로 언급되는 '마음을 기울임(作意, manasikāra)'의 개념을 실제 수행의 방법론적 관점에서 살펴볼 것이다.

다음으로 3절에서는 사념처 정형구에서 중요하게 논의되고 있는 '안으로(ajjhatta)'와 '밖으로(bahiddha)'에 대해 중점적으로 고찰해보고자 한다. 이는 '법에 대한 관찰'로 분류된 내용 전체에서 모두 16차례에 걸쳐 동일한 형식으로 반복되는데, 『디가 니까야』「자나와사바경(janavasabha sutta)」의 사념처에서는 다른 정형구와 달리 '다른 사람의 몸 · 느낌 · 마음 · 법'에 대한 지와 견(ñāṇadassana)을 가능하게 한다고 언급된다.[8] 따라서 경전의 이러한 표현들이 어떻게 해석되고 논의되는지, 사념처를 통해 타인의 마음을 헤아려 안다는 것은 어떤 의미를 내포하는지를 고찰할 것이다.

---

7 아날라요(이필원 · 강향숙 · 류현정 옮김), 『Satipaṭṭhāna: 깨달음에 이르는 알아차림 명상수행』(서울: 명상상담연구원, 2019), 107쪽.

8 각묵 옮김, 『디가 니까야 2권』(울산: 초기불전연구원, 2018), 371-372쪽.

2. 몸과 사념처

빨리 문헌에서 몸은 물질(色, rūpa)과 정신(名, nāma)으로 정의된다. 물질은 지수화풍(地水火風)의 4대 요소와 모든 신체 작용(身行, kāyasaṅkhāra)을 의미하며, 정신은 넓게는 물질에 반대되는 비물질(arūpa)의 의미로 쓰이며, '대상을 아는 것(識別, ārammaṇaṃ vijānāti)'을 기능으로 한다. 대상을 향해 기운다는 뜻에서 정신(名, nāma)이라 구분한다.[9] 모든 정신과 정신 작용(心行, cittasaṅkhāra) 등이 이에 속한다. 정신은 단지 대상을 아는 것일 뿐이며 물질과 다르게 형태를 지니지 않는 비물질로서 그 실체가 없다는 의미에서 무아(無我, anattā)이고, 변화한다는 의미에서 무상(無常, anicca)하다. 또한 물질과 정신은 각각 자체로 작용하고 작용하려는 자력이 없기 때문에 서로가 서로의 조건으로 작용하여 함께 일어나고, 함께 사라진다.[10] 그렇기 때문에 물질과 물질 작용이 일어나는 곳에는 정신과 정신 작용도 함께 일어난다.

---

9 붓다 고사(대림 옮김), 『청정도론 3권』(울산: 초기불전연구원, 2004), 115쪽 참조. "여기에서 정신이란 대상(색 · 성 · 향 · 미 · 촉 · 법)을 향하여 기우는 느낌 등 세 가지 무더기를 뜻한다. 물질이란 네 가지 근본물질과 그 네 가지 근본물질에서 파생된 물질들이다." *Vism.* p. 558. "ettha hi, nāman ti ārammaṇābhimukhaṃ namanato vedanādayo tayo khandhā. Rūpan ti cattāri mahābhūtāni catunnañ ca mahābhūtānṃ upādāya Rūpaṃ."

10 위의 책, 193쪽 참조. "정신은 동력이 없으므로 자기의 동력으로는 일어나지 못한다. 그것은 먹지 않고, 마시지 않고, 말하지 않고, 행동거지를 짓지 않는다. 물질 또한 동력이 없다. 자기의 동력으로는 일어나지 못한다. 먹기를 원하지 않고 마시기를 원하지 않으며, 말하기를 원하지 않고 행동거지를 지으려 하지 않는다. 그러나 정신을 의지하여 물질이 일어나고, 물질을 의지하여 정신이 일어난다." *Ibid.*, p. 596. "Api c'ettha nāmaṁ nittejaṃ na sakena tejena pavattituṃ sakkoti, na khādati, na pivati, na byāharati, na iriyāpathaṃ kappeti. Rūpam pi nittejaṃ, na sakena tejena pavattituṃ sakkoti, na'atthi tassa khāditukāmatā, nāpi pivitukāmatā, na byāharitukāmatā, na iriyāpathaṃ kappetukāmatā; Atha kho nāmaṃ nissāya rūpaṃ pavattati; rūpaṃ nissāya nāmam pavattati, Nāmassa khāditukāmatāya pivitukāmatāya byāharitukāmatāya iriyāpathaṃ kappetukāmatāya sati rūpaṃ khādati, pivati, vyāharati, iriyāpathaṃ kappeti."

또한 물질과 정신은 오온을 통해서도 구분된다. 오온(五蘊, pañcakkhandhā)은 물질의 한 무더기(色, rūpa)와 정신의 네 가지 과정, 느낌(受, vedanā) · 인식(想, saññā) · 형성(行, saṅkhāra) · 식별(識, viññāṇa)을 합친 다섯 가지 무더기를 말한다.[11] 모든 오온은 더미라는 뜻에서 모두 '온(蘊)'이라 불리며, 아라한이 열반의 경지에 든 경우를 제외한 모든 오온은 모두 취착의 대상이 된다는 뜻에서 오취온(五取蘊, pañcupādānakkhandhā)으로 분류된다. 초기 경전에서는 이러한 오취온에 대한 집착이 바로 고통이라고 말한다.[12] 그러므로 오취온에 대한 바른 앎과 이해 없이는 고통으로부터의 완전한 자유는 불가능하다.[13]

따라서 붓다는 이러한 오취온을 관찰하고 바르게 이해하여 고통을 제거하기 위해 우리의 신체를 도구로 계발해야 함을 강조한다.[14] 신체적 감각은 정신과 깊은 관련이 있으며, 호흡처럼 현재의 정신 상태를 반영하기 때문이다. 모든 생각, 모든 감정, 모든 정신적 활동에 대응하는 감각들은 몸에 나타난다. 우리가 세상에서 맞닥뜨리는 무엇이든

---

11 위의 책, 182쪽. "물질의 무더기를 물질이라 하고, 네 가지 정신의 무더기를 정신이라 한다." *Ibid.*, p. 590. "iti rūpakkhandho rūpaṃ, cattāro arūpino khandhā nāman ti."

12 전재성 옮김, 『상윳따 니까야 4권』(서울: 한국빠알리성전협회, 2007), 100쪽. "수행승들이여, 무엇이 고통인가? 색(色)이 고통이다. 느낌(受)이 고통이다. 지각(想)이 고통이다. 형성(行)이 고통이다. 의식(識)이 고통이다. 수행승들이여, 이것이 고통이다." 각묵 옮김, 『상윳따 니까야 3권』(울산: 초기불전연구회, 2009), 154-155쪽. "비구들이여, 어떤 것이 괴로움인가? 집착의 [대상이 되는] 다섯 가지 무더기(五取蘊)라는 것이 그에 대한 대답이다. 어떤 것이 다섯인가? 집착의 [대상이 되는] 물질현상의 무더기 … 의식의 무더기다. 이것을 괴로움이라 한다." *SN*.Ⅲ, p. 158. "Katamañ ca bhikkhave dukkham. Pañcupādānakkhandhātissa vacanīyaṃ. Katame pañca, Seyyathīdaṃ rūpūpādānakkhandho, … viññāṇupādānakkhando. Idaṃ vuccati bhikkhave dukkhaṃ."

13 아날라요, 『*Satipaṭṭhāna*』, 222쪽.

14 W. Hart, *The art of living vipassana metitation As taughted by S.N. Goenca*(California: Harper One, 1987), p. 78.

몸에서 감각을 일으키고 그러한 감각은 물질과 정신이 만나는 문이다. 그러므로 신체적 감각을 관찰하는 것은 우리의 현재 정신을 관찰하는 과정이 되는 것이다.[15]

사념처는 바로 이러한 신체적 감각의 관찰을 통해 물질과 정신과 정신 · 물질 작용의 모든 현상이 일정하지 않고 변화한다는 것을 있는 그대로 보는 지와 견(ñāṇadassana)을 획득하는 과정이다. 이러한 과정을 통해 취착의 대상은 사라지고 나와 타인 또는 내적 · 외적 경계를 넘어 현상에 대한 포괄적인 관점과 판단을 가능하게 되는 순수의식의 상태에 이르게 된다. 이러한 순수의식의 상태는 모두에게 고통을 주는 방식이 아닌, 유익과 조화로운 소통을 가능하게 하는 큰 힘이 되는 것으로 논의된다.

1) 사념처와 아누빠사나

사념처에서 네 가지는 몸(身, kāya), 느낌(受, vedanā), 마음(心, citta), 그리고 법(法, dhamma)을 의미한다. 염처(念處)로 옮겨진 사띠 빠따나(sati-paṭṭhāna)에서 sati는 sati √smṛ(to remember)에서 파생된 여성명사다. 문자적인 뜻은 '기억'이라 할 수 있지만, 아날라요(Anālayo)에 따르면 기억으로서 사띠에 내포된 의미는 특별히 중요하게 기억하는 것(anussati)이며 기억을 촉진시키는 것까지 내포한다. 이런 관점에서 사념처의 사띠

15 *Ibid.*, pp. 91-92; C. Germer, et al., *Mindfulness and Psychotherapy*(New York: The Guilford Press, 2005), p. 4 참조.

는 지금 이 순간에 대한 자각의 기능과 관련 있다.[16] 빳따나(paṭṭhāna)[17]는 upa(위로)+√sthā(to stand)에서 파생된 중성명사인 우빳따나(upaṭṭhāna)가 sati와 합성되면서 'u-'가 생략된 것으로, 여기에서 우빳따나는 '확립'의 뜻을 지닌다.[18] 따라서 사념처란 '몸 · 느낌 · 마음 · 법이라는 네 가지 대상에 밀착하여 흔들림 없이 현재를 자각하는 정신 작용의 확립'으로 이해해볼 수 있다. 이를 위해 아누빠사나(隨觀, anupassanā)가 요구된다. '아누빠사나'는 '~을 따라', '~와 결합하여' 등의 의미를 가진 '아누(anu)'와 '보다'라는 뜻의 '빠사띠(passati)'가 결합된 '아누빠사띠(anupassati)'로부터 나온 명사형으로 '따라가며 보기', '관찰', '응시' 등의 뜻을 지닌다. 또한 이러한 아누빠사나와 함께 '부지런함'과 '분명한 앎'이 강조된다. 이 세 가지 요소와 함께 사띠는 올바른 알아차림(正念)이라는 팔정도의 일곱 번째 요소로 발전한다.[19]

> "이 가르침 안에서, 비구는 몸에서 몸을 따라가며 보면서 머문다. 부지런함과 분명한 앎과 마음지킴을 지녀, 세상에 대한 탐욕과 근심을 벗어나 [머문다]. 느낌에서 느낌을 따라가며 보면서 머문다.

---

16 아날라요, 『Satipaṭṭhāna: 깨달음에 이르는 알아차림 명상수행』, 61-62쪽.

17 각묵 옮김, 『상윳따 니까야 5권』(울산: 초기불전연구원, 2009), 443쪽 참조. sati-paṭṭhāna는 두 가지 방법으로 설명될 수 있는데, 하나는 sati-paṭṭhāna이고 다른 하나는 본문에서 언급한 sati-upaṭṭhāna이다. 전자는 pra(앞으로)+√sthā(to stand)에서 파생된 중성명사로 취급해서 '출발, 시작, 개시, 근원' 등의 뜻으로 '마음챙김의 토대'로 옮겨지는데 이는 마음챙김의 대상을 강조하는 것이고, 후자는 '마음챙김의 확립'으로 해석되면서 마음챙김을 일으키는 행위를 강조하는 것이다. 초기 경전에서는 상윳따 니까야에서의 upaṭṭhitasati(*SN*.Ⅴ, p. 331)와 대념처경의 parimukhaṃ satiṃ upaṭṭhapetvā(*DN*.Ⅱ, p. 291) 등과 같이 후자의 의미를 따른다.

18 대림 · 각묵 옮김, 『아비담마 길라잡이 2권』(울산: 초기불전연구원, 2017), 136쪽 참조.

19 아날라요, 『Satipaṭṭhāna: 깨달음에 이르는 알아차림 명상수행』, 67쪽.

부지런함과 분명한 앎과 마음지킴을 지녀, 세상에 대한 근심을 벗어나 [머문다]. 마음에서 마음을 따라가며 보면서 머문다. 부지런함과 분명한 앎과 마음지킴을 지녀, 세상에 대한 근심을 벗어나 [머문다]. 법에서 법을 따라가며 보면서 머문다. 부지런함과 분명한 앎과 마음지킴을 지녀, 세상에 대한 탐욕과 근심을 벗어나 [머문다]."[20]

인용문에서 '부지런함'이 지닌 수행적인 의미는 염처를 잃는 즉시 다시금 명상의 대상으로 돌아가는 것으로, 관찰을 유지해나가고자 하는 적극적인 의지를 말한다.[21] '분명한 앎'은 동사 삼빠자나띠(sampajānati)의 현재분사다. 이는 삼(saṃ)의 '함께'라는 의미와 빠자나띠(pajānati)의 '안다'라는 의미에 의해 확실한 형태의 앎, 즉 '분명한 앎(知)'으로 해석된다. 이 같은 분명한 앎은 지혜(paññā)의 계발을 이끌 수 있다. 그러나 여기에서의 분명한 앎은 단지 무엇이 일어나는지를 "명확히 아는 것"만 의미한다.[22]

또한 부지런함과 분명한 앎과 함께 『입출식념경(入出息念經)』의 정형구에서 작의로 번역되는 정신 작용이 요구된다.

---

20 각묵 옮김, 『디가 니까야 2권』, 495-497쪽 참조. *DN*.Ⅱ, p. 290. "Idha bhikkhave bhikkhu kāye kāyānupassī viharati ātāpī sampajāno satimā vineyya loke abhijjhādomanassaṃ. Vedanāsu vedanānupassī viharati ātāpī sampajāno satimā vineyya loke abhijjhādomanassaṃ, Citte cittānupassī viharatiātāpī sampajāno satimā vineyya loke abhijjhādomanassaṃ, Dhammesu dhammānupassī viharati ātāpī sampajāno satimā vineyya loke abhijjhādomanassaṃ."

21 아날라요, 『Satipaṭṭhāna: 깨달음에 이르는 알아차림 명상수행』, 53쪽.

22 위의 책, 54쪽.

"비구들이여, 이 들숨과 날숨은 몸에 속한 것으로 몸의 하나라고 나는 말한다. (…) 비구들이여, 들숨과 날숨에 대한 작의는 느낌에 속한 것으로 느낌의 하나라고 나는 말한다. (…) 비구들이여, 나는 사띠를 놓아버리고 삼빠잔냐가 없는 이에게 입출식념의 수행을 말하지 않는다. (…) 그는 탐욕과 근심의 버림을 반야로써 보고 나서 안으로 평온해진다."[23]

이는 여리작의(如理作意, yoniso manasikāra)로 번역되며, '대상에 주의를 기울이는'[24] 지혜로운 주의로서, 초기 경전에서 중요하게 다루어지는 개념이다.[25]

2) 사마타와 위빠사나

이상의 정신적 요소들을 필요로 하는 사념처에 대해 아비담마에서는 사마타(止, samatha)와 위빠사나(vipassanā)를 닦는 완전한 수행 체계

---

23 전재성 옮김, 『맛지마 니까야 4권』(서울: 한국빠알리성전협회, 2003), 496-514쪽 참조. *MN*.Ⅲ, pp. 84-85. "Kāyesu kāyaññatarāhaṃbhikkhave, evaṃ vadāmī: yadidaṃ assāsapassāsā. … Vedanāsu vedanaññatarāhaṃ bhikkhave, evaṃ vadāmi: yadidaṃ assāsapassāsānaṃ sādhukaṃ manasikāraṃ. … Nāhaṃ, bhikkhave, muṭṭhassatissa asampajānassa ānāpānasatibhāvanaṃ vadāmi. … So yaṃ taṃ abhijjhādomanassānaṃ pahānaṃ taṃ paññāya disvā sādhukaṃ ajjhupekkhitā hoti."

24 manasi-karoti에서 파생된 명사이며, 산스끄리뜨 manas(意, 마음)의 처소격 √kṛ(to do)를 붙인 것으로 '마음에 만들다', '마음에 두다', '마음에 새기다'라는 뜻이 된다.

25 각묵, 『초기불교이해』(울산: 초기불전연구원, 2012), 355쪽. 아비담마에서 작의는 "목적지로 향하게 하는 배의 키와 같고, 잘 훈련된 말들(함께하는 마음부수들)을 그들의 목적지(대상)로 보내는 마부와 같다"고 설명된다. 대림 · 각묵 옮김, 『아비담마 길라잡이 1권』(울산: 초기불전연구원, 2017), 233쪽.

로, 삼매(定, samādhi)를 위한 필수요소로 설명한다.[26] 여기서 사마타는 삼매로 이어지기 때문에 경전에서 사마타와 삼매는 동의어로 사용된다. 사념처 정형구의 "세간에 관련한 탐욕과 근심을 벗어나"라는 구절이 이에 해당한다.[27] 또한 위빠사나는 통찰지(如實見, yathābhūta dassana)와 연결된다. 이는 발생과 소멸의 본성에 대한 관찰을 의미하는 것으로, 물질과 정신의 무상성에 대한 통합적 관점에 이름을 뜻한다. 여기에서 통찰지란 "이것은 무상하다. 변화한다. 사라진다는 것을 있는 그대로 보게 되는 지혜"를 말한다. 정형구의 "일어나는 법을 따라가며 보면서, 혹은 몸에서 사라지는 법을 따라가며 보면서, 혹은 몸에서 일어나고 사라지는 법을 따라가며 보면서"와 관련된다.[28]

이러한 사마타와 위빠사나 수행을 통할 때 16가지 마음을 관찰하는 지혜가 일어난다.[29] 마음으로 해석되는 citta는 √cit/cint(to think, to cognize, to know)에서 파생된 중성명사다. 주석서들은 전통적으로 마음

---

26 대림 · 각묵 옮김, 『아비담마 길라잡이 2권』, 136쪽.

27 대림 옮김, 『맛지마 니까야 4권』(울산: 초기불전연구원, 2012), 188쪽.

28 각묵 옮김, 『디가 니까야 2권』, 499쪽 참조. *DN*.II, p. 292. "Iti ajjhattaṃ vā kāye kāyānupassī viharati, bahiddhā vā kāye kāyānupassī viharati, ajjhattabahiddhā vā kāye kāyānupassī viharati. Samudayadhammānupassī vā kāyasmiṃ viharati, vayadhammānupassī vā kāyasmiṃ viharati, samudayavayadhammānupassī vā kāyasmiṃ viharati."

29 위의 책, 512-515쪽. *Ibid*., p. 299. "Kathañca pana bhikkhave bhikkhu citte cittānupassī viharati: Idha bhikkhave bhikkhu sarāgaṃ vā cittaṃ sarāgaṃ cittanti pajānāti, vītarāgaṃ vā cittaṃ vītarāgaṃ cittanti pajānāti, sadosaṃ vā cittaṃ sadosaṃ cittanti pajānāti, vītadosaṃ vā cittaṃ vītadosaṃ cittanti pajānāti, samohaṃ vā cittaṃ samohaṃ cittanti pajānāti, vītamohaṃ vā cittaṃ vītamohaṃ cittanti pajānāti, saṅkhittaṃ cittaṃ saṅkhitta cittanti pajānāti, vikkhittaṃ vā cittaṃ vikkhittaṃ cittanti pajānāti, mahaggataṃ vā cittaṃ mahaggataṃ cittanti pajānāti, amahaggataṃ vā cittaṃ amahaggataṃ cittanti pajānāti, sauttaraṃ vā cittaṃ sauttaraṃ cittanti pajānāti, anuttaraṃ vā cittaṃ anuttaraṃ cittanti pajānāti, samāhitaṃ vā cittaṃ samāhitaṃ cittanti pajānāti, asamāhitaṃ vā cittaṃ asamāhitaṃ cittanti pajānāti, vimuttaṃ vā cittaṃ vimuttaṃ cittanti pajānāti, avimuttaṃ vā cittaṃ avimuttaṃ cittanti pajānāti."

을 세 가지 측면에서 정의한다. 그것은 행위자(kattā, agent)와 도구(kāraṇa, insrument), 행위 그 자체(kamma, activity)다. 먼저 행위자의 측면에서는 대상을 안다고 해서 마음(ārammaṇaṃ cintetī ti cittaṃ)이며, 도구의 측면에서는 [이것으로] 인해 알기 때문에 마음이며([etana] cinteti ti cittaṃ), 행위 그 자체의 측면에서는 단지 알고 있는 그 자체가 마음이다(cintanattaṃ cinttaṃ).[30]

이에 초기 경전에서는 마음(心, citta)과 정신(意, mana)과 식(識, viññāṇa)을 동의어로 다룬다.[31] 마음은 '대상을 아는 것(了別境, ārammaṇaṃ cinteti)'을 특징으로 하며, 찰나생 · 찰나멸을 거듭하며 헤아릴 수 없이 많이 일어나고 사라진다.[32] 상좌부 아비담마에서는 이러한 무수한 마음들을 마음이 일어나는 경지에 따라 욕계 · 색계 · 무색계 · 출세간의 네 가지 경지(bhūmi)로, 마음의 종류(jāti)에 따라 ① 해로운 것(不善, akusala), ② 유익한 것(善, kusala), ③ 과보인 것(異熟, 과보로 나타난 것, vipāka), ④ 작용만 하는 것(作用, 所作, 用, kiriya)의 넷으로 분류하고 있다.[33] 이러한 기준을 가지고 상좌부 아비담마에서는 세상에서 일어날 수 있는 마음들을 89가지와 121가지로 분류해내고 있다.[34] 이들을 정리하면 표

---

30 대림 · 각묵 옮김, 『아비담마 길라잡이 1권』, 110-111쪽.

31 초기 경전에서 '찟따(마음, 心)'는 '마노(mano, 정신, 意)', '윈냐나(viññāṇa, 의식, 識)'와 함께 동의어로 사용된다. 그러나 citta는 좀 더 정서적인 측면을 반영하는 것으로서의 '마음'을 나타내고, mano는 이성적인 것을 반영하는 것으로서 '정신'으로, viññāṇa는 인식의 측면을 강조하는 것으로 '의식'으로 쓰인다.

32 대림 · 각묵 옮김, 『아비담마 길라잡이 1권』, 99쪽 참조. 마음은 1초에 대략 1,200번 일어나고 머물고 사라진다.

33 여기서 ① 해로운 마음과 ② 유익한 마음은 업을 짓는 마음이고 이 업의 과보로 나타난 것이 ③의 과보인 마음이며, 이 업과 과보와 관계가 없는 마음이 ④의 작용만 하는 마음이다.

34 대림 · 각묵 옮김, 『아비담마 길라잡이 1권』, 100쪽.

1과 같다. 이는 명상의 경지에 따라 경험되는 모든 마음의 상태를 분류하고 체계화한 것으로, 인간 정신의 계발 과정 혹은 잠재력으로 해석될 수도 있다.

이러한 사마타와 위빠사나에 대해 『청정도론(Visuddhimagga)』에서는 "무상의 관찰이 위빠사나의 힘이며", "벗어남으로써 마음의 하나됨(一境性, ekaggatā)[35]과 산란하지 않음이 사마타의 힘이다"라고 설명된다.[36] 따라서 사마타와 위빠사나는 집중과 통찰의 관계로 볼 수 있다. 이들의 관계에서 중요한 것은 균형이다. 집중된 마음은 통찰의 계발을 지원하고, 다시 통찰의 지혜는 더 깊은 수준으로 삼매의 발달을 촉진시킨다. 따라서 사념처는 이 두 힘의 균형에 의해 완성된다고 할 수 있다.[37]

---

35 여기에서 '집중'으로도 번역되는 ekaggatā는 eka+aggatā로 분석되는데 aggatā는 '끝', '점', '맨 앞', '정상' 등을 나타내는 단어 agga에 추상명사형 어미인 '-tā'를 첨가해서 만든 추상명사다. 그래서 ekaggatā는 문자적으로 '한 끝으로 됨', '한 점으로 모임'의 뜻이다. 초기 경전에서는 cittassa ekaggatā(마음이 한 끝으로 [집중]됨)로 많이 나타나며, 이는 삼매(samādhi)와 동의어로 쓰인다. 그래서 청정도론에서는 행온에 속하는 50가지 마음부수를 설명하면서 이 ekaggatā 대신에 samādhi라는 단어로 나타나고 있다.

36 붓다 고사, 『청정도론 3권』, 409쪽. "이처럼 말씀하셨다. 두 가지 힘에 의한 것이란 사마타의 힘과 위빠사나의 힘이다. 어떤 것이 사마타의 힘인가? 벗어남으로써 마음의 하나 됨(心一境性)과 산란하지 않음이 사마타의 힘이다. 악의가 없음으로 … 산란하지 않음으로 … 놓아버림을 관찰하는 자가 들숨으로 … 놓아버림을 관찰하는 자가 날숨으로 마음의 하나 됨과 산란하지 않음이 사마타의 힘이다. … 무엇이 위빠사나의 힘인가? 무상의 관찰이 위빠사나의 힘이다." *Vism.* p. 703. "Yath'āha: Dvīhi balehī ti dve balāni: samathabalaṃ, vipassanābalaṃ. Katamaṃ samathabalaṃ? Nekkhammavasena cittassa ekaggatā avikkhepo samathabalaṃ; abyāpādavasena … ālokasaññāvasena … avikkhepavasena … pe … paṭinissaggānupassī assāsavasena … paṭinissaggānupassī passāsavasena cittassa ekaggatā avikkhepo samathabalaṃ.… katamaṃ vipassanābalaṃ? Aniccānupassanā vipassanābalaṃ."

37 아날라요, 『Satipaṭṭhāna: 깨달음에 이르는 알아차림 명상수행』, 104쪽.

표 1. 마음의 분류

<table>
<tr><th colspan="2">마음의 경지(bhūmi)</th><th>마음의
종류(jāti)</th><th>사마타와 위빠사나의
16가지 마음의 관찰</th></tr>
<tr><td rowspan="4">출세간 마음
(lokuttara citta)</td><td>아라한도</td><td rowspan="4">②, ③</td><td rowspan="6">(16) 해탈한 마음(vimutta citta)
(15) 해탈하지 않은 마음(avimutta citta)
(14) 삼매에 든[집중된] 마음(samāhita citta)
(13) 삼매에 들지 않은 마음(asamāhita citta)
(12) 위가 없는 마음(anuttara citta)
(10) 고귀한 마음(mahaggata citta)</td></tr>
<tr><td>불환도</td></tr>
<tr><td>일래도</td></tr>
<tr><td>예류도</td></tr>
<tr><td colspan="2">무색계</td><td>②, ③, ④</td></tr>
<tr><td colspan="2">색계마음(rūpāvacara citta)</td><td>②, ③, ④</td></tr>
<tr><td colspan="2">욕계마음(kāmāvacara citta)</td><td>①, ②, ③, ④</td><td>(11) 위 있는 마음(sauttara citta)
(9) 고귀하지 않은 마음(amahaggata citta)
(8) 산란한 마음(vikkhitta citta)
(7) 위축된[모아진] 마음(saṇkhitta citta)
(6) 어리석음이 없는 마음(vītamoha citta)
(5) 어리석음이 있는 마음(samoha citta)
(4) 성냄이 없는 마음(vītadosa citta)
(3) 성냄이 있는 마음(sadosa citta)
(2) 탐욕이 없는 마음(vītarāga citta)
(1) 탐욕이 있는 마음(sarāga citta)</td></tr>
</table>

3. 지와 견을 통한 소통

이상과 같이 사념처에서 사띠는 삼매를 돕고, 삼매의 지속은 통찰지를 획득하게 한다. 이러한 사념처의 전개 과정을 통해 삼매(定)와 통찰지(見)는 완전히 새로운 차원의 정신 작용이 아니라 집중과 관찰의 힘이 적극적인 노력과 의지에 따라 확장되고 발전된 것으로 이해해볼 수 있다. 이러한 맥락에서 『디가 니까야』 「자나와사바 경」의 사념처에서는 다른 정형구와 달리 사념처를 통해 삼매에 들고 고요하게 되어 밖으로 남의 몸(parakāye) · [느낌 · 마음 · 법]에 대한 지와 견을 획득하게 된다고 설명된다.

"이와 같이 혹은 안으로 몸 · [느낌 · 마음 · 법]에서 몸을 따라가며 보면서 머문다. 혹은 밖으로 몸 · [느낌 · 마음 · 법]에서 몸을 따라가며 보면서 머문다. 혹은 안팎으로 몸 · [느낌 · 마음 · 법]에서 몸을 따라가며 보면서 머문다."[38]

"존자들이여, 여기 비구는 안으로 몸에서 몸을 관찰하며 머문다. 세상에 대한 탐욕과 근심을 버리고서 부지런함과 분명한 앎과 마음지키는 자 되어 머문다. 안으로 몸에서 몸을 관찰하여 머물면서 바르게 삼매에 들고 고요하게 된다. 그는 거기서 바르게 삼매에 들고 고요하게 되어 밖으로 남의 몸에 [대한] 지와 견을 지니게 된다."[39]

주석서에 의하면 "안으로(內的, ajjhatta)는 탐욕이 있는 마음 등에 관한 이해를 통해 자신의(attano) 마음들과 다른 사람의(parassa) 마음들, 때때로 자신과 다른 사람의 마음들에서 마음을 따라 관찰하며 머무는 것"으로 설명된다.[40] 이는 자신의 몸에 대해 있는 그대로 관찰하는 것

---

38 각묵 옮김, 『디가 니까야 2권』, 499쪽, *DN.*Ⅱ, p. 292. "Iti ajjhattaṃ vā kāye kāyānupassī viharati, bahiddhā vā kāye kāyānupassī viharati, ajjhattabahiddhā vā kāye kāyānupassī viharati."

39 위의 책, 371-372쪽 참조. *Ibid.*, p. 216, "Ajjhattaṃ vedanāsu vedanānupassī viharati ātāpī sampajāno satimā vineyya loke abhijjhādomanassaṃ. Ajjhattaṃ vedanāsu vedanānupassī viharantotattha sammāsamādhiyati sammā vippasīdati. So tattha sammā samāhito Sammāvippasanno bahiddhā paravedanāsu ñāṇadassanaṃ abhinibbatteti."

40 *DA.*Ⅲ. p. 765. "Iti ajjhattaṃ vā ti evaṃ attano vā assāsapassāsakāye kāyānupassī viharati.

과 같이, 타인의 몸과 정신 작용에 대해서도 동일한 방법으로 주의 깊게 관찰하여 안다는 의미로 이해된다. 그러나 일부 경전에서는 '밖으로(外的, bahiddhā)'에 대해 타인의 느낌이나 마음을 직접 경험하는 초능력 같은 타심통(他心通, paracitta vijānana)으로 해석되기도 한다.[41] 이에 대해 아날라요는 '밖으로'는 단지 타인의 느낌이나 마음에 대해 외적 징후를 주의 깊게 관찰하는 것이라 설명한다. 아울러, 사념처를 통해 타인의 느낌과 정신적 상태를 알아차리도록 계발되는 것이라 부연한다.[42]

아비담마에 의하면, 남의 마음을 아는 지혜로서의 타심통은 제5선의 경지에서 발현되는 것이다. 따라서 '밖으로' 다른 사람의 몸과 정신에 대해 안다는 것이 이러한 타심통으로 해석될 경우, 사념처는 선정에 이른 사람만 가능하게 된다. 이는 누구든지 열심히 작의하고 명상하면 사념처가 원만해지고, 이를 통해 여러 가지 유익한 지혜가 얻어진다는 경전의 설명과 어긋난다.[43] 정준영 역시 높은 경지의 수행자들에게 나

Bahiddhā vā ti parassa vā assāsapassāsakāye. Ajjhattabahiddhā vā ti kālena attano, kālena parassa assāsapassāsakāye." 각묵 옮김, 『디가 니까야 2권』 499-500쪽, 정준영, 「大念處經(Mahāsatipaṭṭhāna sutta)에서 나타나는 心念處에 대한 연구」, 『한국불교학』 53, 한국불교학회, 2009, 237쪽 참조.

41 각묵 옮김, 『상윳따 니까야 5권』, 478쪽. "세존이시여, 제게는 분명 과거와 미래와 현재의 아라한 · 정등각들에 대해서 [남의] 마음을 아는 지혜[他心通, ceto-pariya-ñāṇa]가 없습니다. 그러나, 저는 법다운 추론(dhammanvayo)으로 알았습니다." *SN*.Ⅴ, p. 160. "Na kho me taṃ bhante atītānāgatapaccuppannesu arahantesu sammāsambuddhesu cetopariyañāṇaṃ atthi, api ca dhammanvayo vidito." 각묵은 『염처상응경』의 「날란다 경」에서 cetopariyañāṇa를 他心通으로 옮기고 있다. 직역하면, 의도를 아는 지혜인데, 여기에서는 사리뿟따가 세존에게 아라한과 정등각자와 같은 통찰지를 지닌 이들의 마음에 관해 타심통으로 아는 것이 아니라 단지 법에 대한 추론으로 안다고 대답한 내용이다.

42 아날라요, 『Satipaṭṭhāna: 깨달음에 이르는 알아차림 명상수행』, 110-111쪽.

43 붓다 고사, 『청정도론 3권』, 182-183쪽. "만약 그가 이런 방법으로 물질을 파악하고 정신을 파악할 때 정신이 미세하기 때문에 확연해지지 않으면, 포기하지 말고 계속

타날 수 있는 특별한 지혜이기는 하나, 붓다가 그것을 경계했다고 전하고 있기 때문에 '밖으로'를 타심통 같은 특별한 지혜로 해석하는 것은 적절치 않다고 주장한다.[44] 그러나 실제 수행적 측면에서 내적이든 외적이든 수행자 자신에게 나타나는 직접 관찰의 대상으로 봐야 하기 때문에 '밖으로'를 '타인의' 마음으로 해석하는 주석서의 설명은 적절하지 않다고 반박한다.[45]

그러나 사념처에서 말하는 몸 · 느낌 · 마음 · 법의 관찰은 앉고 일어서고 눕고 가는 몸의 모든 행위에 대한 관찰이다.[46] 이는 삶의 모든

해서 명상하고 작의하고 파악하고 구분해야 한다. 차츰 물질이 분명하게 드러나고 얽힘이 풀리며 아주 선명하게 될 때 그것을 대상으로 가진 정신의 법들도 스스로 분명하게 된다." *Vism.* p. 591. "Sace pan'assa tena tena mukhena rūpaṃ pariggahetvā arūpaṃ pariggaṇhato sukhamattā arūpaṃ na upaṭṭhāti, tena dhuranikkhepaṃ akatvā rūpam eva punappunaṃ sammasitabbaṃ manasikātabbaṃ pariggahetabbaṃ vavatthapetabbaṃ. Yathā yathā hi'ssa rūpaṃ suvikkhalitaṃ hoti, nijjaṭaṃ suparisuddhaṃ, tathā tathā tadārammaṇā arūpādhammā sayam eva pākaṭā honti." 대림 옮김, 『맛지마 니까야 4권』, 213-214쪽. "수행승들이여, 누구든지 몸에 대한 새김을 닦고 익히면, 명지가 부여하는 건전한 법들이 자신 가운데 있게 된다." *MN.*Ⅲ, p. 94. "Yassa kassaci, bhikkhave, kāyagatā sati bhāvitā bahulīkatā antogadhā tassa kusalā dhammā ye keci vijjābhāgiyā." 위의 책, 181쪽. "비구들이여, 들숨날숨에 대한 마음챙김을 닦고 거듭거듭 행하면 큰 결실이 있고 큰 이익이 있다. 비구들이여, 들숨날숨에 대한 마음챙김을 닦고 거듭거듭 행하면 네 가지 마음지킴의 확립을 성취한다." *Ibid.*, p. 82 등 참조. "Ānāpānasati, bhikkhave, bhāvitā bahulīkatā mahapphalā hoti mahānisaṃsā; ānāpānasati, bhikkhave, bhāvitā bahulīkatā cattāro satipaṭṭhāne paripūreti."

44 정준영, 「大念處經(Mahāsatipaṭṭhāna sutta)에서 나타나는 心念處에 대한 연구」, 240쪽.

45 위의 논문, 243쪽.

46 각묵 옮김, 『디가 니까야 2권』, 503-504쪽. "또한 비구들이여, 한 비구가 있어 앞으로 나아갈 때나 뒤로 돌아갈 때, 분명히 알면서 행한다. 앞을 보거나 주위를 볼 때도 분명히 알면서 행한다. 구부리거나 펼 때도 분명히 알면서 행한다. 가사와 발우를 들 때도 분명히 알면서 행한다. 먹고, 마시고, 씹고, 맛볼 때도 분명히 알면서 행한다. 대소변을 볼 때도 분명히 알면서 행한다. 가거나, 서거나, 앉거나, 잠을 자거나, 깨어 있을 때나, 말하거나, 침묵할 때도 분명히 알면서 행한다." *DN.*Ⅱ, p. 292. "Puna ca paraṃ bhikkhave bhikkhu abhikkante paṭikkante sampajānakārī hoti. Ālokite vilokite sampajānakārī hoti. Samiñjite pasārite sampajānakārī hoti. Saṅghāṭipattacīvaradhāraṇe sampajānakārī hoti. Asite pīte khāyite sāyite sampajānakārī hoti. Uccārapassāvakamme sampajānakārī hoti. Gate ṭhite nisinne sutte jāgarite bhāsite tuṇhībhāve sampajānakārī hoti." 대림 옮김, 『맛지마 니까야 4권』,

매 순간이 '아누빠사나'의 대상이 되기 때문에 타인과의 대화 혹은 협업 과정에서도 '밖으로'에 대한 관찰의 대상은 분명히 타인의 의도와 마음, 정신이 될 수 있다. 이때 '밖으로'는 사념처를 통해 외적 징후를 주의 깊게 관찰함으로써 타인의 느낌과 정신적 상태를 알아차리는 '나의 마음으로 남의 마음을 헤아려 아는 지혜'로 이해되어야 적절하다. 따라서 아날라요의 논의처럼 이러한 지혜는 사념처를 통한 나와 타인 또는 내적 · 외적 경계를 넘어 현상에 대한 포괄적인 관점과 판단을 가능하게 하는 정신의 계발이라 할 수 있겠다.[47]

우리의 몸은 감각을 통해 만족(快, sukha)과 불만족(不快, dukkha)을 경험한다. 만족한 대상에 집착하고 불만족한 것들을 혐오한다.[48] 이런 조건화된 반응들은 감정에 사로잡혀 남을 해치고 불순한 말과 행동을 하게 되기도 한다. 이는 우리 모두에게 고통을 만들어낸다.[49] 이러한 관점에서 고엔카(S. N. Goenca)는 사념처를 우리에게 고통을 만들어내는 조건화된 반응과 편견들을 없애는 과정이라고 설명한다.[50] 그의 설명에

203-204쪽 참조. "다시, 비구들이여, 갈 때는 '가고 있다'고 꿰뚫어 알고, 서 있을 때는 '서 있다'고 꿰뚫어 알고, 앉아 있을 때는 '앉아 있다'고 꿰뚫어 알고, 누워 있을 때는 '누워 있다'고 꿰뚫어 안다. 또 몸이 어떤 자세를 취하고 있든 그 자세대로 꿰뚫어 안다." *MN*.Ⅲ, p. 89. "Puna ca paraṃ, bhikkhave, bhikkhu gacchanto vā gacchāmīti pajānāṭi; ṭhito vā Ṭhito'mhīti pajānāti; nisinno vā Nisinno'mhīti pajānāti; sayāno vā Sayāno'mhīti pajānāti; yathā yathā vā pan'assa kāyo paṇihito hoti, tathā tathā naṃ pajānāti."

47 아날라요, 『Satipaṭṭhāna: 깨달음에 이르는 알아차림 명상수행』, 117쪽.

48 전재성 옮김, 『맛지마 니까야 4권』, 318쪽; *MN*.Ⅰ, p. 112, *MN*.Ⅱ, p. 253 등 참조.

49 전재성 옮김. 『맛지마 니까야 1권』. 서울: 한국빠알리성전협회, 2002, 346쪽. "벗들이여, 어떤 사람이 분노하고 분노에 찬 말을 한다면, 그 사람은 나에게 사랑스럽지 않고 마음에 들지 않는다. 그런데 내가 분노하고 분노에 찬 말을 한다면, 나는 다른 사람에게 사랑스럽지 않고 마음에 들지 않을 것이다." *MN*.Ⅰ, p. 97. "yo khvāyaṃ puggalo kodhano kodhasāmantā vācaṃ nicchāretā, ayaṃ me puggalo appiyo amanāpo; ahañceva kho panassaṃ kodhano kodhasāmantā vācaṃ nicchāretā, ahaṃpāssaṃ paresaṃ appiyo amanāpo'ti."

50 W. Hart, *The art of living vipassana metitation As taughted by S.N. Goenca*, pp. 95-96.

따르면, 사념처를 통한 지와 견으로 집착과 혐오가 사라지고, 이러한 오래된 이기적인 습관이 사라지기 때문에 선의가 일어나게 된다는 것이다. 고엔카는 바로 이러한 선의가 모두에게 유익하고 조화로운 소통을 가능하게 하는 큰 힘이 될 것이라 확신한다.[51]

4. 마무리

이 글의 목적은 사념처 수행이 어떠한 의미에서 소통을 위한 의식 계발의 실천적 대안이 될 수 있을지에 대한 가능성을 고찰해보는 것이었다. 이는 소통의 문제를 한 개인의 성찰과 치유로 축소해 조명하는 것이 아니라, 인간의 의식은 계발될 수 있다는 것과 그 계발의 필요성을 강조하기 위함이다. 이는 인공지능의 투자와 계발 못지않은 21세기의 중요한 과제이기 때문이다.

사념처는 신체적 감각의 관찰을 통해 물질과 정신과 정신 · 물질 작용의 모든 현상의 무상함을 있는 그대로 보는 지와 견을 획득하는 과정이다. 사념처는 사마타와 위빠사나를 닦는 완전한 수행 체계로, 사마타와 위빠사나에 대해 『청정도론』에서는 무상의 관찰이 위빠사나의 힘이며, 벗어남으로써 마음의 하나 됨과 산란하지 않음이 사마타의 힘으로 설명된다. 또한 사마타는 마음의 계발을 뜻하는 삼매와 동의어이고, 위빠사나는 통찰지와 짝을 이룬다. 한편 경전에서는 사마타

51 *Ibid.*, p. 126 참조.

바와나(samatha bhāvanā)와 위빠사나 바와나(samatha bhāvanā)로 표현되기도 하는데, 여기에서 '수행' 혹은 '명상'으로 번역되는 바와나(bhāvanā)는 정신적 이완에서부터 공상, 자유연상에 이르는 모든 정신계발을 내포한다.

이러한 맥락에서 「자나와사바 경」의 사념처에서는 사념처의 다른 정형구와 달리 사념처를 통해 삼매에 들고 고요하게 되어 밖으로 남의 몸 · [느낌 · 마음 · 법]에 대한 지와 견을 획득하게 된다고 기술한다. 이는 자신의 몸에 대해 있는 그대로 관찰하는 것과 같이, "타인의 몸과 정신작용에 대해서도 동일한 방법으로 주의 깊게 관찰하여 안다"라는 의미로 해석될 수 있다. 이에 필자는 사념처를 나와 타인 또는 내적 · 외적 경계를 넘어 현상에 대한 포괄적인 관점과 판단을 가능하게 하는 인간 지성의 계발을 위한 대안으로 논의될 수 있음을 주장하는 것이다.

인간의 몸은 만족한 느낌을 기준으로, 집착과 혐오로 반응하고 행동한다. 이런 조건화된 반응들은 감정에 사로잡혀 남을 해치고 불순한 말과 행동을 하게 한다. 우리의 많은 일상이 빅데이터화되고 있다. 알고리즘이 우리보다 우리 내면에서 일어나는 것을 더 잘 이해하고, 인공지능이 인간의 감정에 인간보다 더 유익하게 반응하도록 업그레이드되고 있다. 이에 코로나 팬데믹으로 가속화될 포스트 휴먼 사회에서 사회와 유연하게 소통하지 못하는 사람들은 로봇으로 대체되거나 소외될지도 모른다. 이로 인해 야기될 수 있는 인간소외, 차별, 불평등, 불공정에 대한 대책을 진지하게 고민해야 한다. 바로 이러한 이유에서 필자는 인간의 몸과 마음에 대한 바른 이해를 기반으로 하는 사념처에 대한 지속적인 연구와 탐구를 강조하는 것이다.

참고문헌

(Abbreviation)(Pali Text Society)

(*DN*). Dīgha Nikāya

(*DA*). Dīgha Nikāya Aṭṭhakathā

(*MN*). Majjhima Nikāya

(*SN*). Saṃyutta Nikāya

(*Vism*). Visuddhimagga

각묵 옮김, 『디가 니까야 2권』, 울산: 초기불전연구원, 2018.

______, 『상윳따 니까야 3, 5권』, 울산: 초기불전연구원, 2009.

각묵, 『네가지 마음챙기는 공부』, 울산: 초기불전연구원, 2003.

______, 『초기불교이해』, 울산: 초기불전연구원, 2012.

김경선, 「느낌을 중심으로 한 위빠사나 명상과 치유: 붓다의 사념처와 안토니오 다마지오를 중심으로」, 『명상심리상담』 23, 한국명상심리상담학회, 2020, 19-32쪽.

______, 「통합문학치료 프로그램 개발을 위한 sati의 적용가능성에 대한 고찰: 문학치료의 관점에서 본 sati(念) 연구」, 『인문과학연구』 63, 강원대학교 인문과학연구소, 2019, 29-48쪽.

대림 옮김, 『맛지마 니까야 4권』, 울산; 초기불전연구원, 2012.

대림 · 각묵 옮김, 『아비담마 길라잡이 1, 2권』, 울산: 초기불전연구원, 2017.

박인성, 「사마타와 위빠사나의 길, 소통과 평화의 길: 종교간 대화를 위한 기초」, 『불교학보』 53, 동국대학교 불교문화 연구원, 2009, 163-196쪽.

붓다 고사(대림 옮김), 『청정도론 3권』, 울산: 초기불전연구원, 2015.

아날라요(이필원 · 강향숙 · 류현정 옮김), 『Satipahāna: 깨달음에 이르는 알아차림 명상수행』, 서울: 명상상담연구원, 2019.

유기윤 · 김정옥 · 김지영, 『2050미래사회보고서』, 파주: 라온북, 2017.

유발 하라리(전병근 옮김), 『21세기를 위한 21가지 제언』, 파주: 김영사, 2018.

이은주,「위빠사나 명상과 철학상담」,『철학 실천과 상담』 2, 한국철학상담치료학회, 2011, 123-153쪽.

임승택 옮김,『빠따삼비다막가 역주』, 서울: 가산불교문화원, 2020.

임승택,「마음지킴의 확립을 위한 큰 경전(大念處經) Ⅰ」,『불교원전연구』 3, 동국대학교 불교문화연구원, 2002, 1-34쪽.

______,「마음지킴의 확립을 위한 큰 경전(大念處經) Ⅱ」,『불교원전연구』 4, 동국대학교 불교문화연구원, 2002, 141-194쪽.

______,『붓다와 명상』, 서울: 민족사, 2015.

전재성 옮김,『맛지마 니까야 1권』, 서울: 한국빠알리성전협회, 2002.

______,『맛지마 니까야 4권』, 서울: 한국빠알리성전협회, 2003.

______,『쌍윳따 니까야 4권』, 서울: 한국빠알리성전협회, 2007.

정준영,「大念處經(Mahāsatipahāna sutta) 에서 나타나는 心念處에 대한 연구」,『한국불교학』 53, 한국불교학회, 2009, 203-250쪽.

헤네폴라 구나라타나(손혜숙 옮김),『위빠사나 명상: 가장 손쉬운 깨달음의 길』. 서울: 아름드리미디어, 2007.

Buddhaghosa, ed., C. F. W. Rhys Davids, *Visuddhimagga*, London: Pali Text Society, 1975(reprinted).

Chalmers, R., ed., *Majjhima Nikāya*, vol.Ⅱ, Oxford: Pali Text Society, 2004(reprinted).

Chalmers, R., ed., *Majjhima Nikāya*, vol.Ⅲ, London: Pali Text Society Oxford, 2003(reprinted).

Feer, L., ed., *Saṃyutta Nikāya*, vol.Ⅲ, London: Pali Text Society Oxford, 2001 (reprinted).

______, *Saṃyutta Nikāya*, vol.Ⅴ, London: Pali Text Society, 1976(reprinted).

Germer, C., Siegel, R., Fulton, P., *Mindfulness and Psychotherapy*, New York: The Guilford Press, 2005.

Hart, W., *The art of living vipassana metitation As taughted by S.N. Goenca*, California: Harper One, 1987.

Johansson, R., *The dynamic psychology of early Buddhism*, London: Curzon Press, 1979.

Trenckner, V., ed., *Majjhima Nikāya*, vol.Ⅰ, London: Pali Text Society Oxford,

2002(reprinted).

T. W. Rhys Davids and J. E. Carpenter, ed., *Dīghā nikāya*, vol.Ⅱ, Oxford: Pali Text Society, 1982(reprinted).

Zizek, S., *Pandemic! COVID-19 Shakes the World*, New York: OR Books, 2020.

07

갈등, 교육 그리고 정치: 니체의 아곤과 민주주의 비판을 중심으로

이지형(경북대학교 철학과 석사과정)

1. 들어가며

최근 몇 년간 많은 사람에게 인기를 얻은 문화 콘텐츠 ― 게임 〈배틀 그라운드〉, 영화 〈기생충〉, 드라마 〈오징어 게임〉 ― 에는 공통된 특징이 있다. 그것은 여러 사람 가운데 오로지 소수의 사람이 승자가 되고, 그들이 모든 부와 명예를 누리는 파괴적 투쟁을 배경으로 삼는다는 것이다. 즉, 생명을 담보로 한 무한경쟁과 승자독식이 이들 콘텐츠의 핵심 주제다. 일반적으로 대다수 사람은 이러한 모습을 떠올려서 경쟁을 부정적인 것으로 취급한다. 분명히 경쟁은 타자와의 대결에서 승리하고자 하는 것이기에 어느 정도의 폭력은 있을 수밖에 없다. 따라서 경쟁을 부정적으로 평가하는 것은 일리가 있다.

그러나 경쟁은 분명히 긍정적인 측면도 지니고 있다. 예를 들어, 경쟁을 통해 서로가 성장하는 모델 그리고 예전의 '나'와 경쟁하여 오늘의 '나'가 성장하는 모델은 긍정적으로 평가할 수 있으니 말이다. 그렇다면 경쟁의 부정적인 측면인 폭력성을 다소 줄이고, 긍정적인 측면인 성장을 부각할 수 있는 모델이 있다면 가장 좋을 듯한데, 과연 그런 경쟁 개념이 있을까? 필자는 니체의 경쟁 개념인 아곤(Agon)이 해당 질문에 대한 답으로 적절하다고 판단했다. 그렇다면 이제 '아곤'이 무엇인지 살펴보자.

니체의 '아곤'은 흔히 경합 혹은 경쟁으로 번역된다. 아곤은 최소 두 명 이상의 사람이 서로 이기고자 하는 마음을 통해 일어나고, 개인과 공동체가 발전하는 결과를 낳는다. 하지만 그것이 과열될 경우, 겨루고자 한 목적인 개인과 공동체의 성장 가능성을 잃게 되므로 어느 정도의 제한을 걸어둔 상태에서 진행해야 한다. 이 과정을 통해 경쟁 참여자는 타자와의 경쟁 속에서 자기 힘의 작용과 반작용을 느끼며 행복해하고, 다른 사람과 더 경쟁하고 싶어 하는 마음을 갖게 된다. 필자는 2절에서 아곤의 개념을 총 네 가지 — 다수성, 역동성, 긍정성, 제한성 — 로 설명하고자 한다.

더 나아가, 효과적인 아곤을 위해서는 거리의 파토스(pathos)를 키워야 하는데, 이는 엄격한 교육에서 비롯된 끊임없는 연습을 통해 생긴다. 그래서 니체가 생각한 올바른 교육기관은 엄격한 교육을 제공하는 곳이고, 올바른 학생은 끊임없는 연습을 감당할 수 있는 선별된 학생이다. 그런데 당대의 교육기관은 국가의 개입 하에 개인의 성장이 아닌 국가의 이윤이 교육 목적으로 바뀌었다. 그래서 교육기관에 민주주의적 이념인 평등과 자유가 핵심 가치로 자리 잡혔다. 학교는 대다수를 위한 평등화된 교육을 제공하고, 학생들은 고된 훈육에 복종한 결과로 쟁취할 수 있는 학문적 자유를 민주화하여 행사하고 있었다.

즉, 아곤은 민주주의적 이념에 의해 몰락하고 있었다. 필자는 3절에서 니체의 교육관과 당대의 교육관을 분석하고, 4절에서는 그 내용이 어떻게 아곤과 연관되는지 다루고자 한다.

그렇다면 현대의 민주주의에도 니체의 비판은 여전히 유효한 것일까? 샹탈 무페(Chantal Mouffe)와 같이 현대의 민주주의에 아곤이 빠졌다면서 경합적 정치(agonistic politics)를 주장하는 학자를 보면, 오늘날에도 여전히 니체의 비판은 유효한 듯하다. 하지만 무페는 니체의 아곤에 기반한 경합모델을 비판하는데, 그 이유는 아곤에 경합적 존중이 전제되어 있기 때문이다. 이에 대해 필자는 5절에서 무페가 니체를 오해하고 있는 것 같다는 점을 밝히면서, 무페와 니체를 비교하는 것으로 글을 마무리하고자 한다.

2. 니체의 아곤

1) 특수성과 보편성

아곤의 주된 의미는 모임(gathering), 모이는 장소, 혹은 아레나(arena)다. 그리고 여기서 파생된 두 번째 의미는 경합(contest)이다. 그래서 아곤은 여러 사람이 모여서 경합을 벌이는 행위 혹은 장소를 일컫는 말이다. 독일의 철학자 에른스트 쿠르티우스(Ernst Curtius)는 아곤이 고대 그리스인의 삶 전반에 퍼져있다고 봤다. 그리고 야코프 부르크하르트(Jacob Burckhardt) 역시 고대 그리스인의 사회와 문화적 삶 전반을 아우르는 요소가 아곤이었다고 주장했다. 즉, 이들은 아곤을 어떤 사람들에게만 나타나는 특수한 것으로 파악한다.

반면 하위징아(Huizinga)는 아곤이 문화를 막론하고, 어떤 문화에서든 보편적으로 나타난다고 주장한다. 고대 역사학자 잉고마르 웨일러(Ingomar Weiler) 역시 부르크하르트의 아곤 개념을 비판하며 아곤이 그리스인에게만 발견되는 것이 아니라, 모든 문화권에서 발견되는 보편적 특성이라고 지적한다. 이처럼 아곤의 특수성과 보편성을 둘러싸고 여러 학자의 의견은 상반된다.

2) 아곤의 이상화와 현실화

부르크하르트는 고대 그리스인과 로마인의 아곤을 비교하며 고대 그리스인의 아곤은 경쟁에서 이기는 것을 제외하면 특별한 목적을 가지지 않으며, 경쟁 참여자들은 고귀한 자들로서 뛰어난 품성을 지녔고, 공정한 경합을 치렀다고 말한다. 그러나 웨일러는 부르크하르트의 아곤이 너무 이상화되었다고 지적하며 아곤의 현실을 폭로한다. 그는 고대 그리스인의 아곤이 인기, 명예, 사회적 지위 그리고 물질적 이득이라는 복합적인 이해관계 속에서 발생했다고 진단했다. 그리고 웨일러는 경쟁 참여자들을 오만, 무절제, 자만, 패배에 대한 두려움과 수치심을 느끼는 고귀하지 않은 자들로 봤다. 더 나아가, 그는 그리스인의 아곤에 '공정한 경합'이 있었다는 시대착오적인 생각을 부순다. 공정한 경합은 18세기에서 19세기에 영국 공립학교에서 만들어진 개념인데, 부르크하르트가 이를 차용해서 '아곤' 개념에 도입했다는 것이다.

3) 니체의 아곤의 위치

그렇다면 니체의 아곤은 특수/보편 그리고 이상화/현실화 중 어디에 속하는가? 지멘스(Herman Siemens)에 따르면 니체는 부르크하르트처럼 아곤이 그리스인의 주된 특성이라는 점을 인정하지만, 다른 존재 혹은 사람에게 이 특성이 없다고는 하지 않았다. 그러나 중요한 점은 니체가 실증적인 역사의 문제와 결연히 갈라서서 철학적으로 아곤을 다루고자 했다는 점이다. 따라서 아래의 글에서는 아곤의 역사적 문제를 다루기보다 아곤에 대한 철학적 분석을 주된 논의로 삼고자 한다.

4) 『호메로스의 경쟁』을 통한 아곤 설명

필자가 보기에 니체의 아곤은 총 네 가지 특성으로 정리될 수 있다. 이는 다수성, 역동성, 긍정성 그리고 제한성이다.[1] 먼저 다수성에 대해 알아보자.

(1) 다수성

다수성이란 최소 두 명 이상의 관계가 보장되어야 한다는 걸 의미한다. 이는 『호메로스의 경쟁』에 나오는 핀다로스와 시모니데스라는 음악 대가들처럼 동시대에 살았던 사람 간의 관계일 수도 있고, 또 테

---

1 다수성, 역동성, 긍정성 그리고 제한성이 가지고 있는 각각의 특성은 상호의존적인 내용을 포함하고 있기에 엄연히 구별된다고 하긴 어렵다. 하지만 내용을 이해하기 쉽게 전달하기 위해 편의상 구별했다는 점을 밝힌다.

미스토클레스가 죽은 밀티아데스에게 경쟁심을 느꼈듯이, 산 사람과 죽은 사람 간의 관계일 수도 있다. 즉, 아곤에는 경쟁상대의 생존 여부와 시대적 차이를 불문하고 경쟁상대가 있어야 한다는 것이 중요하다.

만약 다수성이 보장되지 않아서 경쟁상대가 없는 상황에 봉착하게 되면, 밀키아데스의 사례처럼 죽음을 맞이하게 될 수도 있다. 밀키아데스는 누구와 경쟁해도 항상 마라톤에서 승리하는 고독한 승자였다. 그렇게 그 누구도 자신의 상대가 되지 않는다고 느꼈을 때, 그 순간 어떤 파로스 시민을 향한 저열한 복수심이 불타올랐다. 그리고 이를 충족하기 위해 결국 신과 겨루었고, 끝내 죽음을 맞이한다. 이처럼 경쟁은 개인이 가진 파괴적 충동을 경쟁이라는 건설적 방식으로 승화하게 만드는 탈출구인데, 경쟁상대가 없을 경우 그 충동은 부정적인 방향으로 나아갈 수도 있다.

(2) 역동성

역동성은 서로를 이기려는 마음, 즉 자연성을 의미한다. 우리는 흔히 자연성과 인간성을 분리할 수 있다고 생각한다. 이때의 자연성이란 잔인한 파괴충동이고, 인간성은 그 반대다. 그래서 보통 자연성을 억누르고 인간성을 활성화해야 한다고 생각하지만, 니체는 자연성이 가진 힘에 주목한다. 왜냐하면, "인간이 자신의 가장 고귀한 최고의 힘을 가지고 있을 때, 그는 전적으로 자연"[2]이기 때문이다. 따라서 일반적인 통념과 달리 니체에게 인간의 자연성은 엄청난 가치를 지닌 속성

2 프리드리히 니체(이진우 옮김), 『유고(1870년~1873년) 디오니소스적 세계관, 비극적 사유의 탄생 외』(서울: 책세상, 2001), 330쪽.

이다.

니체는 인간의 자연성에 상대방을 이기고자 하는 충동이 있다고 한다. 일반적으로 모든 경쟁은 어느 단계에 진입하게 되면, 승자와 패자가 결정된다. 하지만 패자는 승자에게 이기고자 하는 마음에 승자와 다시 경합한다. 그 결과, 패자는 승자로 승격되고, 승자는 패자로 전락한다. 물론 패자가 또다시 패배할 수도 있지만, 여기서 중요한 것은 이기고자 하는 자연성에 의해 승자와 패자가 시시때때로 바뀐다는 점이다. 다수성을 설명할 때, 심지어 죽은 사람과의 경쟁도 아곤에 포함할 수 있다고 했으니, 이기고자 하는 충동은 절대 종식될 수 없다.

(3) 긍정성

긍정성은 개인과 국가의 발전을 뜻한다. 이는 에리스(Eris) 여신에 의해 나타난 특성인데, 에리스 여신이 어떻게 고대 그리스인을 발전시켰는지 살펴보자. 고대 그리스적 세계관에 등장하는 불화의 여신인 두 명의 에리스는 완전히 다른 정서를 지니고 있다. 첫 번째 에리스 여신은 이웃 간의 시기심을 조장하여 끔찍한 전쟁과 불화를 낳는다. 두 번째 에리스 여신은 첫 번째 에리스 여신과 마찬가지로 이웃 간의 시기심을 조장하지만, 그들 간의 경쟁을 부추긴다. 첫 번째 에리스 여신의 영향 아래, 고대 그리스인은 삶의 무게감을 느끼며 잔혹한 삶을 살게 된다. 하지만 제우스가 인간에게 훨씬 선한 신인 두 번째 에리스 여신을 선사한 후 고대 그리스인에게 긍정적인 변화가 생겼다. 이 여신은 부족한 능력을 갖춘 사람이 충만한 능력을 갖춘 사람을 질투하게 만들고 노력하게 하여 이웃 간의 경쟁을 일으킨다. 그 결과, 고대 그리스인은 개인의 성장과 공동체의 성장을 이루어낼 수 있었다.

혹자는 두 에리스 여신 모두 시기심을 조장하기에 악신이라고 생각할 수 있다. 하지만 전자는 파괴적 투쟁(Vernichtungskampf, struggle for annihilation)을 낳고, 후자는 경쟁(Wettkampf, competition)을 낳는다. 고대 그리스인은 이 차이를 분명히 알고 있었기 때문에 파괴적 결과를 낳지 않는 선에서의 경쟁을 추구했고, 그 결과 개인과 공동체의 발전을 달성했다. 더 나아가, 니체는 고대 그리스인의 아곤에서 천재가 탄생하는 것을 보고 "모든 재능은 싸우면서 만개해야 한다"[3]는 확신을 얻게 된다. 따라서 니체에게 아곤은 의심의 여지 없이 긍정적 속성을 가지고 있다.

(4) 제한성

마지막으로 제한성은 아곤이 일어나는 데 필요한 제한 — 경쟁상대 존중 및 절대적 강자 추방 — 을 의미한다. 아곤은 고대 그리스인의 생명 근거였다. 아곤이 발생하지 않게 되면 그들은 행복과 명예를 누릴 수 없게 되고, 또 밀티아데스처럼 경쟁상대가 없어서 신에게 도전하다가 죽음을 맞게 된다. 그래서 고대 그리스인은 경쟁상대를 파괴하지 않는 경합적 존중을 밑바탕에 두고 경합했다. 그런데 경쟁상대가 없는 것 외에도 아곤의 역동성이 발생하지 않는 한 가지 예외 상황이 더 있다. 이는 그 누구도 경쟁조차 할 수 없을 정도로 뛰어난 자가 있는 상황이다. 아곤은 개인의 생명을 유지하기 위해 무조건 발생해야

3 위의 책, 337쪽.

하므로 고대 그리스인은 절대적 강자를 추방한다는 패각(貝殼)추방 제도를 설립했다.[4]

제한성의 내용을 통해 역동성을 다시 바라보자. 니체는 분명히 인간성보다 자연성을 더 높이 평가했지만, 그렇다고 인간성을 말살해야 한다고 보지는 않았다. 만약 자연적 충동으로만 가득 찬 삶을 살게 된다면, "오직 투쟁, 사랑의 욕망, 착각, 노화와 죽음 같은 밤의 자식들만이 지배하는 삶"[5]을 살 것이기 때문이다. 과거 사람들은 두 가지 방법으로 이런 삶을 마주했는데, 하나는 '실존에 대한 구토'이고, 다른 하나는 '아곤의 이념에 지배됨으로써 삶을 긍정하는 태도'다. 전자는 삶이 가치 없다는 것으로 파악하여 자신의 실존에 구토를 느끼는 태도이고, 후자는 경쟁을 통해 삶을 긍정하는 태도다.

이 둘 가운데 고대 그리스인은 후자를 택했고, 이것이 바로 니체가 긍정하는 삶의 모습이다. 그렇다면 어떤 배경에 의해 고대 그리스인이 후자를 택했을까? 이는 아폴론적 서사시의 영향을 받은 것에 기인한다. 아폴론적인 호메로스의 시는 자연적 충동, 즉 디오니소스적 충동만 가득 차 있는 삶에 예술적 가상을 만들어 투쟁을 경쟁으로 승화시켰다. 그래서 위대한 시를 통해 예술적 행위로서의 아곤이 비로소 탄생했다고 할 수 있을 것이다.

정리하자면, 아곤은 최소한 두 존재가 서로를 이기려는 충동을 통

---

4 그런데 상식적으로 이런 사람이 과연 존재할 수 있을지 의심스럽다. 왜냐하면, 아곤은 과거의 인물과도 일어날 수 있는데, 역사적 위인들조차 이 사람에게 경쟁상대가 안 될 정도로 능력이 부족하다는 건 너무나 비약적이기 때문이다. 이에 대해 필자는 실제로 고대 그리스인이 그런 절대적 강자가 나올 수 있다고 믿었다기보다는 아곤의 중요성을 강조하기 위해 혹시 모를 가능성까지 염두에 두었다고 생각한다.

5 프리드리히 니체, 『유고(1870년~1873년) 디오니소스적 세계관, 비극적 사유의 탄생 외』, 332쪽.

해 개인과 공동체에 유익한 결과를 낳는 것을 이상향으로 삼지만, 과열된 경합은 이를 획득할 수 없게 하기 때문에 자연적 충동을 어느 정도 제한하는 방식으로 경쟁하는 모델을 의미한다.

3. 아곤을 뒷받침하는 교육을 통한 민주주의 이념 비판: 『우리 교육기관의 미래에 대하여』

위의 내용에서 필자는 니체의 아곤을 총 네 가지 속성 ― 다수성, 역동성, 긍정성 그리고 제한성 ― 으로 분석했다. 그리고 이 절에서는 아곤의 활성화에 매우 중요한 조건, 즉 '거리의 파토스'를 키워줄 수 있는 조건으로 교육을 소개하고자 한다. 니체의 교육관은 오늘날의 교육관과 비교했을 때, 많은 논란과 오해의 소지를 담고 있다. 하지만 니체가 바라는 이상향을 고려함으로써 이러한 논란과 오해를 해소할 수 있을 것이다. 그렇다면 이제 니체의 교육관이 무엇인지, 그리고 당대의 교육관을 지배하고 있었던 민주주의적 이념 ― 평등과 자유 ― 이 왜 아곤을 가로막는 장애물인지 『우리 교육기관의 미래에 대하여』를 통해 살펴보자.

1) 이상적 교육기관

이상적인 교육기관은 높은 수준의 예술적 감각을 키워줄 수 있어야 한다. 그리고 교사는 조력자로서 굉장히 높은 수준의 교양을 갖추고 있어야 한다. 가령 교사들은 그리스어와 독일어에 해박해야 한다. 언어적 능력을 통해 위대한 천재들의 글을 신중하고 엄격하게 취급하여 학생들에게 글 속의 예술적 감정을 잘 이해하게 함으로써 성스러운 전율과 고상한 열광에 빠질 수 있게 도와줘야 한다.

이러한 효과가 나타나기 위해 "모든 교양은 (…) 복종과 순종, 훈육, 굴종과 함께 시작"[6]해야 한다. "위대한 지도자들에게 추종자들이 필요하듯이, 지도받아야 할 사람들 역시 지도자를 필요로"[7] 한다. 즉, 진정한 교육은 아직 언어적 감각과 교양 수준이 뛰어나지 않은 학생이 누구의 도움 없이 스스로 공부하는 것이 아니다. 높은 수준의 지도자 밑에서 여러 가르침을 받으며 학생들이 이 가르침에 복종할 때, 바로 그 순간 진정한 교육이 탄생한다. 이런 훈육은 굉장히 강압적이지만, 높은 수준의 교양을 갖추기 전에 엄격하고 진지한 교육을 통해 올바른 습관화를 학생들에게 함양시켜야 할 필요성은 아무리 강조해도 부족하지 않다.

더 나아가, 이상적인 교육은 학생 일반을 대상으로 하는 것이 아니라, 오로지 소수 몇몇을 대상으로 해야 한다. 니체는 이 과정을 모두 통과한 일말의 천재가 세상을 바꾸는 자이고, 천재가 만들어놓은 업적 덕분에 일반 대중이 많은 혜택을 누린다고 말한다. 그래서 이상적 교육은 위대한 천재가 자신의 잠재적 기량을 마음껏 펼칠 수 있게 엄격한 훈육을 통해 도와주는 역할을 해야 한다.

6 위의 책, 289쪽.

7 위의 책, 289쪽.

"이 힘은 천재를 낳아 올바르게 양육하는 일에서 그 모성적 사명을 찾지, 어머니의 비유를 통해 우리는 국민의 진정한 교육이 천재에 대해 어떤 의미와 의무를 가지고 있는지 이해할 수 있다네. 실제로 천재란 (…) 보호해주고 온기를 전해주는 고향이 없다면, 그는 영원한 비상을 향해 날개를 펼칠 수조차 없을 것이고, 예기치 않게 황량한 겨울날, 어느 오지에 떨어진 이방인처럼, 슬픔에 잠겨 불임의 땅에서 제때에 도망쳐 나올 것이네."[8]

이에 대해 누군가는 몇몇 위대한 천재들은 그들을 뒷받침해주는 교육 없이 스스로 천재의 자리까지 올라갔다며 훈육이 필요 없다고 할 수 있다. 그러나 특수한 몇몇 경우를 가지고 천재를 양육하기 위한 교육제도가 필요 없다고 하는 것은 성급한 일반화다. 그리고 위대한 천재들이 천재의 지위에 도달했어도 지도자의 도움 없이 성장하기 위해 너무 많은 힘을 쓴 나머지 요절하는 경우가 많다. 그래서 제도적으로 교육기관은 천재가 성장할 수 있도록 도와줘야 하고, 그들의 활동 역시 도와줘야 한다.

2) 당대의 교육기관

당대의 교육기관은 평등, 자유, 유용성 그리고 공평성이라는 속성을 가지고 있었다. 각각의 문제점이 무엇인지 살펴보자.

---

8 위의 책, 231-232쪽.

(1) 평등과 자유

원래 교육기관은 소수의 천재를 양성하기 위해 학생들을 길들이는 훈련이 중심이었다. 그런데 민주주의 이념이 교육기관에 들어오면서 당대의 교육기관은 모든 학생을 위한 평등적인 교육을 목표로 삼게 되었다. 교육기관에 이런 흐름이 들어오게 된 계기는 국가의 영향 때문이다. 국가의 목표를 실현하기 위해 대다수 사람이 평등하게 교육받아야 했다. 그래서 많은 수의 학생을 가르치기 위해 많은 교육기관을 지었고, 많은 교사를 채용했다. 그런데 교육기관과 교사 수가 빠르게 늘어나니 교육의 질이 낮아졌다. 가령 김나지움의 교사들을 살펴보자.

국가적 이윤이라는 이름 아래 많은 김나지움 교사는 제대로 된 교양을 쌓지 못했지만, 빠르게 교사로 배치되어 교단에 선다. 그런 자들에게 천재를 양성하겠다는 모성적 사명은 있을 수 없다. 그리고 그러한 교사에게는 제대로 된 교육을 제공할 수 있는 능력도 없을뿐더러 교육의 편리성을 위해 수업을 대충 하기도 한다. 예를 들어, 독일어 수업에서 교사들은 독일어를 “하나의 사어인 것처럼, 이 언어의 현재나 미래를 위해서는 아무런 책임도 없는 것처럼”[9] 취급한다. 엄격하게 독일어를 가르치고 진지하게 위대한 천재들의 작품을 다루지 않으며, 잘 알지도 못하면서 멋대로 그들의 작품을 재단한다. 진정한 교양을 위해서는 학생들에게 올바른 언어적 훈련을 시켜야 하는데, 교사들에게는 그러한 능력이 없을뿐더러 교육 열정도 없다.

그리고 대중교육은 많은 학생에게 교양 욕구를 심어주고, 또 위대

---

9 위의 책, 206쪽.

한 지도자 없이 혼자서 성장할 수 있다는 감언이설로 대중을 현혹하여 지도자의 엄격한 훈육을 피하게 만든다. 혼자서 공부할 수 있다는 학문적 자유는 엄격한 훈육을 통해 얻을 수 있는 결과물인데, 그들은 아무런 노력 없이 이를 받게 되었다. 가령 교사들이 학생들에게 논문 쓰기를 권장하는 것이 대표적인 사례다. 논문은 자기 생각을 구상하는 하나의 작품으로 독창적인 작업이다. 이런 학문적 자율성은 고된 훈련이 동반되어야 하는데, 감언이설로 훈련 없이 자기의 길을 발견할 수 있다고 말한다. 그래서 갓 대학에 입학한 한 학생은 다음과 같이 말한다. "이제껏 저희는 김나지움의 유일한 목적이 대학을 위해 준비하는 것이라고 믿었습니다. 이러한 준비 과정은 저희에게 학자라는 특별한 자유로운 지위에 합당할 만큼의 자립성을 키워줍니다."[10]

(2) 유용성

그렇다면 국가는 왜 교육기관에 민주주의적 이념을 전파하여 천재 양성이 아닌 대중교육을 당대의 교육 방식으로 자리 잡게 한 것인가? 이는 국가의 이윤에 부합할 수 있는 인재를 최대한으로 양성하기 위해서다. 그리고 이를 가능하게 하려고 전문화와 분업화를 강조한다. 적재적소에 맞는 사람을 빨리 양성하여 그들을 빨리 배치할 수 있도록 하기 위함이다. 그래서 한 분야의 전문가들은 많이 양성되지만, 그 사람들은 다른 분야에 대해서는 아무것도 모르는 반교양적 사람이 되고, 김나지움 교사처럼 아예 자질이 없는 사람이 되기도 한다.

---

10 위의 책, 274쪽.

국가적 이윤을 위해 이제 교육기관은 금전적 이익을 얻을 수 있는 기술만 가르친다. 물론 금전적 이익은 생존과 밀접한 관계에 있고, 생존이 대다수 사람에게 가장 중요한 과제인 것은 사실이다. 그리고 이를 해결하기 위해서는 많은 것을 배워야 한다. 하지만 이런 배움이 교양을 만들지는 못한다. 교육과 생존을 위한 배움은 엄연히 다른 영역이다. "교양은 그 반대로 고난과 생존투쟁, 궁핍의 세계 위에 존재하는 공기층에서 시작"[11]되며, "교양은 자신의 이기적인 목적을 위한 하나의 수단으로 확보하고자 하는 사람들을 (…) 조용한 걸음걸이로 경멸의 표정을 지으면서 떠나버린다."[12] 생존을 위한 교육은 그저 자신을 어떻게 보호할 수 있는지 알려주는 것에 불과하기에 그것만 가르치는 기관은 교육기관이 아니다.

'교육기관에서 국가의 이윤에 부합하는 천재를 양성하면 되지 않는가?' 하고 반문할 수도 있겠지만, 니체가 말하는 천재는 좋은 교양 속에서 태어나는 자다. 천재는 생존 기술의 중요성을 알지만, 위대한 지도자의 가르침이 자신이 갖춰야 할 자질이라는 것을 알고 있다. 따라서 그들은 국가의 이윤을 위해 움직이지 않을 것이다.

(3) 공평성

다음으로 공평성에 대해 알아보자. 니체는 당대의 교육이 천재의 권리를 민주화한다고 말한다. 천재가 만들어놓은 업적 덕택에 일반 대

11 위의 책, 247쪽.

12 위의 책, 248쪽.

중이 혜택을 누리고 있으면 천재를 도와주는 것이 당연하다. 하지만 천재를 도와주는 것은 어렵고도 힘든 일이기 때문에 교사들은 마치 천재가 이뤄놓은 업적이 그다지 대단하지 않은 것처럼 말한다. 천재가 당연히 받아야 할 존경을 해체하여 일반적인 사람으로 격하하는 평등화와 본인도 천재의 업적을 달성할 수 있다는 듯이 말하여 천재의 존경을 나눠 가지려는 평등화를 추구하는 것이다.

요약하자면, 원래 교육기관은 천재를 양성하기 위해 설립되었으나, 교육기관의 목적이 국가의 이윤 추구로 바뀌면서 민주주의적 이념이 교육에 침투하게 되었다. 적재적소에 사람을 빠르게 충원해야 국가적 이윤을 얻을 수 있으니, 많은 노동자를 만들기 위한 대중교육이 확산하게 된다. 그리고 많은 사람의 동조를 얻기 위해 엄격한 훈육을 통해서만 학문적 자유를 획득할 수 있는 게 아니라, 혼자서도 학문적 자유를 얻을 수 있다는 감언이설을 퍼뜨린다. 그래서 천재의 위상은 주저앉게 되었고, 또 천재가 누려야 할 존경 역시 해체되어 많은 사람이 누리게 되는 불공평한 결과가 발생했다.

4. 아곤과 교육의 관계

지금까지 니체의 아곤과 교육관을 알아봤으니, 이제 그 둘의 관계에 대해 살펴보자. 아곤은 개인과 공동체의 끊임없는 성장을 가능하게 하는 것이다. 그리고 교육은 천재를 양성하는 것이다. 그래서 아곤이 교육에 적용되면, 학생들 사이의 끊임없는 치열한 경쟁이 위대한 천재

양성 및 공동체의 발전을 낳게 해준다는 결론이 나온다.

위대한 천재는 주인계급 혹은 고귀한 자로 여겨지는데, 이들은 태생적으로 정해지는 계급이 아니다. 이 계급은 자신에게 엄격하여 성장의 밑거름이 되는 고통을 잘 통제할 줄 아는 정신적 힘에 의해 결정된다.[13] 그래서 그들은 끊임없이 자신을 극복하기 위해 노력하는 부류의 사람이다. 그런데 이런 좋은 습관은 어디서 오는가? 바로 교육이다. 이런 습관은 오로지 엄격한 지도자의 훈육을 통해서만 가질 수 있는 고귀한 태도다.

그리고 천재들은 혼자서 자기극복을 달성하기 힘들다는 것을 안다. 그래서 최고이상의 인간상을 위해 서로서로 도와주고, 또 서로를 넘는 문화공동체를 꿈꾼다.[14] 이렇게 상호 경쟁 속에서 부단히 노력하여 자신을 성장시키고, 또 나를 성장할 수 있게 해주는 상대방에게 엄청난 경외심을 가진 자들이 아곤을 실천하는 자들이다.

> "도대체 이 지상에 진정 '적에 대한 사랑'이 있을 수 있다면, 그것은 오직 그러한 인간에게서만 가능할 것이다. 고귀한 인간은 이미 자신의 적에게 얼마나 큰 경외심을 가지고 있는 것일까! — 그리고 그러한 경외심은 이미 사랑에 이르는 다리이다. … 그는 자신을 두드러지게 하기 위해 스스로 자신의 적을 요구한다. 그는 경멸할 것이 전혀 없고, 아주 크게 존경할 만한 적이 아니면 참을 수 없다!"[15]

---

13 정낙림, 「니체의 민주주의 비판」(『철학연구』 101, 대한철학회, 2007), 287쪽 이하 참조.

14 양대종, 「교육적 욕망의 진위에 대하여: 니체의 교육론과 민주주의 비판을 중심으로」(『철학연구』 44, 고려대학교 철학연구소, 2011), 123쪽 참조.

15 프리드리히 니체(김정현 옮김), 『선악의 저편 · 도덕의 계보』(서울: 책세상, 2002), 371쪽.

그러나 민주주의적 이념에 사로잡힌 교육기관은 천재들을 양성하지 못한다. 오히려 민주주의 이념은 위대한 천재들을 끌어내리는 방식으로 교육하고 있으며, 교양과 비슷하게 보이는 생존에 필요한 기술이 가르치는 것이 전부다. 노예도덕의 특성으로 유용성을 꼽는 것에서 알 수 있듯이, 니체는 대중교육을 굉장히 부정적으로 평가한다.[16] 물론 모든 사람이 고귀한 자들이 되어 경쟁하고 자기극복을 할 필요는 없다. 니체는 노예계급의 필요성을 확실히 언급한다.[17] 다만 이것을 양성하는 것이 교육의 목적이 되어서는 안 된다고 역설한다.

5. 샹탈 무페의 『경합들』에서 나오는 경합적 민주주의

지금까지 니체의 아곤 개념이 무엇이며, 이를 활성화하는 방법인 교육에 대해 논했다. 당대의 교육은 천재 양성이라는 본래 목적을 망각한 채 민주주의적 이념인 자유와 평등에 물들어 있었다. 이런 의미에서 니체는 민주주의를 비판하는데, 오늘날에도 여전히 그 비판이 유효하다고 할 수 있는가? 이를 알아보기 위해 샹탈 무페의 경합적 민주주의에 대해 논하고자 한다. 그녀의 경합적 민주주의를 이해하기 위해서는 그녀가 제시하는 '정치적인 것(the political)'과 '정치(politics)'의 구분을 먼저 이해해야 한다. 그녀는 이 둘을 다음과 같이 설명한다.

---

16 위의 책, 159쪽 참조.

17 프리드리히 니체(박찬국 옮김), 『비극의 탄생』(파주: 아카넷, 2007), 220쪽 참조.

"'정치적인 것'은 여러 형태를 취할 수 있으며 다양한 사회적 관계 속에서 출현할 수 있는 이런 적대의 차원을 지칭하는데, 이 차원은 결코 근절될 수 없다. 반면에 '정치'는 '정치적인 것'의 차원이 영향을 끼치기 때문에 잠재적으로 갈등이 항상 존재하는 조건 속에서, 특정 질서를 수립해 인간의 공존을 조직하려는 실천, 담론, 제도의 총체를 지칭한다."[18]

무페는 카를 슈미트(Carl Schmitt)의 적과 동지의 구분 이론을 적극적으로 수용하여 적대의 근절 불가능성을 역설한다. 이는 단일한 객관적 · 합리적 합의를 도출할 수 없고, 정치는 항상 적대에 기반하고 있다는 것을 의미한다. 그래서 '정치적인 것'이 항상 존재한다는 존재론적 차원을 인식해야 한다. 그런 의미에서 자유주의는 하나의 유토피아를 설정한다는 점에서 비판받아 마땅한 정치체제다.

무페가 적극적으로 비판하는 자유주의는 합리주의와 개인주의에 기반하고 있다. 합리주의는 합리적 이성을 통해 궁극적으로 합의를 볼 수 있다고 믿고 있고, 적대를 인정하지 않으며, 열정(정념)을 제거해야 할 속성으로 파악한다. 그리고 개인주의는 정치적 동질성이 갖는 중요성을 거부한다. 그녀는 이처럼 '정치적인 것'이 결여된 자유주의가 민주주의를 이루지 못하게 만든 원인으로 파악하고 급진민주주의, 즉 경합적 민주주의를 내세운다.

경합적 민주주의는 적대와 다원주의의 공존을 꾀하고자 하는 무

---

18 샹탈 무페(서정연 옮김), 『경합들: 갈등과 적대의 세계를 정치적으로 사유하기』(서울: 도서출판 난장, 2020), 23쪽.

페의 기획이다. 이 목표를 달성하기 위해 무페가 제시하는 방법론은 '승화'다. 승화는 총 두 가지 작업을 하는데, 첫 번째로, 집단적 동질성 형성이 있다. 자유주의는 합리적 이성을 통해 합일을 이루기 위해 적대를 낳는 정념을 구속했으므로 개인주의가 성행하게 되었다. 그러나 경합적 민주주의에서는 정념이 '우리'와 '그들'이라는 집단적 동질성을 가능하게 만드는 구성적 힘으로 승화된다.[19] 두 번째로, 폭력성 완화가 있다. 집단적 동질성으로부터 여러 집단 간의 적대가 발생하는데, 이러한 적대에서 파괴적인 폭력을 낳지 않기 위해서는 다른 방식으로 적대를 표출해야 한다. 이를 위해 무페는 제도를 통해 적대를 표출할 수 있는 방식을 요구한다. 즉, 적대의 근절 불가능성이라는 '정치적인 것'을 인식하면서도 이것을 없애는 것이 아니라 다양한 인간과 함께 공존을 이룰 수 있는 제도의 총체인 '정치'가 곧 경합적 민주주의다.

무페는 니체의 아곤과 민주주의를 양립할 수 있게 한 윌리엄 코널리(William E. Connolly)를 비판한다. 코널리가 주장하는 민주주의에서는 경합이 이뤄지지만, 이때의 경합은 '경합적 존중'이 전제된 모델이다. 무페 역시 존중이 필요 없다고 생각하지 않지만, 적대 없이 민주주의가 있을 수 있는가 하는 의문을 품는다. 무페의 입장에 따르면 정치적 행동을 할 때 어떤 결정의 순간에는 포함과 배제가 일어날 수밖에 없는데, 이런 순간에 니체의 경합적 존중, 즉 아곤은 아무런 설명도 해주지 못한다는 것이다.

앞서 코널리의 말처럼 니체의 아곤에 경합적 존중은 핵심 가치로

---

19 한상원, 「급진적이지만 반(反)유토피아적인, 부정성의 정치학: 『경합들: 갈등과 적대의 세계를 정치적으로 사유하기』 샹탈 무페(서정연 옮김), 난장, 2020」(『시민과 세계』 37, 참여연대 참여사회연구소, 2020), 227쪽 이하 참조.

들어가 있다. 상대방과 경쟁하지만, 파괴적 투쟁이 아닌 시기심에 기반한 경쟁이기에 상대방을 제거하지 않는다는 점에서 분명히 어느 정도 존중은 포함되어 있다. 그러나 아예 적대가 없어졌다고 하는 무페의 주장은 큰 오해를 범하고 있다. 『호메로스의 경쟁』에서 그리스인은 파괴적 투쟁을 불러일으키는 첫 번째 에리스 여신의 영향 아래에 있다가 추후 시기심으로 이웃과 경쟁하도록 하여 전체적 발전을 요구하는 두 번째 아레스 여신에게 영향을 받는다. 이것이 의미하는 바는 파괴적 투쟁이 발전적 경쟁으로 승화된 것, 바꾸어 말해 적대가 경합으로 승화된 것이다. 더 나아가 니체는 디오니소스적 충동과 아폴론적 충동에 대해 말할 때, 디오니소스적 충동이 먼저 있고, 추후 아폴론적 충동과 결합하여 이상적인 예술로 승화된다고 말한다. 즉, 적대(디오니소스적 충동)가 제도(아폴론적 충동)를 만나서 경합적 민주주의(예술)로 승화되었다는 것이다. 따라서 무페의 이러한 진단은 설득력이 없어 보인다.

6. 나가며

프랜시스 후쿠야마(Francis Fukuyama)는 자유주의와 공산주의의 경쟁 구도에서 자유주의의 승리로 인해 세계가 통합되었다는 점을 지적하며 역사의 종말을 선포한다. 왜냐하면 역사는 다른 이념 간의 경쟁을 통해 발전하는데, 자유주의와 경쟁할 수 있는 다른 대안으로서의 경쟁상대가 없기 때문이다. 이렇게 자유주의에서 벗어날 수 없는 구조는 토머스 프랭크(Thomas Frank)가 『ONE MARKET UNDER

GOD』에서 지적했듯이 세계를 하나의 시장으로 포섭한다. 시장 논리에 의해 지배받는 교육 시장에서도 STEM(Science, Technology, Engineering, Mathematics) 관련 분야가 주목받으면서 많은 학생이 이 분야에 몰리고 있다.

한쪽이 다른 것들보다 너무 우세한 이상 발육은 니체의 입장에서 봤을 때, 존재의 근본 원리인 아곤을 불가능하게 만든다. 경쟁이 일어나기 위해서는 대결할 만한 상대들이 여러 명 있어야 하는데, 현재 사회적 모습은 너무나도 강력한 하나의 강자가 군림하고 있는 형태다. 이로 인해 거시적으로는 정치의 생명력이, 미시적으로는 개인의 생명력이 갉아 먹히고 있다. 더 나아가, 오늘날의 시장 논리에 의해 STEM 관련 분야가 주목받는 것은 니체가 지적한 부정적인 교육의 모습을 그대로 담고 있다. 이를 미루어보았을 때, 여전히 니체의 비판은 오늘날 우리에게 적용될 수 있다.

참고문헌

샹탈 무페(서정연 옮김), 『경합들: 갈등과 적대의 세계를 정치적으로 사유하기』, 서울: 도서출판 난장, 2020.

양대종, 「교육적 욕망의 진위에 대하여: 니체의 교육론과 민주주의 비판을 중심으로」, 『철학연구』 44, 고려대학교 철학연구소, 2011, 97-139쪽.

이상엽, 「니체와 아곤의 교육」, 『철학논총』 73, 새한철학회, 2013, 213-237쪽.

정낙림, 「니체의 민주주의 비판」, 『철학연구』 101, 대한철학회, 2007, 273-296쪽.

______, 「자연성으로서의 놀이와 아곤」, 『대동철학』 89, 대동철학회, 2019, 359-382쪽.

프리드리히 니체(김정현 옮김), 『선악의 저편 · 도덕의 계보』, 서울: 책세상, 2002.

______(이진우 옮김), 『유고(1870년~1873년) 디오니소스적 세계관, 비극적 사유의 탄생 외』, 서울: 책세상, 2001.

______(박찬국 옮김), 『비극의 탄생』, 파주: 아카넷, 2007.

한상원, 「급진적이지만 반(反)유토피아적인, 부정성의 정치학: 『경합들: 갈등과 적대의 세계를 정치적으로 사유하기』 샹탈 무페, 서정연 옮김, 난장, 2020」, 『시민과 세계』 37, 2020, 271-279쪽.

Katsafanas, P. (ed.), *The Nietzschean Mind*, London, New York: Routledge, 2018.

Siemens, H., "Nietzsche's Critique of Democracy(1870-1886)," *Journal of Nietzsche Studies*, no. 38, Penn State University Press, 2009, pp. 20-37.

08

갈등과 소통에 대한 존재론적 해석: 하이데거의 '더불어 있음', '이해' 개념을 중심으로

우정민(경북대학교 철학과 박사수료)

1. 들어가는 말

하이데거에 따르면 인간의 존재방식에는 본질적으로 "더불어 있음(Mitsein)"이 속해 있다. 다시 말해 인간 현존재는 언제나 다른 현존재와 함께 있다. 인간 현존재는 홀로 있을 때라도 항상 더불어 있다. 이렇게 언제나 다른 현존재, 즉 타인과 함께 있기 때문에 갈등은 불가피하다. 모든 사람은 자신만의 기획을 가지고 자신의 삶을 펼쳐나가고 이를 위해 무엇인가 — 그것이 유형이든 무형이든 — 를 획득하려 하는데, 이러한 대상은 언제나 한정적이기 때문이다. 서로 바라는 것이 같거나 다를 때 갈등은 일어날 수밖에 없다. 이를 본 논문의 주제인 존재론적 이해의 관점에서 보자면 각자의 존재가능에 대한 고유한 이해를 가지고 "기투(Entwurf)"하며 살아가는 또 다른 현존재가 있다는 점에서,

그리고 그 기투가 서로 필연적으로 얽힐 때가 많다는 점에서 갈등이 생겨난다.

그렇다면 인간의 본성상 갈등은 영원할 수밖에 없을까? 서로 소통을 통해 이 갈등을 해결할 방법이 있지는 않을까? 필자는 하이데거가 설명하는 인간 현존재가 다른 인간 현존재를 대하는 방식, 즉 존재론적 "심려(Fürsorge)"를 잘 살펴볼 때 그 실마리를 찾을 수 있다고 생각한다. 하이데거의 타자론에서 현존재가 다른 현존재를 대하는 여러 방식 중 하나로 제시된 **"앞서 솟아나는 심려**(vorausspringend Fürsorge)"[1]는 타인의 존재 가능성을 최대한 존중해주는, 상대방을 있는 그대로 존중해주는 방식을 말한다. 이러한 앞서 솟아나는 심려는 진정한 소통과 갈등의 해결이라는 목적과 관련지어볼 때 상당한 함의를 지니는 것으로 보이기 때문이다.

이 글에서 필자는 수많은 갈등에서 공통적인 근본 구조를 존재론적으로 검토해보고, 또 그 갈등을 해결할 수 있는 실마리를 하이데거의 주저인 『존재와 시간』의 핵심 개념들인 이해, 본래성/비본래성, 죽음, 심려 등을 바탕으로 모색해보고자 한다.

---

1 마르틴 하이데거(이강희 옮김), 『졸리콘 세미나』(순천: 도서출판 롤링스톤, 2016), 13쪽. 『졸리콘 세미나』에서 메다드 보스의 보고에 따르면 이러한 "다른 사람과 함께함의 최고의 형태, 즉 자기를 버리고 사랑하는, 다른 사람을 그 자체로, 해방시키는" 존재방식을 하이데거는 "앞서 솟아나는 심려"라고 부르고 있다. 마르틴 하이데거(이기상 옮김), 『존재와 시간』(서울: 까치글방, 1997)에서도 'vorausspringt'라는 표현이 나오는데, 이기상은 "앞서 먼저 뛰어드는 그런 심려"(마르틴 하이데거, 『존재와 시간』, 170쪽)라고 옮기고 있다. 그리고 이강희는 "Fürsorge"를 "배려"로 옮기고 있지만, 필자는 앞으로 주로 인용하는 마르틴 하이데거(이기상 옮김), 『존재와 시간』과 용어를 통일하기 위해 "심려"라고 수정해서 인용했다.

2. 인간 현존재의 존재방식, 이해

하이데거의 주저 『존재와 시간』의 본래 의도는 "'존재'의 의미에 대한 물음을 구체적으로 정리 작업하는 일"[2]이다. 그런데 실상 『존재와 시간』은 인간의 존재에 대한 존재론적 해명으로 가득 차 있다. 인간의 존재는 여러 존재 중에서 하나일 뿐인데, 하이데거는 왜 "존재 일반"의 의미를 묻는다고 하고서는 인간의 존재에 대한 해명만 하는 것일까? 이를 알기 위해서는 '물음'의 구조를 먼저 알 필요가 있으며, 그래서 하이데거도 『존재와 시간』의 초입에서 물음의 구조에 대한 분석부터 시작한다. 하이데거에 따르면 모든 물음은 "물어지고 있는 것(Gefragte)", "물음이 걸려있는 것(Befragte)" 그리고 "물음이 꾀하고 있는 것(Erfragte)"[3]이라는 삼중 구조로 되어 있다. 이를 존재 의미에 대한 물음에 대입해보면, 이 물음에서 물어지고 있는 것은 당연히 존재 의미에 대한 물음이므로 "존재"다. 존재가 물어지고 있는 것이다. 그리고 물음이 꾀하고 있는 것, 다시 말해 본래 의도되고 있는 것은 "존재 의미"다. 마지막으로 물음이 걸려있는 것은 "존재자"다. 왜냐하면 "존재는 그때마다 한 존재자의 존재"[4]이기 때문이다. 다시 말해 '있는 것', 즉 존재자는 언제나 있음 혹은 존재함으로써 있게 되는 것이다.[5] 존재는 언제나 존재자를 통해 자신을 드러낼 뿐 아니라, 오직 그러한 방식

2 마르틴 하이데거, 『존재와 시간』, 13쪽.

3 같은 책, 19쪽.

4 같은 책, 24쪽.

5 여기서 우리는 '있음', '존재'를 명사적으로 이해해서는 안 되고 동사적 의미로 이해해야 한다. 명사적으로 이해하면 존재는 다시 존재자가 되어버린다.

으로만 자신을 드러낼 수 있다. 따라서 존재하고 있는 어떤 존재자로부터 그 존재의 의미를 밝혀야 한다.

그런데 우리가 관심을 가져야 할 것은 과연 어떤 존재자에서부터 존재 의미를 밝힐 것인가다. 하이데거는 존재 물음에서 물음이 걸려있는 존재자는 바로 인간 "현존재(Dasein)"라고 말한다. 그 이유는 우리 인간이 어떤 식으로든 이미 존재를 이해하고 있기 때문이다. 만약 우리가 있음, 존재가 무엇인지를 모른다면 평소 언어에서도 '~이 있다', '~이 존재한다', 그리고 인도-유럽 어족에까지 범위를 넓히면 '~이다'와 같은 표현을 쓰지 못할 것이다. 존재가 무엇인지 완전히 알지는 못하지만, 어쨌든 어느 정도 이해하고 있기 때문에 이러한 표현을 쓸 수 있다. 하이데거는 이를 "우리 인간이 존재에 대한 앞선 이해를 가지고 있다"고 표현하며, 이러한 앞선 이해를 바탕으로 존재 의미에 대해 물을 수 있기에, 다시 말해 존재론을 수행할 수 있기에 존재론적 우위를 가지고 있다고 말한다.[6]

이렇게 인간의 존재방식에는 존재론적인 이해가 속해 있다. 하이데거는 다음과 같이 말한다.

> "근원적으로 **이해**가 그 존재[즉, 인간 존재]를 함께 구성하고 있다. (…) [인간 현존재는] 그때마다 나름의 이해를 가지고 있다. (…) 우리가 이해를 기초적 실존범주로 해석할 경우, 그로써 개시되고 있는 것은 우리가 이 현상을 현존재의 **존재의** 근본 양태로 개념

6 『존재와 시간』 이후의 하이데거의 '이해' 개념에 대해서는 C. Uzondu, "Heideggers Versuch, das 'Verstehen' zu verstehen"(*Heidegger Studies*, vol. 26, Duncker & Humbolt GmbH, 2010), p. 213 이하 참조.

파악해야 된다는 것이다.”[7]

도대체 인간이 무엇을 이해하고 있다는 것인지 하이데거가 인간 존재방식을 부르는 다른 이름인 “세계-내-존재(In-der-Welt-sein)”를 통해 알아보자. 이 이름으로부터 우리는 인간이 자신이 존재하고 있는, 살아가고 있는 세계를 이해하고 있다는 점을 알 수 있다. 더 구체적으로 세계를 이해한다는 것은 무엇을 의미하는가? 세계를 이해한다는 것은 곧 세계를 구성하고 있는 존재자들, 그리고 그 존재자들 사이의 연관을 이해한다는 것과 같다.[8][9] 『존재와 시간』의 분석에 따르자면 세계를 구성하고 있는 존재자들은 “손안의 존재자(Zuhandenes)”, “눈앞의 존재자(Vorhandenes)”, “공동현존재(Mitdasein)” 그리고 “나 자신”으로 구분될 수 있다.

다른 방식으로 존재하는 존재자에 대해서는 본 논문 4절에서 더 자세하게 다루어질 것이므로 여기서는 우선 ‘나 자신의 존재’에 대해 알아보자. 나는 나에 대해 어떤 방식으로 이해하고 있는가? 현존재의 존재를 지칭하는 또 다른 용어인 “실존(Existenz)”의 의미는 “이렇게 또

---

7 마르틴 하이데거, 『존재와 시간』, 198쪽. [ ] 안의 내용은 인용자가 추가한 것이다. 이해 말고도 인간 현존재의 열어 밝혀져 있음을 구성하는 것은 ‘처해 있음’, ‘빠져 있음’, 그리고 ‘말’이 있다. 그중에서 특히 말은 우리 논문의 주제인 이해, 소통과 큰 관련이 있다. 하이데거의 말 혹은 대화에 대한 철학적 분석으로는 송현아, 「하이데거 철학에서 대화의 본질」(『인문과학』 119, 연세대학교 인문학연구원, 2020), 165-190쪽 참조.

8 그러나 하이데거가 세계를 존재자들의 단순한 ‘총합’으로 간주하는 것은 아니다. 세계는 “세계내부적으로 만날 수 있는 그런 존재자가 아니라, 오히려 현사실적인 현존재가 이 현존재로서 ‘**그 안에서**’ ‘살고 있는’ 그곳”(마르틴 하이데거, 『존재와 시간』, 96쪽)이다.

9 인간이 아닌 동물에게도 세계가 있는가에 대한 하이데거의 사유에 대해서는 마르틴 하이데거(이기상 · 강태성 옮김), 『형이상학의 근본개념들: 세계-유한성-고독』(서울: 까치글방, 2001), 308-331쪽 참조.

는 저렇게 관계를 맺을 수 있고 또 언제나 어떻게든 관계 맺고 있는 존재 자체"[10]다. 다시 말해, 나는 나 혼자 고립된 주체로서 존재할 수 없고 어떻게든 위에서 말한 다른 존재자들과의 관계 속에서 존재할 수 있다.[11] 이렇게 다른 존재자들과 관계 맺는 가운데 "현존재는 자기 자신을 — 다시 말해 또한 자신의 세계-내-존재도 — 존재론적으로 우선은 그 자신이 아닌 바로 그 존재자, 그러나 그가 자기 세계 '내부에서' 만나게 되는 그런 존재자와 그것의 존재에서부터 이해한다."[12] 예를 들어 말하자면, '카페'가 어떠한 장소인지 이해하고 있으며, '노트북'이 나의 목적을 위해 어떠한 도움을 줄 수 있는지를 이해하고 있으며, 그리고 나의 논문을 읽을 '독자'들이 어떠한 사람들인지를 대략이나마 이해할 수 있기 때문에 나는 '카페에서 노트북을 사용해서 독자들이 읽을 논문을 작성하고 있는 나'를 나로 이해하게 된다.[13]

여기서 우리가 '갈등'이라는 주제와 연관해서 주목해야 할 점은 하이데거의 시간성에 근거한 분석에 의하면, 이해가 "도래(Zukunft)"의 계기를 가지고 있다는 점이다. 이해를 실존론적으로 말하자면 "**현존재가 각기 그때마다 그 때문에 실존하고 있는 그 존재가능에로 기획투사하면서 존재함**을 말한다."[14] 이것을 일상적인 용어로 풀이하자면, 우

---

10 마르틴 하이데거, 『존재와 시간』, 28쪽.

11 이러한 주장은 근대의 주체/객체 이분법에서 벗어나기 위한 시도이며, 현대의 관계론적 사고의 선구라 할 수 있을 것이다.

12 같은 책, 88쪽.

13 하이데거가 인간의 존재를 '현존재(現存在, Dasein)'라고 부르는 이유는 이처럼 세계를 이해하면서 세계를 세계로(카페를 카페로, 노트북을 노트북으로, 독자들을 독자들로) 드러내고[現], 그와 동시에 세계와의 관계 속에서, 즉 거기(Da, 세계)에서 자기 자신도 드러나기[現] 때문이다.

14 같은 책, 444쪽.

리는 항상 미래에 무엇인가, 현재의 나가 아닌 다른 존재가 될 수 있는 '가능 존재'이며 이 가능성을 실현하기 위해 존재한다. 위에서 든 예에서 내가 카페와 노트북과 독자를 이해하고 있는 것은 곧 나의 존재 가능성, 즉 논문을 쓴 나를 현실화하기 위해서다. 자신의 미래 가능성을 이해하고, 그것을 현실화하기 위한 현존재의 행위를 하이데거는 "기획투사(Entrwuft, 기투)"라고 부른다. 우리는 언제나 기투하면서 살아가는데, 이것은 나 혼자만 하는 것이 아니다. 다른 사람들도 나와 똑같이 기획투사하면서 살아가고 있다. 그런데 이 세계의 모든 것은 유한하며, 따라서 모든 사람의 기획투사를 만족시켜줄 수 없다. 이러한 점이 갈등을 일으키는 존재론적 원인이라고 볼 수 있을 것이다.

나 자신인 존재자가 아닌 다른 존재자들을 간단히 살펴보면, 손안의 존재자란 곧 우리가 사용하는 도구를 뜻하며, 눈앞의 존재자는 곧 넓은 의미의 자연을 뜻하고, 공동현존재는 나 아닌 다른 사람들, 즉 타인을 뜻한다. 인간 현존재는 세계 속에서 만나는 이러한 자연, 도구, 타인에 대해 이해하면서 존재한다. 예를 들어 '망치'는 '내가 못을 박는 데 사용할 수 있는 도구'라는 점을 이해하고 있기에 그것을 사용할 수 있다. 그리고 자연 사물들은 우리에게 '언제든지 도구가 될 수 있는 것'으로 이해될 수 있으며, 역시 우리는 그것을 사용할 수 있는 것으로 파악한다. 이처럼 우리는 세계 속 존재자 대부분을 우선 우리를 위한 도구로 이해하고 있다. 왜 그럴까? "그 존재자[인간 현존재]에게는 그의 고유한 존재가 떠맡겨져"[15] 있기 때문이다. 다시 말해 현존재는 자신의 삶을 스스로 짊어져야 한다. 그리고 자신의 삶을 이어나가기 위해서는

15 같은 책, 66쪽. [ ] 안의 내용은 인용자가 추가한 것이다.

그를 위한 도구들이 필요하기에 그것들을 도구로 이해하고 있으며, 이 도구들을 통해 나의 존재가능을 실현하려고 한다.

인간 현존재는 다른 현존재, 즉 공동현존재(Mitdasein)도 이해하고 있다. 우리는 관계를 맺고 있는, 혹은 맺을 수 있는 상대방이 어떠한 사람인지 이미 어느 정도 앞서 알고 있다. 그런데 하이데거는 "현존재는 암암리에 애초부터 눈앞의 것으로 개념 파악되고 있다"[16]라고 말한다. 다시 말해, 앞서 우리는 눈앞의 것이 도구가 될 수 있는 존재자라고 했으므로 우리 인간은 다른 사람을 마치 나의 존재가능을 펼치는 데 도움이 되는 도구처럼 우선 대하고 있다는 것이다. 이처럼 다른 사람을 마치 나를 위한 도구처럼 보는 것 역시 갈등의 원인이라고 볼 수 있다. 나름의 기투를 하고 있는 타인을 도구 취급하는 순간 그 사람은 반발하게 될 것이며, 역으로 나 역시 언제나 타인을 위한 도구로 전락해버릴 수 있기 때문이다. 그런데 하이데거는 이러한 이해는 다른 현존재에 대한 비본래적 이해라고 말한다. 그렇다면 다음 절에서는 비본래적 혹은 본래적 이해란 어떠한 것이며, 본래적 이해 속에서 다른 현존재는 어떻게 이해될 수 있는지 알아보도록 하자.

3. 본래적 이해와 비본래적 이해

하이데거에 따르면 우리의 존재방식인 이해는 본래적일 수도 있

16 같은 책, 161쪽.

고, 비본래적일 수도 있다. 우선 하이데거의 존재론에서 '본래적(本來的, eigentlich)'과 '비본래적(非來的, uneigentlich)'이라는 용어가 어떠한 의미로 쓰이는지부터 살펴보자. 독일어 eigentlich는 형용사 eigen에서 파생된 것으로, eigen은 '자기의', '자신의', '자기 소유의'라는 의미를 가지고 있다. 따라서 스스로 기투하는 자유로운 자로서의 인간 현존재가 어떠한 것이든지, 그것을 '자기 스스로', '혹은 자기 자신으로부터 생겨난' 것으로 받아들인다면 그것은 '나로부터[本]' '온[來]' 것, 즉 본래적인 것이다. 물론 이에는 타인으로부터 만들어진 것을 받아들이되 그것을 나의 것으로 만드는 방식으로, 하이데거 고유의 용어로 하자면 "고유화(ereignen)"하면서 받아들이는 것도 포함된다.[17] 이와 반대로 어떤 이해를 스스로 획득하지 않고, 또 타인으로부터 얻어 그것을 자신의 것으로 고유화하지 않고, 다시 말해 무비판적으로, 마치 그것이 원래부터 자기 것인 양 받아들인다면 그것은 비본래적인 것이 된다.

이 본래적-비본래적이라는 용어를 우리의 주제인 이해에 접목해 보자. 우선 '비본래적 이해'란 무엇에 대한 이해이되, 그것이 스스로 수고를 기울여 만들어낸 이해가 아니라 타인의 이해를 마치 자기 것인 양 가지고 있는 것이다. 그렇다면 우리는 일상에서 '비본래적 이해'를 '누구'로부터 얻는가? 하이데거는 우리가 일상 속에서 대부분의 경우 "그들(das Man)"[18]로부터 얻는다고 말한다. 그가 말하는 "그들"이란 "이

17 '고유화'는 다른 사람의 것을 자신의 것으로 만든 경우에만 해당하는 용어는 아니다. 오히려 사실 본래적인 모든 이해는 고유화를 통해 이루어진다고 볼 수 있다.

18 독일어 일상어에서 '사람', '남성'에 해당하는 단어는 'der Mann'이다. 그리고 소문자로 쓰인 'man'은 '누군가', '특정할 수 없는 어떤 사람', '특정할 수 없는 사람들', '세상 사람들'이라는 의미로 쓰인다. 하이데거는 이 man에 'das'라는 중성 정관사를 붙여 자신의 고유한 존재론적 용어로 만든다. '그'가 문법적 성이기는 하지만 중성을 뜻하는 'das'를 사용한 것은 인용문에도 보이는 것처럼 '불특정한 누군가'를 강조하기 위해서라고 볼 수 있다.

사람도 저 사람도 아니고, 사람들 자신도 아니며, 몇몇 사람들도 아니고, 모든 사람의 총계도 아니다. 그 '누구'는 중성자[불특정 다수]로서 **그들**[세인]이다."[19] 그들은 특정할 수 있는 '누군가'가 아니다. 그들은 "눈에 안 띔(Unauffälligkeit)"과 "[누구인지] 확정할 수 없음(Nichtfeststellbarkeit)"이라는 존재방식을 가지고 우리에게 영향을 미치고 있다.

> "우리는 남들이 즐기는 것처럼 즐기며 좋아한다. 우리는 **남들**이 보고 판단하는 것처럼 읽고 보며 문학과 예술에 대해 판단한다. 우리는 또한 **남들**이 그렇게 하듯이 '군중'으로부터 물러서기도 한다. **남들**이 격분하는 것에는 우리도 '격분한다'. '그들'은 어떤 특정한 사람들이 아니고, 비록 총계로서는 아니더라도 모두인데, 이 '그들'이 일상성의 존재양식을 지정해주고 있다."[20]

하이데거는 특별히 그들이 우리에게 영향을 주는 세 가지 양태를 강조하는데, 이번에는 이에 대해 살펴보자. 그 세 가지 양태는 "잡담(Gerede)", "호기심(Neugier)", "애매함(Zweideutigkeit)"이다.[21] 우선 잡담의 독일어 원어는 Gerede로, 물론 독일어 일상용어에서는 '쓸데없는 이야

---

19 같은 책, 176쪽. [ ] 안의 내용은 번역자가 추가한 것이다.

20 같은 책, 177쪽. "우리는 남들이 즐기는 것처럼 즐기며 좋아한다"의 경우 독일어 원문에는 '남들'이 *man*으로 강조되어 있지만, 번역본에서는 강조되어 있지 않다. M. Heidegger, *Sein und Zeit*(Tübingen: Max Niemeyer Verlag, 1967), p. 126 참조.

21 이 양태들에 대한 임상철학적 접근에 대해서는 우정민, 「현대인의 '시간 병리'에 대한 존재론적 해석: 하이데거의 현존재분석론을 중심으로」(『용봉인문논총』 56, 전남대학교 인문학연구소, 2020), 223-253쪽, 특히 233-236쪽; 김동한, 「하이데거의 현존재분석론에 대한 임상철학적 해석: 긍정심리학에 대한 비판적 분석을 중심으로」(『현대유럽철학연구』 52, 한국하이데거학회, 2019), 206-214쪽 참고.

기', '수다', '잡담', '대화'라는 뜻으로 사용되지만, 하이데거의 의도를 더 잘 이해하기 위해 우리말로 직역해보자면, '이미 말해진 것'이다.[22] 본래 '말'이란 내가 이해하고 있는 것을 외부로 표현하는 것이라고 할 수 있다. 무엇에 대해 말하기 위해서는 그 무엇을 앞서 이해하고 있어야 한다. 그런데 잡담에서 "말함은 그 존재자를 근원적으로 자기 것으로 만드는 식으로 함께 나누지 못하고 그저 **퍼뜨려 말하고 뒤따라 말하는 방법**으로 나눌 뿐이다."[23] 다시 말해, 잡담에서 나의 이해란 없다. 그들이 무엇인가에 대한 자신의 이해를 바탕으로 말한 것을 마치 자기가 이해한 양 뒤따라서 앵무새처럼 말할 뿐이다. 소위 "~라 하더라"라는 표현이 이를 잘 나타내주고 있다. 이때 대상에 대해서는 '대충 피상적으로' 이해할 뿐이다. 결코 대상에 대해 스스로 이해하려고 하지 않으며, 단지 이미 이해된 것을 옮길 뿐이다.

또 다른 양태인 "호기심"은 "본 것을 이해하기 위해, 다시 말해 그것에 대한 존재에 이르기 위해 보려고 애쓰는 것이 아니라 그저 보기 위해 보려고 애쓴다"[24]라는 현존재의 존재방식을 나타낸다. 이는 하나의 대상에 진득하게 몰입하기보다는 유행에 따라 이리저리 관심의 대상을 옮겨가는 현대인의 삶을 잘 드러내고 있다. 현대사회는 우리가 쉽게 따라잡지 못할 속도로 변화하고 있다. 사람들은 하나의 대상을 진정으로 이해하려 계속해서 시도하고 있을 때, 자신이 다른 것에 대한 이해를 얻지 못해서 시대에 뒤떨어질까 봐 걱정한다. 이러한 걱정

---

22 독일어에서 전철 ge는 뒤에 오는 단어를 수동형로 만들어주는 역할을 하며, Rede는 '말'이라는 뜻이다.

23 마르틴 하이데거, 『존재와 시간』, 231쪽.

24 같은 책, 236쪽.

이 바로 호기심을 만들어낸다고 볼 수 있다. 계속해서 새로운 것을 피상적으로나마 이해해야만 시대를, 다른 사람들을 뒤따라가고 있다는 안도감을 가질 수 있다. 그러나 이러한 호기심은 잡담과 마찬가지로 대상에 대한 진정한 이해를 할 수 없도록 만든다.

마지막 양태인 "애매함"은 잡담과 호기심에 의해 드러난다. 모든 것에 대해 마치 자기가 스스로 획득한 이해인 양 말하고, 계속해서 다른 대상으로 관심사를 옮겨다니다 보면 "모든 것이 진정으로 이해되고 파악되고 말해진 것처럼 보이지만 근본에서는 그렇지 못하고, 아니면 그렇지 않은 것처럼 보이지만 근본에서는"[25] 그런 상황에 부닥치게 된다. 다시 말해 어떤 이해가 본래적으로 획득한 이해이고 어떤 이해가 비본래적으로 획득한 이해인지 더 이상 구별되지 않는 상황에 이르게 되는 것이다. 하이데거는 이 애매함이 "현존재의 가능성을 제공해주는 가장 위험한 방식"[26]이라고 본다. 왜냐하면 애매함은 현존재의 모든 가능성을 무력화하기 때문이다. 앞서 살펴본 것처럼 모든 인간 현존재가 자신의 존재 가능성을 실현하기 위해서는 세계 속에 존재하는 다른 모든 존재자에 대한 본래적 이해가 반드시 필요하다. 그러나 애매함은 이런 본래적 이해가 있기는 한지, 그 범위가 어디까지인지를 은폐해버리기 때문에 현존재는 자신의 진정한 존재가능을 펼칠 수 없게 된다. 특히 이 애매함은 타인과의 관계에 큰 영향을 주는데, 그러한 상황은 하이데거의 다음과 같은 분석에서 잘 드러난다.

---

25 같은 책, 237쪽.

26 같은 책, 238쪽.

"[애매함 속에서는] 누구나 먼저 우선 타인의 눈치를 살펴서, 그가 어떻게 행동하는지, 그것에 대하여 그가 무슨 말을 하는지 본다. '그들' 속에 서로 함께 있음은 절대로 폐쇄되어 무관심하게 옆에 나란히 있는 것이 아니고, 긴장 속에 애매하게 서로를 살피며 몰래 서로 엿들으며 있는 것이다. 서로를 위한다는 가면 아래 서로를 적대하는 연출을 진행하고 있다."[27]

하이데거는 이러한 비본래적 이해들을 "값싼 이해[일반 상식](Verständigkeit)"[28]라고 부른다. 값싼 이해 속에서는 세계의 모든 것에 대해 남들이 가지는 평균적인 이해밖에 가지지 못하고, 궁극적으로 자기 자신에 대해서도 본래적인 이해를 가지지 못한다. "세계-내-존재"로서 인간은 자신의 의미를 세계 속 다른 존재와의 관계 맺음을 통해 발견하기 때문이다. 이러한 경우 '진정한 갈등'이란 일어나지 않는다. 필자는 여기서 '진정한 갈등'을 '원하는 대상이 무엇인지, 그것이 어떠한 의미를 가지고 있는지, 그것이 나의 실존과 어떠한 관계가 있는지를 이해했을 때 벌어지는 갈등'의 의미로 쓰고자 한다. 값싼 이해와 함께 사람들은 진정한 갈등을 일으키는 것이 아니라 다른 사람의 갈등을 대신 일으키고 있는 것, 즉 '부진정한 갈등'을 일으키고 있다. '부진정한 갈등'의 경우 우리는 그것을 해결하기도 쉽지 않다. 원하는 대상이 무엇인지, 나와 무슨 연관이 있는지 결코 진정으로 알지 못하기 때문이다. 앞서 보았듯이 타인에 대한 비본래적 관계 속에서 타인들은 단지

27 같은 책, 239쪽. [ ] 안의 내용은 인용자가 추가한 것이다.

28 같은 책, 204쪽. [ ] 안의 내용은 번역자가 추가한 것이다.

나의 가능성을 위한 도구처럼 대해지기도 한다.

그렇다면 '진정한 갈등'은 언제 일어날 수 있을까? 그것은 우리 현존재가 "본래적 이해"를 가지고 있을 때 가능해진다. 그렇다면 다시 물을 수 있다. 언제 우리는 "본래적 이해"를 가지게 되는가? 하이데거는 『존재와 시간』에서 두 가지 계기를 밝힌다. 첫 번째는 "불안(Angst)"이라고 부르는 "근본기분(Grundstimmung)"을 통해서다.[29] 불안은 "공포(Furcht)"와의 대조 속에서 더 잘 이해될 수 있다. 공포는 대상을 가지고 있다는 점이 불안과 가장 큰 차이점이다. 공포의 대상, "즉 '두려운 것'은 그때마다의 손안의 것, 눈앞의 것, 공동현존재의 존재양식을 가진 **세계내부적으로** 만나게 되는 어떤 것이다."[30] 다시 말해 우리는 어떠한 도구, 동물, 자연, 사람에게서 공포를 느끼게 된다. '저 망치가 내 손가락을 찧으면 어떻게 될까?', '저 뱀이 나를 물면 어떻게 될까?', '저 교수님이 나를 혼내면 어떻게 될까?', '부모님이 먼저 돌아가시면 어떻게 될까?' 등을 생각할 때 우리는 공포를 느끼게 되고 그것으로부터 도피하려고 한다.

그런데 불안의 대상은 세계내부적이지 않다. 그래서 사람들은 불안에 떨 때 자신이 무엇 때문에 불안에 떠는지 모른 채로 불안이라는 기분에 휩싸이게 되며, 불안이 지나고 나면 "그것은 아무것도 아니었어"[31]라고 말하게 된다. 불안은 말하자면 세계내부적인 대상이 아니라

---

29 하이데거는 『형이상학의 근본개념들』에서는 다른 근본기분으로서의 "권태(Langweile)"에 대한 해석을 통해 '본래적 이해'를 획득하는 방식을 설명한다. 마르틴 하이데거, 『형이상학의 근본개념들: 세계-유한성-고독』, 275-283쪽 참조.

30 마르틴 하이데거, 『존재와 시간』, 195쪽. 강조는 인용자의 것이다.

31 같은 책, 255쪽.

"세계-내-존재 그 자체다."[32] 다시 말해 불안은 '나의 존재'로부터의 도피다. 대상이 세계내부적인 것이 아닌 한 불안 속에서는 "도대체 세계내부적인 존재자가 '중요치' 않다"[33]는 것을 의미한다. 실제로 불안이라는 기분에 빠져본 사람은 이러한 의미를 잘 이해할 수 있을 것이다. 불안에 처할 때 주위의 모든 것은 나의 시야에 들어오지 않으며, 더 이상 나에게 아무런 도움이 되지 못하며, 아무런 의미도 없어진다. 이제 세계내부적인 모든 것은 "그 자체로 아무런 의미가 없다. 그것은 그 자체로 무너져내린다. 세계는 전적인 무의미성의 특징을 띠게 된다."[34] 불안 이전에 우리가 무엇에 대해 그들로부터 영향을 받아 가지고 있던 이해 혹은 의미는 더 이상 아무런 의미도 가지지 못한다. 그런데 이처럼 불안으로 인해 세계가 무화될 때, 역설적이게도 우리는 이제 비로소 그들로부터 영향을 받지 않고 세계에 나만의 의미를 부여할 수 있게 된다. 불안은 그들의 이해로부터 세계를 이해할 가능성을 빼앗아버리고, 그들로부터 나를 개별화함(vereinzeln)으로써 이제 나의 존재가능에 따라 세계를 이해할 수 있게 되는 것이다. 본래적 이해는 이렇게 불안으로부터 획득될 수 있다.

본래적 이해 획득의 두 번째 계기는 "**죽음으로 달려가봄**(Vorlaufen zum Tode)"[35]이며, 이는 불안과도 관련되어 있다. 나의 존재를 시간적으로 완전히 이해하기 위해서는 그 시작과 끝, 다시 말해 나의 탄생과 나의 죽음에 대해서도 이해해야 한다. 나의 탄생에 대한 이해는 비교적

32 같은 책, 254쪽.

33 같은 책, 254쪽.

34 같은 책, 254쪽.

35 같은 책, 357쪽.

쉽게 얻을 수 있다. 탄생은 내가 이미 경험한 것이며, 설령 내가 그것을 기억하지 못한다고 하더라도 부모님을 비롯한 주위 사람들로부터 그에 관한 여러 이야기들을 들을 수 있기 때문이다. 그런데 죽음은 그렇지 않다. 죽음은 결코 경험할 수 없는 것이다. 만일 죽음을 경험한다면, 그 죽음의 경험으로부터 세계-내-존재의 상실, 다시 말해 더 이상 현존재로 존재할 수 없음이라는 사태가 일어나게 된다.

나의 죽음은 또한 다른 사람의 죽음을 통해서도 알 수 없다. 죽음은 철저히 그 개인의 것이다. 타인의 죽음은 타인의 죽음일 뿐이다. “사망함에서 드러나는 것은 죽음이 존재론적으로 각자성과 실존에 의해 구성된다는 점이다.”[36] 다르게 표현하자면 “죽음은 자신이 각기 그때마다 떠맡아야 할 존재 가능성이다.”[37] 하이데거에게서 죽음은 각각의 현존재에게 가장 고유하고, 무연관적이며, 건너뛸 수 없는 가능성이다. 가장 고유하다는 점은 이미 설명했으며, 건너뛸 수 없다는 점은 인간은 유한한 필멸자라는 점에서부터 쉽게 이해 가능하다. 그런데 무연관적(unbezüglich)이라는 단어가 의미하는 것은 무엇인가? 그것은 바로 모든 존재자와의 연관들이 끊어진다는 것을 의미한다. 이때 역시 불안과 마찬가지로 죽음에서는 “모든 배려되고 있는 것 곁에 있음과 모든 타인과의 더불어 있음이 소용이 없다.”[38] 다시 말해 우리가 이미 가지고 있던 그것들에 대한 이해는 소용이 없어진다.

그런데 우리는 실제로 죽을 때만 이러한 무연관성을 경험할 수 있는 것이 아니다. 하이데거에 따르면 우리는 죽음 앞으로 달려가볼 수

---

36 같은 책, 322쪽.

37 같은 책, 335쪽.

38 같은 책, 322쪽.

있다. 죽음 앞으로 미리 달려가봄이라는 것은 곧, 죽음으로부터 도피하지 않고 죽음이라는 가장 고유하고, 무연관적이며, 건너뛸 수 없는 가능성이 "**가능성으로** 이해되고", "**가능성으로** 형성되고", "**가능성으로** 견뎌내어"[39]지는 것을 뜻한다. 이렇게 죽음을 나의 가능성으로 받아들이게 될 때, 앞서 가졌던 이해가 소용이 없어지는 것으로 끝나지 않고 또다시 나만의 고유한, 본래적 이해를 처음부터 만들어나갈 기회가 된다.

죽음으로 달려가봄을 타인에 대한 이해와도 다시 연결해보자. 앞서 분명히 타인의 죽음은 타인의 죽음일 뿐 대신 경험해줄 수 없다고 말했다. 그러나 타인 역시 죽음이라는 피할 수 없는 가능성을 가진 유한한 존재자라는 점을 이해할 때, 상대방을 대하는 우리의 태도는 달라질 수 있다. 상대방도 자신의 기획을 이루기 위해 아등바등하지만 결국 내일 당장이라도 죽을 가능성 역시 가지고 있다는 것을 인정해준다면, 상대방의 처지에서 한 번 더 생각해볼 가능성 혹은 내가 한발 양보할 수 있는 가능성이 생겨나게 된다.

4. 인간 현존재가 다른 인간 현존재를 대하는 방식: 심려

앞서 살펴보았듯이 하이데거는 『존재와 시간』에서 인간 현존재를 "세계-내-존재(In-der-Welt-sein)"라고 부른다. 다시 말해 하이데거는 인간

39 같은 책, 349쪽.

이 세계 안에서, 세계 안의 모든 존재자를 이해하면서, 또 이렇게든 저렇게든 관계를 맺으며 살아가는 존재라고 말하고 있다. 그는 인간 현존재가 관계 맺는 존재자의 존재방식에 따라 관계 맺는 방식도 서로 다르다고 분석한다. 앞서 보았듯 『존재와 시간』에서 제시된 하이데거의 분석에 따르자면, 세계 속의 존재자들은 "손안의 존재자", "눈앞의 존재자", "공동현존재" 그리고 나 자신으로 구분될 수 있다.[40]

우리는 이처럼 서로 존재론적으로 구별되는 존재자들에 대해 다른 방식으로 관계 맺는데, 우선 "손안의 존재자"와 "눈앞의 존재자"의 경우는 "배려(Besorgen)"라는 방식을 통해 관계 맺고 있다. 배려는 독일어 일상용어에서 '돌보다', '조달하다', '마련하다' 등의 의미로 쓰인다. 하이데거는 이 용어를 자신의 존재론적 용어로 전용하면서 앞서 언급된 두 존재자와 관계 맺음을 지칭하는 용어로 사용하고 있다. 하이데거가 이 용어를 고른 까닭은 우리가 일상적으로 "손안의 존재자"와 "눈앞의 존재자"를 우선 나의 존재가능을 위해 조달해야 하고 마련해야 할 일종의 "도구(Zeug)"로 보기 때문이다. 하이데거는 "손안의 존재자"를 "**도구**라고 이름한다. 주로 왕래하게 되는 것은 필기도구, 재봉도구, 작업도구, 운전도구, 측량도구 등이다".[41] 일반적으로 볼 때 세계 속에서 우리가 가장 많이 접하고 관계 맺는 것들은 도구다. 필자가 지금 이 글을 쓰고 있는 순간에도 하나의 방, 책상, 컴퓨터, 키보드, 책, 커피

---

40 후기에 가서 하이데거는 세계를 "사방세계(Geviert)"라고 부르면서 이 세계를 구성하는 존재자를 "죽을 자들", "대지", "하늘", "신적인 것"으로 구분하고 서로가 서로를 존재하게 한다고 말한다. 이에 대해서는 마르틴 하이데거(이기상 · 신상희 · 박찬국 옮김), 『강연과 논문』(서울: 이학사, 2008), 161-268쪽 참조.

41 마르틴 하이데거, 『존재와 시간』, 100쪽. 여기서 말하는 '왕래(Umgang)'란 세계내부적인 존재자와 일상적으로 관계 맺는 방식을 말한다(마르틴 하이데거, 『존재와 시간』, 98쪽 참조).

잔, 연필 같은 도구들과 관계 맺고 있다. 방 자체를 포함해서 방안의 모든 것이 도구라 할 수 있다. 이러한 것들은 곧 나의 손(Hand)이 닿아 있는(zu) "손안의 존재자(Zuhandenes)"다.

반면에 『존재와 시간』에서 "눈앞의 존재자"는 도구와 인간 현존재들을 제외한 세계내부적인 다른 모든 것, 즉 넓은 의미에서의 자연을 의미한다. 현대의 인간에게 자연은 아직 손에 닿아 있지는 않지만, 언제든지 손에 닿을 수 있게 손(Hand) 앞에(vor) 있는 "눈앞의 존재자(Vorhandenes)"[42]다. 따라서 자연은 언제나 우리의 도구가 될 수 있으며, 인간은 계속해서 자연을 도구로 만들려고 노력한다. 산은 우리에게 광물을 내어주는 도구가 되고, 물은 우리에게 수산자원과 전력을 제공해주는 도구가 되며, 하늘은 전파가 통과할 수 있는 도구가 된다.[43]

다음으로 내가 아닌 타인, 즉 공동현존재와 함께 있음을 "더불어 있음(Mitsein)"이라고 부르며,[44][45] 이때 우리가 공동현존재와 관계 맺는 방식을 하이데거는 "심려(Fürsorge)"라고 부른다.[46] 그런데 심려에도 여러 가지 양태가 있다. 부정적인 양태로는 "서로 상대하지 않으며 있

---

42 Vorhandenes는 직역하면 '손앞에 있는 것'이고, 독일어 일상용어에서는 '수중에 있는 것', '실제로 존재하고 있는 것'이라는 뜻으로 쓰인다. 번역자들은 아직 손에 닿아 있지는 않지만, 언제든지 손에 닿을 수 있도록 우리 시야 안에 들어와 있다는 의미에서 '눈앞의 존재자'라고 번역하는 것으로 보인다.

43 하이데거는 이러한 경향성을 현대 기술의 특징으로 분석한다. 현대 기술에 대한 하이데거의 대표적 분석 및 비판으로는 마르틴 하이데거, 『강연과 논문』, 9-49쪽 참조.

44 '더불어 있음'에 대한 임상철학적 분석은 다음을 참고할 것. 임지혜, 「소통의 존재론, 그리고 임상철학」(『존재론 연구』 37, 한국하이데거학회, 2015), 195-221쪽.

45 『존재와 시간』 이후 "더불어 있음" 개념의 변화에 대해서는 G. Floria, "Mitsein: Variationen auf das Thema Gemeinschaft" (*Heidegger-Handbuch: Leben – Werk – Wirkung*, Verlag J. B. Metztler, 2013), pp. 295-304 참조.

46 독일어 일상용어에서 Fürsorge는 '주의', '배려', '돌봄'을 뜻한다.

음", "서로 지나쳐버림", "서로 아무 상관하지 않음" 등과 같은 "결손과 무차별의 양태"[47]가 있다. 현대사회에서 우리는 일상 속에서 마치 타인이 없는 것처럼, 마치 사물인 것처럼 대하며 살아가고 있다. 우리는 옆집에 누가 사는지 더 이상 알지 못하며, 관심도 없으며, 누가 살든지 그가 나에게 피해만 주지 않는다면 아무런 신경도 쓰지 않고 살아간다.[48]

심려의 긍정적인 양태로는 타인과 직접적으로 관계 맺으면서 타인의 존재 가능성을 실현하는 양태가 있다. 그런데 하이데거는 이러한 긍정적 양태가 두 극단적 가능성을 가지고 있다고 말한다. 첫 번째 가능성은 다음과 같은 것이다.

"다른 사람의 '염려'를 흡사 빼앗아버려 배려함 속에서 그의 대신 나서서, 그를 위하여 뛰어들 수 있다. 이러한 심려는 배려해야 할 것을 타인을 위해서 [자기가] 떠맡는다. 이때 타인은 그의 자리에서 쫓겨나서 뒤로 물러앉아 나중에 배려된 것을 완성되어 마음대로 다룰 수 있는 것으로 떠맡게 되거나 또는 거기에서 완전히 해방되거나 한다."[49]

---

47 마르틴 하이데거, 『존재와 시간』, 122쪽.

48 이러한 특성을 하이데거는 공동현존재의 "눈에 띄지 않음(Unauffälligkeit)"이라고 부른다. 이는 "그들"에 대한 언급에도 이미 등장했는데, 타인을 마치 도구처럼 대하는 것이라 할 수 있다. 하이데거에 따르면 도구들 역시 "눈에 띄지 않음"이라는 성격을 가지고 있다. 다시 말해 도구가 문제가 생기기 전까지, 예를 들어 망치질해야 할 망치의 대가리가 부서져버렸다든가 하기 전까지 우리는 못을 박는 것 자체에 집중할 뿐 망치 자체에는 주의를 기울이지 않는다. 같은 책, 110쪽 및 170쪽 참조.

49 같은 책, 170쪽. [ ] 안의 내용은 번역자가 추가한 것이다.

이러한 양태의 현실적인 예를 들어보자면, 일전에는 '마마보이'라고 불렸던 것이며 또 요즘에는 '헬리콥터 부모'라고 불리는 것이다. 소위 '마마보이'는 자신의 일에 대해 스스로 결정하지 못하고 모든 것을 부모에게 물어본다. 자기에게 문제가 되는 것을 부모가 떠맡도록 만드는 것이다. 마마보이는 스스로 이해하고 자신의 삶을 결정하며 펼쳐나가기를 두려워한다. 즉, "존재부담의 면제(Seinsentlastung)"를 받고 싶어하며 그것을 자신의 부모에게 떠넘긴다. 그리고 소위 '헬리콥터 부모'는 사사건건 마치 헬리콥터처럼 자녀들의 주위에 떠 있으면서 자녀들의 결정을 대신 해주며, 모든 것을 해결해주려고 노력한다. 자녀들은 역시나 자신의 "존재부담"을 스스로 짊어지지 못한다. 이런 상황일 때 '마마보이'와 '헬리콥터 부모'의 자녀들은 더 이상 자신의 존재가능을 펼칠 수 없다. 그들은 완전히 "의존하며 지배받는 사람"[50]이 되어버린다. 다시 우리의 관심사인 이해에서 보자면 이들은 부모의 이해를 마치 자기의 이해인 양 무차별적으로 받아들이는 사람이 되고 만다. 하이데거는 이러한 타인과의 관계 맺음을 "대신 뛰어드는, '염려'를 빼앗아버리는 심려"[51]라고 부른다. 이를 다시 이해 및 갈등과 연관 지어보자면, 이러한 때도 여전히 본래적 이해란 없고 '진정한 갈등'도 생겨날 수 없다. 그리고 이 갈등을 진정으로 해결해갈 만한 실마리도 보이지 않는다. 반복하는 이야기지만 실상 그들이 원하는 것, 되고자 하는 것은 스스로 선택하고 이해한 것이 아니라 남이 선택해준 것이기 때문이다.

긍정적인 심려 중에서 이와 반대 극단에 있는 것은 "대신 뛰어들

---

50 같은 책, 170쪽.

51 같은 책, 170쪽.

기보다는 그의 실존적인 존재가능에서 타인에 앞서 먼저 뛰어드는 그런 심려”[52]다. 이것은 위의 심려와 다르게 관계 맺고 있는 공동현존재가 자신의 존재부담을 지고, 존재 가능성을 펼 수 있도록 도와주는 심려다. 다시 말해 다른 공동현존재를 본래적인 이해 속에서 대하고 있다. 이에 대한 하이데거의 설명은 너무나도 적기 때문에 필자 나름의 이해를 토대로 해석해보자면, 부모를 예로 들어 헬리콥터 부모와는 반대로 자식들이 어떻게 자라왔는지, 지금은 어떠한 상태인지, 앞으로 무엇이 되기를 원하는지를 정확히 파악하고 자식들의 존재 가능성을 펴게 도와주는 부모라 할 수 있을 것이다. ‘어떤 학교, 학원을 꼭 가야 한다’든지, ‘너는 미래에 무엇이 되어야만 한다’든지 이런 말은 이 부모에게는 어울리지 않는다. 반대로 ‘너는 무엇이 되고 싶니?’, ‘왜 그것이 되고 싶니?’, ‘그것이 되는 데 내가 도와줄 수 있는 것은 없니?’ 같은 물음이 이러한 부모가 주로 하는 질문일 것이다.[53] 교사, 교수, 동료, 친한 친구 등도 이러한 역할을 수행할 수 있을 것이다.

타인에 앞서 먼저 뛰어드는 심려를 위해서는 두 가지 본래적 이해가 필요하다. 하나는 상대방이 가진 본래적 이해다. 먼저 그는 자신의

52 같은 책, 170쪽. Heidegger. M., *Sein und Zeit*에서는 “앞서 먼저 뛰어드는(vorausspringt)”이 강조되어 있지만, 번역본에서는 강조되어 있지 않다. Heidegger. M., *Sein und Zeit*, p. 122 참조. 하이데거는 이러한 심려가 죽음으로 먼저 달려가봄을 통해 도달한 결단성으로부터만 가능하다고 말한다. “자기 자신에로의 결단성이 현존재를, 비로소 함께 존재하는 타인들을 그들의 가장 고유한 존재가능에서 ‘존재하도록’ 하며, 이 가장 고유한 존재가능을 앞서 뛰어들며 자유롭게 하는 심려 속에서 함께 열어 밝힐 수 있는 가능성에로 데려온다.”(마르틴 하이데거, 『존재와 시간』 387쪽) 본 논문에서는 주제상, 지면상 『존재와 시간』의 또 다른 중심 주제인 양심, 결단성은 다루지 못했다. 두 주제에 관해서는 마르틴 하이데거, 『존재와 시간』 제60절 ‘양심에서 증거된 본래적인 존재가능의 실존론적 구조’(393-401쪽) 참조.

53 물론 이러한 질문이 상대방에게 부담으로 다가가서는 안 될 것이며, 혹은 직접적으로 묻지 않더라도 세심한 관찰을 통해 스스로 이해할 수도 있을 것이다.

세계를 자신의 것으로 고유화하면서 이해할 필요가 있다. 자신이 어떻게 존재해왔는지, 지금 어떻게 존재하고 있는지, 그리고 앞으로 어떻게 기투할 것인지를 이해하고 있어야 하며, 갈등과 관련지어 말하자면 내가 얻고자 하는 것은 나에게 어떠한 의미를 가지고 있는지, 그것이 나와는 어떠한 연관이 있는지, 나의 미래는 그것과 어떻게 관련이 있는지 이해하고 있어야 한다. 그래야만 갈등 속에서도 진정한 자기 존재가능을 펼칠 수 있게 된다.

또 한편으로 필요한 본래적 이해는 내가 상대방에 대해 가지는 이해다. 이해는 같은 구조를 가지고 있어서 반복되지만, 다시 말해보면, 진정한 갈등 상황을 해결하기 위해 상대방에 대한 본래적 이해, 즉 상대방은 어떻게 살아왔는지, 지금은 어떠한 상태에 있는지, 나와 함께 원하고 있는 그것은 상대방의 미래와 어떤 관계가 있는지를 세심히 이해해야 한다. 이러한 상대에 대한, 혹은 상황에 대한 세심한 이해로부터 우리는 갈등을 해결해나갈 실마리를 얻을 수 있다. 지금까지 살펴본 것처럼 본래적 이해를 가지고 상대방을 '앞서 솟아나는 심려'를 통해 대할 때만 소통을 시작할 가능성이 보일 것이기 때문이다.

5. 나가는 말

현재 대한민국은 소위 '불통과 갈등의 시대'라고 불린다. 불통과 갈등은 대한민국 전체에서 "지역 간, 이념 간, 소득수준 간 대립으로부터 젠더, 세대, 직군(비정규직-정규직 등) 간 혐오로까지 확대되고 있다."[54] 이에 맞추어 어떻게 이러한 불통과 갈등을 해결할 수 있을까 하는 담론도 계속해서 생산되고 있다. 그러나 모든 문제를 확실히 해결할 방안이나 근본적인 해결책은 아직 나오지 못하고 있는 것 같다.

본 논문은 갈등을 해결할 수 있는 실제적이거나 실용적인 방법을 제시하지 못한다는 점에서 지금까지의 담론들과 같은 한계를 지니고 있다고 볼 수도 있다. 그러나 한편으로 본 논문은 갈등과 소통에 대한 근원적이고 존재론적 해석, 다시 말해 우리가 어떻게 존재하기에 갈등과 소통이 일어날 수 있는지에 대한 구조적 해석을 제공하고 있다. 이러한 점에서 앞으로 소통, 그리고 갈등 해결 방법에 대한 실용적 연구를 위한 토대를 조금이나마 제공한다고 볼 수 있다.

---

54 정의철, 「불통과 갈등의 시대, 소통(학)의 변화 모색: 소통권과 소통학의 역할을 중심으로」 [『한국소통학보』 20(4), 한국소통학회, 2021], 9쪽.

참고문헌

김동한, 「하이데거의 현존재분석론에 대한 임상철학적 해석: 긍정심리학에 대한 비판적 분석을 중심으로」, 『현대유럽철학연구』 52, 한국하이데거학회, 2019, 197-229쪽.

마르틴 하이데거(이기상 · 신상희 · 박찬국 옮김), 『강연과 논문』, 서울: 이학사, 2008,

______(이기상 옮김), 『존재와 시간』, 서울: 까치글방, 1997.

______(이강희 옮김), 『졸리콘 세미나』, 순천: 도서출판 롤링스톤, 2016.

______(이기상 · 강태성 옮김), 『형이상학의 근본개념들: 세계-유한성-고독』, 서울: 까치글방, 2001.

송현아, 「하이데거 철학에서 대화의 본질」, 『인문과학』 119, 연세대학교 인문학연구원, 2020, 165-190쪽.

우정민, 「현대인의 '시간 병리'에 대한 존재론적 해석: 하이데거의 현존재분석론을 중심으로」, 『용봉인문논총』 56, 전남대학교 인문학연구소, 2020, 223-253쪽.

임지혜, 「소통의 존재론, 그리고 임상철학」, 『존재론 연구』 37, 한국하이데거학회, 2015, 195-221쪽.

정의철, 「불통과 갈등의 시대, 소통(학)의 변화 모색: 소통권과 소통학의 역할을 중심으로」, 『한국소통학보』 20(4), 한국소통학회, 2021, 9-43쪽.

Floria, G., "Mitsein: Variationen auf das Thema Gemeinschaft," *Heidegger-Handbuch: Leben – Werk – Wirkung*, Stuttgart · Weimar: Verlag J. B. Metztler, 2013, pp. 295-304.

Heidegger, M., *Sein und Zeit*, Tübingen: Max Niemeyer Verlag, 1967.

Uzondu, C., "Heideggers Versuch, das 'Verstehen' zu verstehen," *Heidegger Studies*, vol. 26, Duncker & Humbolt GmbH, 2010, pp. 209-217.

09

대화에 대한 존재론적 해명: 하이데거의 인간 이해와 언어 사유를 중심으로

김동한(경북대학교 철학과 박사수료)

1. 들어가는 말

'서로 마주 대하여 이야기를 나눔', 곧 '대화(對話)'는 인간 존재의 본질을 이루는 것처럼 보인다. 일찍이 아리스토텔레스에 의해 '초온 폴리티콘(ζῷον πολιτικόν)', '초온 로곤 에콘(ζώον λόγον έχον)'으로 규정되기도 했듯, 인간은 타인들과 '더불어 있음' 속에서 '말'을 하며 살아가는 존재이기 때문이다. 실제로 매일같이 우리는 가족, 이웃, 친구, 연인, 직장동료, 인터넷 공간 속 불특정 다수, 공론의 장에서 만나게 되는 대중이나 정치인 등과 같은 여러 수많은 타인과 대화를 나누면서, 심지어는 모종의 이중화를 통해 우리 자신과도 대화를 나누면서, 사실상 우리 삶의 거의 모든 순간을 '대화' 속에서 살아간다. 이처럼 인간은 무엇보다 '대화하는 동물'이며, 그런즉 대화는 모든 인간 존재와 인간적 삶의 본질을 이루는 듯하다.

그러나 앞서 살펴본 것처럼 가히 모든 인간 존재와 인간적 삶의 본질이라 할 만한 '대화'의 현상을 우리는 과연 어느 정도로 분명하게 이해하고 있는가? 통상적으로 '대화'는 서로 마주한 둘 이상의 주체가 음성, 문자, 몸짓 등과 같은 '언어'를 매개로 하여 자신의 생각과 마음을 상대에게 전달하는 행위 또는 활동으로 개념 파악되며, 일반적으로는 '소통'이 그것의 목표로 여겨진다. 그러나 이념갈등, 지역갈등, 세대갈등, 젠더갈등 등 일일이 다 열거하기도 어려울 만큼 수없이 많은, 또한 끝도 없이 반복되는 우리 사회의 여러 갈등 상황들은 우리가 나누는 대화가 언제나 원활한 소통으로까지 이어지는 것은 아님을 보여주며, 이는 '소통'의 존재론적 바탕이라 할 수 있는 '대화'의 현상에 대한 우리의 이해가 여전히 피상적인 수준에 머물러 있음을 방증하는 것처럼 보인다.

이에 이 글은 '대화'의 존재론적 구조와 그 근원에 대해 깊이 있는 존재론적 통찰을 제공하고 있는 하이데거의 존재사유, 특히 그의 인간 이해와 언어 사유를 중심으로 '대화'의 현상에 대한 존재론적 해명을 시도한다. 하이데거의 후기 언어철학적 입장을 중심으로 '대화'에 대한 존재론적 해명을 시도하는 이 글의 기획이 진정한 소통에 이르는 길을 탐색하는 일에, 나아가 우리 사회에 산재해 있는 여러 갈등 상황들의 극복 방안을 모색하는 일에 작게나마 기여할 수 있기를 바란다.

2. 대화의 존재론적 구성 계기 1: '더불어 있음(Mitsein)'

잘 알려진 것처럼 1927년에 출간된 하이데거의 전기 주저 『존재와 시간(*Sein und Zeit*)』은 이른바 '현존재분석론(Daseinsanalytik)'이라 불리는 현존재에 관한 실존론적 분석 내용을 담고 있다. '존재 일반의 의미에 관한 해명'이라는 목표 아래, 현상학적 · 해석학적 방법에 따라 현존재를 실존론적으로 분석하는 과정에서 하이데거는 — 이 글과 같이 '대화'라는 주제를 다룰 경우 결코 피할 수 없는 주제들인 — '타인의 존재', '타인과의 관계' 그리고 '말'과 '언어' 등에 관한 여러 가지 사유의 단초들을 우리에게 제공해주고 있는데, 특히 책의 1부 1편의 4장과 5장에서 그러하다.

우선 『존재와 시간』 1부 1편의 4장 '더불어 있음과 자기 자신으로 있음으로서의 세계-내-존재. '그들'에서 하이데거는 '외부 세계의 실재성'이라는 전통적인 철학적 문제와 더불어 서양 철학의 역사에서 언제나 문젯거리로 여겨져온 '타인의 존재'에 관한 논의를 수행한다. 잘 알려져 있는 것처럼 그는 인간에 대한 종래의 선입견을 피하기 위해, 또한 인간이 지닌 고유한 존재방식을 적절한 방식으로 표현하기 위해 인간의 존재에 대한 호칭으로서 '현존재(Dasein)'라는 용어를 택하는 한편, 그러한 현존재의 본질적인 구조를 '세계-내-존재(In-der-Welt-sein)'라 부르고 있는데, 그에 따르면 현상학적인 관점에 입각해 사태 그 자체에 맞갖게 사유할 경우, 현존재와 세계는 서로 떼놓고서 생각하는 것이 불가능할 정도로 결코 떼려야 뗄 수 없는 본질적인 연관을 맺고 있는 것으로 파악된다.

물론 여기서 말하는 '세계'는 전통적인 해석에서처럼 '존재자의 총합' 같은 것을 의미하는 것이 아니다. 하이데거가 '현존재'를 '세계-내-존재'라고 부를 때의 '세계'는 실존론적으로 해석된 세계, 곧 현존재가 항상 이미 그 안에서 실존적으로 살아가고 있으면서, 사물이나 도구 같은 다른 존재자들을 만나기에 앞서 — 비록 비주제적이기는 하지만 — 선행적으로 발견하고 있는 세계를 의미한다. 그리고 이러한 맥락에서 하이데거는 세계는 그것의 존재가 따로 증명되어야 할 필요가 있는 대상이 결코 아니라고 말한다. 세계는 현존재와 독립적으로 존재하고 있어서 현존재에 의해 경험적으로 발견되어야 할 어떤 것이 아니라, 오히려 현존재의 모든 경험적 발견에 앞서 경험의 지평으로서 현존재의 본질 자체를 이루는 것이기 때문이다.

그런데 하이데거에 따르면 '타인' 또한 세계의 경우와 마찬가지로 그것의 존재에 대한 증명을 따로 필요로 하지 않는 것으로 파악될 수 있다. 현존재가 그 안에서 자기 자신을 이해하면서 근원적으로 친숙하게 머무르고 있는 '세계'는 본질적으로 타인들과 더불어 살아가는 '공동세계(Mitwelt)'로서의 성격을 지니고 있기 때문이다. 이와 관련해 하이데거는 다음과 같이 말하고 있다.

> "'타인'은 나를 제외한, 내가 그것과는 두드러지게 구별되는, 남은 여타의 사람들 전체를 의미하지 않는다. 오히려 타인은 사람들이 대개는 그것과 자기 자신을 구별하지 *않고*, 그 속에 함께 속해 있는 사람들이다. (…) 현존재의 세계는 **공동세계**이다. 안에-있음은 타인과의 *더불어 있음*이다. (…) 타인은 배려하며-둘러보는 현존재가 그 안에 본질적으로 체류하고 있는 바로 그 *세계*에서부터

만나진다."[1]

현존재는 '세계내부적으로(innerweltlich)' 타인들을 만나 그들을 자신과 구별되는 누군가로 의식하기에 앞서 항상 이미 공동의 세계 속에서 타인들과 더불어 있을 뿐만 아니라, 그 자신 역시 그러한 불특정 타인들 속에 포함되어, 다시 말해 그 자신 또한 누군가에게는 한 명의 타인이 되는 방식으로 존재하고 있기에 사실상 타인의 존재라는 것은 현존재가 체류하고 있는 세계 그 자체에서부터 항상 이미 함께 개시되고 있는 것이나 다름없다는 것이다. 실제로 현존재가 그의 '주위세계(Umwelt)'에서 우선적으로 가장 가깝게 만나게 되는 도구적 존재자, 곧 '손안의 것(Zuhandenes)'의 존재양식은 예외 없이 타인들의 존재를 지시한다. 예컨대 '기성복'은 그것을 사용할 누군가의 몸을 지시하고, 어떤 제품의 '재료'는 그 재료의 생산자나 공급자를 지시하며, '밭'은 그 밭의 주인과 그 밭을 가꾸고 있는 사람을, '책'은 작가와 독자와 그 책을 선물한 사람 등을, '강가에 정박해 있는 보트'는 그 보트를 타고 강으로 나갈 누군가를 지시하는 식으로 그러하다.[2] 이는 1차적으로는 현존재의 '세계(Welt)'가 타인들과 '함께(mit)' 체류하는 '공동세계(Mitwelt)'라는 것을 의미하는 한편, 또한 '세계-내-존재(In-der-Welt-sein)'인 현존재의 '안에-있음(In-sein)'이 '더불어 있음(Mitsein)'이라는 것을, 나아가 타인들이 '손안의 것'이나 '눈앞의 것(Vorhandenes)'[3]과는 존재론적으로 구별되

---

1 M. Heidegger, *Sein und Zeit*(Frankfurt a. M.: Vittorio Klostermann, 1977), pp. 158-159.

2 *Ibid.*, p. 157 이하 참조.

3 하이데거는 도구적 성격이 부여되지 않아 단지 관찰의 대상일 뿐이기만 한 일체의 '사물들'을 도구적 존재자인 '손안의 것'과 구별하여 '눈앞의 것(Vorhandenes)'이라 부른다.

는 존재자, 말하자면 나와 마찬가지로 '실존하면서'[4] '함께(mit)' '거기에(da)' '있는(sein)' '공동현존재(Mitdasein)'라는 것을 의미한다. 바로 이러한 맥락에서 하이데거는 — 우리가 구태여 유아론적 자아나 고립된 주체를 이론적으로 고안해내지 않는 다음에서야 — 타인의 존재는 그때마다 각기 나 자신인 현존재의 세계가 열어 밝혀지고 있는 한 언제나 이미 함께 열어 밝혀지고 있는 것과 마찬가지라는 관점을 취하고 있다.

그러나 위 논의 맥락에서 하이데거가 본질적으로 강조하고자 하는 바는 타인의 존재가 따로 증명을 필요로 하지 않을 정도로 자명하다는 것이라기보다 현존재의 실존을 이루는 근본 구성 계기 중 하나가 바로 '더불어 있음'이라는 점이다. 이와 관련해 하이데거는 '혼자 있음(Alleinsein)'의 경우를 예로 들며 다음과 같이 말하고 있다.

> "타인이 한 사람도 현사실적으로 눈앞에 없으며 지각되고 있지 않을 때에도, 더불어 있음은 현존재를 실존론적으로 규정하고 있다. 현존재의 혼자 있음 또한 세계 안에 더불어 있음이다. 타인은 오직 더불어 있음 *안에서만* 그리고 더불어 있음에 *대해서만 결여될* 수 있다. 혼자 있음은 더불어 있음의 결여적 양태의 하나이며, 혼자 있음의 가능성은 더불어 있음에 대한 증명이다. (…) 더불어 있음으로서 현존재는 본질적으로 타인들 때문에 '존재한다'. (…) 비록 그때마다의 현사실적인 현존재가 타인을 향하지 *않고*, 타인을 필요하지 않다고 여기거나, 타인 없이 지낸다 하더라도, 현존재

4 하이데거는 인간 현존재만의 고유한 존재방식, 곧 '존재'에 대한 앞선 이해를 가지고 있기에 그가 만나는 모든 존재자와 이렇게 또는 저렇게 관계를 맺을 수 있고, 또 언제나 어떻게든 관계 맺고 있는 현존재의 존재방식을 — 여타 존재자들의 존재방식과 구별하여 — '실존(Existenz)'이라 부른다. M. Heidegger, *Sein und Zeit*, p. 16 이하 참조.

는 더불어 있음의 방식으로 *존재하고* 있다."[5]

현존재는 그가 경험적으로 지각하든 지각하지 않든, 또한 그가 원하든 원치 않든 간에, 그의 존재방식 자체가 '더불어 있음'이기에 실제적으로, 곧 '존재적으로(ontisch)' 타인과 더불어 있든 그렇지 않든 간에 근본적으로는, 곧 '존재론적으로는(ontologisch)' 언제나 타인과 더불어 있으며, 그런즉 혼자 있을 때조차 그가 존재하는 한 타인과 관계 맺어진 채로 존재할 수밖에 없다는 것이다. 이처럼 하이데거는 타인과 더불어 있음을 현존재의 근원적인 존재방식으로 파악하면서, 현존재는 그 어떠한 경우에도 타인과 관계 맺지 않을 수 없는 존재임을 역설하고 있다.[6]

3. 대화의 존재론적 구성 계기 2: '말(Rede)'

한편 『존재와 시간』 1부 1편의 5장 '안에-있음 그 자체'에서 하이데거는 — 앞서 '더불어 있음'으로 해명된 — 현존재의 '안에-있음(In-

5 M. Heidegger, *Sein und Zeit*, p. 161, 164.

6 이와 관련해 사르트르는 그의 주저 『존재와 무』에서 하이데거는 타자와의 관계를 '선험적인 것'으로 해석하고 있으며, 따라서 하이데거의 타자 이해는 사실상 선험적 관념론 또는 유아론의 일종에 불과하다는 비판을 제시한 바 있다. 하지만 '대타존재(Être-Pourautrui)'라는 표현을 사용한 데서도 알 수 있듯, 사르트르 또한 하이데거와 마찬가지로 '타자와의 관계'를 인간 존재의 본질 계기 중 하나로서 해석하고 있다는 점에서 양자의 관점은 일정 정도 유사한 측면을 지니고 있다고 할 수 있다. 장 폴 사르트르(장소성 옮김), 『존재와 무 Ⅰ』 3판(서울: 동서문화사, 2020), 415-427쪽 참조.

sein)', 곧 그의 '거기에(Da)'의 실존론적 구성을 다시금 더욱 상세하게 해명하고 있는데, 그에 따르면 현존재의 '거기에'를 구성하고 있는 기초적인 실존 범주는 '처해 있음'과 '이해' 그리고 '말'이다.

먼저 '처해 있음(Befindlichkeit)'[7]은 '거기에'로 '내던져져 있음(Geworfenheit)'을 존재성격으로 가진 현존재의 근본 상황을 말한다. '내던져져 있음'이란 "그의 '어디에서(Woher)'와 '어디에로(Wohin)'는 은폐되어 있지만, 그럴수록 그것 자체에 있어서는 더욱더 열어 밝혀진 현존재의 존재성격을, 즉 "'현존재가 존재하고 있다는 사실'을"[8] 말한다. 하이데거에 따르면 현존재는 그렇듯 세계에로 내던져져, 그에게 주어진 '현사실성(Faktizität)'을 과제로 떠맡으면서, 이미 존재하고 있고 또한 계속해서 존재해야 하는 상황에 '처해 있다'. 즉, 현존재는 그가 '처해 있는' '현사실적 상황' 속에서, 달리 말해 '세계-내에-처해 있으면서' 일체의 존재자들을 만나고, 또한 자기 자신을 '발견한다(befinden)'는 것이다.[9]

한편 '처해 있음'과 더불어 똑같이 근원적으로 '이해(Verstehen)'가 현존재의 '거기에'를, 곧 그의 '열어 밝혀져 있음(Erschlossenheit)'의 성격을 규정한다. '이해'는 현존재의 '존재에 대한 이해'를, 조금 더 구체적

---

7 하이데거는 '처해 있음'을 '기분(Sitmmung)' 또는 '기분 잡혀 있음(Gestimmtsein)'이라고도 부른다. 세계에로 내던져진 현존재는 그가 처해 있는 어떤 '규정된', '구체적' 상황과, 말하자면 '현사실적' 상황과 어떠한 식으로든 '조율되어(gestimmt)' 있으며, 그러한 '조율되어 있음(Gestimmtsein)' 속에서 어떠한 형태로든 '기분'에 젖어 있다는 것이다. M. Heidegger, *Sein und Zeit*, p. 178 이하 참조.

8 M. Heidegger, *Sein und Zeit*, p. 180.

9 '처해 있음'(또는 정황성)으로 번역되는 'Befindlichkeit'는 독일어 동사 'befinden'에서 파생된 낱말이다. 'befinden'은 '발견하다'라는 기본적인 뜻 외에도 '(어느 장소에) 있다', '~한 상태다', '~하게 느끼다'라는 뜻도 가지고 있는데, 하이데거는 'befinden'의 이러한 의미들을 종합적으로 고려하여 'Befindlichkeit'라는 용어를 사용하고 있다.

으로는 '세계에 대한 이해'를 말하는데, 하이데거에 따르면 현존재는 자신의 '존재가능(Seinkönnen)'과 관련된 '세계에 대한 앞선 이해'를 가지고 있으며, 그러한 앞선 이해를 바탕으로 세계내부적인 존재자들을 만난다. 즉, 현존재는 본질적으로 '가능존재(Möglichsein)'로서, 사물과 도구 그리고 공동현존재 같은 '세계내부적인' 존재자들을 '인식'하기에 앞서 우선 '세계'를 자신의 '실존적 가능성'과 관련지어 '선행적으로' 열어 밝히고 있다는 것이다.[10] 요컨대 현존재는 '기획투사(Entwurf)'의 방식으로 실존하고 있다는 것이다. 그런데 하이데거에 따르면 '이해'는 철두철미하게 '처해 있음'과의 관련 하에서 이해되어야 한다. 물론 '기획투사'의 성격을 가지고 있다는 점에서 '이해'가 다소간 미래지향적인 성격을 띠는 것은 사실이지만, 그러한 기획투사도 어디까지나 현존재가 처해 있는 구체적인 현사실적 상황을 바탕으로 한다는 점에서 '이해'는 언제나 '처해 있는 이해'로서 개념 파악되어야 한다는 것이다.[11] 하이데거에 따르면 현존재의 실존은 이러한 '이해', 곧 '처해 있는 이해'에 의해 성격이 규정되고 있다.

그런데 하이데거는 '말(Rede)'이 현존재의 실존론적 구성에 있어 '처해 있음'과 '이해'와 똑같이 근원적이라고 말한다. 그에 따르면

---

10 하이데거는 이러한 '이해', 곧 현존재의 실존범주로서 제시된 '이해'는 — 설명 및 개념 파악과 구별되는 — 인식양식의 일종으로서의 이해와는 구별되며, 후자의 이해는 전자의 이해, 곧 '거기에' 일반의 존재를 함께 구성하고 있는 '1차적 이해'의 실존론적 파생체로 해석되어야 한다고 설명한다. M. Heidegger, *Sein und Zeit*, p. 190 참조.

11 '이해'와 '처해 있음'의 연관 및 '기획투사'가 지닌 '피투적(被投的)' 성격과 관련해 하이데거는 다음과 같이 말하고 있다. "처해 있음과 이해는 실존범주들로서 세계-내-존재의 근원적인 열어 밝혀져 있음을 성격 규정한다. 기분 잡혀 있음의 방식에서 현존재는 그가 거기에 존재하고 있는 가능성들을 '본다'. 기획투사하면서 그러한 가능성들을 열어 밝힘에 있어 현존재는 그때마다 이미 기분 잡혀 있다. 가장 고유한 존재가능의 기획투사는 거기에로 내던져져 있음의 현사실에 맡겨져 있다." M. Heidegger, *Sein und Zeit*, p. 197.

'말'은 "세계-내-존재의 처해 있는 이해가능성을 의미부여에 맞춰 분류하는 것"[12]이다. '이해'는 앞서 '존재에 대한 이해', '세계에 대한 이해'라는 의미로 해명되었는데, 좀 더 구체적으로 말하자면 세계를 세계로 가능하게 하는 세계의 구조, 곧 '세계성(Weltlichkeit)'에 대한 이해이며, 달리 말하자면 존재자 전체의 지시 연관을 뜻하는 '유의미성(Bedeutsamkeit)'에 대한 이해라 할 수 있다.[13] 즉, '이해' 안에는 이해될 수 있으며, 그렇기 때문에 해석될 수 있고, 나아가 발언될 수 있는 '의미(Sinn)'의 지평이 간직되어 있다는 것이다. '말'은 그러한 의미의 지평 속에서 의미들을 분류하며 파악함을 의미한다.[14] 다시 말해 '이해' 안에 간직된 이해 가능한 것들을 모종의 '분절(Gliederung)'을 통해 명시적인 형태로 드러내는 현존재의 고유한 존재방식이 곧 '말'이다.[15]

이처럼 하이데거는 '말'을 "세계-내-존재의 이해가능성을 '의미부여하는' 분절"로 파악하고 있다.[16] 그런데 앞서 살펴본 것처럼 "세계-내-존재에는 더불어 있음이 속해 있다."[17] 여기서 우리는 '대화'의 존

12 M. Heidegger, *Sein und Zeit*, p. 216.

13 *Ibid.*, p. 116 이하 참조.

14 하이데거에 따르면 '이해'를 바탕으로 어떤 것을 어떤 것'으로서' 두드러지게 함이 '해석(Auslegung)'이며, 이러한 '해석'의 파생양태가 '발언(Aussage: 판단)'인데, 하이데거는 '해석'과 '발언'이 가능한 것은 '해석'과 '발언'의 주체인 현존재가 '말'이라는 존재방식을 지니고 있기 때문이라고 말한다. 이러한 맥락에서 하이데거는 "말은 해석과 발언의 밑바탕에 이미 놓여 있다"고 말하고 있다. M. Heidegger, *Sein und Zeit*, p. 214.

15 물론 여기서 하이데거가 현존재의 실존범주 중 하나로 제시하고 있는 '말'은 결코 '음성적인 발성' 따위를 의미하지 않는다. 이와 관련해 하이데거는 다음과 같이 말하고 있다. "인간은 말하는 존재자로서 자신을 나타내 보이고 있다. 이것은 소리를 발성할 수 있음이 인간의 고유한 특성이라는 것을 의미하는 것이 아니라, 오히려 인간이라는 존재자가 세계와 현존재 자신을 발견하는 방식으로 존재한다는 것을 의미한다." M. Heidegger, *Sein und Zeit*, pp. 219-220.

16 M. Heidegger, *Sein und Zeit*, p. 214.

17 *Ibid.*, p. 214.

재론적 구성 계기에 관한 하이데거의 관점이 어떠한 것인지를 보게 된다. 즉, '대화'의 현상은 '더불어 있음'과 '말'이라는 현존재의 존재방식을 바탕으로 하고 있다는 것이다. 이와 관련해 하이데거는 '함께 나눔(Mitteilung: 전달, 통지, 공고)'과 '자기를 밖으로 말함(Sichaussprechen: 자기표명)'이라는 현상에 관한 존재론적 해석을 제시하고 있는데, 우선 '함께 나눔'에 관해 하이데거는 다음과 같이 말하고 있다.

"함께 나눔의 현상은 (…) 존재론적으로 넓은 의미로 이해되어야 한다. 발언하는 전달, 예컨대 보고[18]는 실존론적으로 근본적으로 파악된 함께 나눔의 한 특수한 경우이다. 이 함께 나눔에서 이해하는 서로 함께 있음의 분류 파악이 구성된다. 이 분류 파악은 더불어 있음의 함께 처해 있음 또는 이해를 '나누는 것'이다. 함께 나눔은 — 예컨대 의견이나 소망과 같은 — 체험을 한 주체의 내면에서 다른 주체의 내면으로 옮겨놓는 것과 같은 것이 결코 아니다. 함께 거기에 있음[19]은 본질적으로 함께 처해 있음과 함께 이해함에서 이미 드러나 있다. 더불어 있음이 말에서 '두드러지게' 나누어진다. 즉, 더불어 있음은 이미 거기에 존재하고 있는데, 단지 장악되지 않은 것으로서 그리고 자기 것이 되지 않은 것으로서, 나누어지지 않은 채로 존재하고 있을 뿐이다."[20]

18 '알림', '통지', '보고' 등의 의미를 가진 독일어 명사 'Benachrichtigung'의 번역이다.

19 나와-함께-거기에 있음, 곧 공동현존재를 말한다.

20 M. Heidegger, *Sein und Zeit*, p. 215.

‘대화’의 한 양상이라 할 수 있는 ‘함께 나눔’(전달)은 통상적으로는 의견이나 소망 같은 개인의 주관적 체험을 ‘일방향적으로’ 상대방에게 전하는 언어적 행위로 여겨지지만, 존재론적으로 보자면 사실 ‘함께 나눔’은 ‘이해된’ 어떤 존재자, 그것도 ‘함께 이해된’ 어떤 존재자를 ‘함께 나누는’ 방식으로, 달리 말해 ‘함께 나눔’에서 제시되고 있는 그 존재자를 ‘함께’ 보게 하는 방식으로 ― 우선 대개는 표면적으로 드러나 있지 않은 ― 현존재의 ‘더불어 있음’을 두드러지게 하는 ‘말’이라는 것이다. 이처럼 ‘대화’의 한 양상이라 할 수 있는 ‘함께 나눔’의 경우에서도 볼 수 있듯, 하이데거의 관점에 따르면, ‘대화’의 존재론적 구성 계기는 다름 아닌 ‘더불어 있음’과 ‘말’이라 할 수 있다. 거꾸로 말하자면 ‘더불어 있음’과 ‘말’이라는 현존재의 근원적인 존재방식이 ‘대화’의 바탕을 이루고 있다는 것이다.

한편 하이데거에 따르면 ‘자기를 밖으로 말함’(자기표명)이라는 현상에서도 ‘더불어 있음’과 ‘말’이 ‘대화’의 존재론적 구성 계기임이 드러나는데, 이와 관련해 하이데거는 다음과 같이 말하고 있다.

> “말해진 것 안에서 함께 나누는 어떤 것에 대한 모든 말은 동시에 *자기를 밖으로 말함*의 성격을 가지고 있다. 말하면서 현존재는 자기를 *밖으로* 말한다. 이는 현존재가 처음에 바깥에 반대되는 ‘내면적인 것’으로서 캡슐 속에 들어 있기 때문이 아니라, 오히려 현존재가 세계-내-존재로서 이미 ‘밖에’ 있기 때문이다. 밖으로 말해진 것은 바로 이 밖에 있음, 즉 그때마다의 처해 있음(기분)의 방식

이다."[21]

여기에서도 우리는 '더불어 있음'과 '말'이라는 현존재의 근원적인 존재방식이 '대화'의 존재론적 구성 계기라는 사실에 대한 확증을 또 한 번 발견할 수 있다. 앞서 살펴본 '함께 나눔'과 마찬가지로 '대화'의 한 양상이라 할 수 있는 '자기를 밖으로 말함'(자기표명)은 현존재가 항상 이미 '밖에' 있다는 사실을, 달리 말해 항상 이미 어떠한 식으로든 '바깥 세계'와 관계를 맺고 있다는 사실을 함축하는데, — 물론 위 인용문에서는 주제적 · 명시적으로 말해지고 있지는 않지만[22] — 현존재의 바깥세계, 곧 그의 '주위세계'는 '공동현존재'를 포함한다는 점에서 '자기를 밖으로 말함'은 '함께 나눔'의 경우와 동일하게 '공동현존재'에 대한 '이해'를 바탕으로 하는 '말'이자, '더불어 있음'을 두드러지게 하는 '말'로 해석될 수 있기 때문이다.

지금까지 살펴본 것처럼, 하이데거의 존재 사유에 따르면, 좀 더 구체적으로 말해 『존재와 시간』에서 제시된 그의 인간 이해와 언어 사유에 따르면, '대화'의 존재론적 구성 계기는 '더불어 있음'과 '말'이라 할 수 있다. 물론 하이데거가 말하는 '더불어 있음'과 '말'의 의미를 — 명백히 오해이지만 — 각각 '타인과 관계 맺고 있음', '주관적 심상을 표현할 수 있는 능력' 따위로 가볍게 이해하자면, '대화'의 존재론적 구성 계기에 관한 하이데거의 해석은 일견 지나치게 상식적인 수준에 머무르고 있는 것처럼 보이기도 한다. 하지만 '인간의 존재방식'

---

21 *Ibid.*, pp. 215-216.

22 위 인용문에서 하이데거가 주제적 · 명시적으로 말하고 있는 것은 '말'이 '처해 있음' 및 '이해'와 더불어 현존재의 열어 밝혀져 있음을 동일근원적으로 구성하고 있다는 점이다.

이 '대화의 본질'을 이루고 있다는 하이데거의 해석은 역으로 '대화'가 '인간 존재의 본질'을 이루고 있다는 사실을 암암리에 말하고 있으며, 이처럼 그의 해석을 통해 암묵적으로 밝혀진바, '대화'가 '인간 존재의 본질'에 속한다는 사실은 '대화'에 관한 존재론적 해명의 필요성과 중요성을 우리에게 일깨워준다는 점에서 '대화'의 존재론적 구성 계기에 관한 하이데거의 해석은 결코 작지 않은 의미를 가진다고 할 수 있다.

4. 대화의 존재론적 근원: '존재의 말 건넴 (Zuspruch des Seins)'

앞서 살펴본 것처럼 '대화'의 존재론적 구성 계기에 관한 하이데거의 해석은 '인간의 존재방식'이 '대화의 본질'임을 말하는 동시에, 또 한편으로는 '대화'가 '인간 존재의 본질'임을 암암리에 말하고 있다. 인간의 존재방식을 보건대, 인간은 '대화'를 자신의 본질로서 가지는 존재자로 파악될 수 있다는 것이다.[23] 그러나 그러한 '인간의 본질'을 가능케 하는 것은 과연 무엇인가? 달리 말하자면 '대화'의 존재론적 근원은 무엇인가? 이러한 물음에 대한 하이데거의 답변은 그의 후기

23 이와 관련해 횔덜린의 시에 대한 해명을 담고 있는 『횔덜린의 송가 「게르마니엔」과 「라인강」』에서 하이데거는 "우리는 하나의 대화이다(Wir sind ein Gespräch)"라는 직접적인 언급을 통해 대화가 인간의 본질임을 명시적으로 밝힌 바 있기도 하다. M. Heidegger, *Hölderlins Hymenen ›Germanien‹ und ›Der Rhein‹* 3rd ed.(Frankfurt a. M.: Vittorio Klostermann, 1999), p. 68.

언어 사유에서 찾아볼 수 있다.[24] 우선 1950년에 발표된 강연문 「언어(*Die Sprache*)」의 서두에서 하이데거는 다음과 같이 말하고 있다.

> "인간은 말한다.[25] 우리는 언제나 말한다. (…) 말한다는 것은 우리에게 자연스러운 일이기 때문에 우리는 말한다. 말한다는 것은 특별한 욕구에서부터 비로소 발원하는 것이 아니다. (…) 인간은 동식물과는 다르게 언어적 능력을 가진 생물이라고 하는 학설은 타당하다. (하지만)[26] 이 명제는 단지, 인간이 다른 여타의 능력들 이외에 또한 말하는 능력도 가지고 있다는 것만을 뜻하지는 않는다. 이 명제가 뜻하는 바는 다음과 같다. 즉, 이제 **언어야말로**[27] 인간이 인간으로서 존재하는 그런 생물일 수 있도록 인간에게 능력

---

24 주지하는 바와 같이 하이데거의 존재사유는 크게 '전기'와 '후기'로 나뉜다. 이른바 '후기 하이데거'의 사유는 소위 '전회(Kehre)'의 시기라 불리는 1930년대 중반을 기점으로 시작된다. 후기 하이데거의 사유는 일찍이 『존재와 시간』에서 보인 방향성과 달리 '존재'를 현존재로부터가 아니라 존재 그 자체로부터 해명하려는 경향을 강하게 띤다. 주목할 만한 점은 하이데거의 이러한 '사유의 전회'가 '언어의 전회'로까지 이어지고 있다는 점이다. 실제로 그의 후기 사유에서 하이데거는 종래의 서구 전통 형이상학에 의해 전승된 철학적 용어들을 극단적으로 거부하는 한편, 횔덜린, 릴케, 트라클 그리고 게오르게 같은 시인들의 시에 대한 논구를 수행하거나, 본인 스스로 시적인 글쓰기 방식을 고수하기도 하는 등 '언어'에 대한 태도에 있어 그의 전기 사유에서와는 크게 다른 모습을 보여주고 있다. 유의해야 할 점은 후기 하이데거가 보인 '언어의 전회'가 단순히 '언어적인' 문제들과 관련된 것만은 아니라는 점이다. 하이데거의 후기 사유가 보여주고 있는 '새로운 언어의 선택'은 결코 "동일한 생각, 동일한 사태를 더 잘 표현하기 위한 어떤 표현의 선택" 같은 것을 의미하지 않는다. 오히려 그것은 "생각과 사태가 이전과는 완전히 다르게 바뀌게 되는 것"과도 같은 어떤 근본적인 변화를 함축하고 있다. 하이데거의 후기 언어 사유를 살펴봄에 있어서는 이러한 점을 염두에 둘 필요가 있다. M. Heidegger, *Die Grundbegriffe der Metaphysik. Welt-Endlichkeit-Einsamkeit*(Frankfurt a. M.: Vittorio Klostermann, 1983), p. 298.

25 여기서 그리고 이 장에서 '말한다'와 '말함'은 현존재의 실존범주로서의 '말(Rede)'이 아니라 '말'의 존재론적 바탕이자, '존재의 집'인 '언어(Sprache)'를 지시하는 표현이다.

26 이해를 돕기 위해 인용자가 추가한 표현.

27 인용자에 의한 강조.

(자격)을 부여해준다는 것이다. 말하는 자로서 인간은 존재한다: 인간으로."[28]

하이데거에 따르면, 인간은 깨어 있을 때도 말하고 꿈속에서도 말하며, 아무 말도 소리 내지 않고 오히려 경청하거나 읽을 때도, 심지어 특별히 경청하는 것이나 읽는 것이 없을 때도, 또한 어떤 일에 몰두하거나 여가를 즐길 때도 말한다. 말하자면 인간은 언제든 그리고 어떠한 식으로든 끊임없이 말한다는 것이다. 이러한 점에서 인간은 무엇보다 우선 '말하는 자'라고 할 수 있다. 하지만 위 인용문에서 볼 수 있는 것처럼 하이데거는 인간이 말하는 자라는 것, 그리고 그러한 점에서 인간이 동식물과 구별된다는 것은 단순히 인간이 — 여타의 능력들을 소유하고 있는 것처럼 — 말하는 능력을 소유하고 있다는 것만을 의미하지는 않는다고 말한다. 그에 따르면 인간이 '말하는 자'라는 것은 근본적으로는 인간의 존재가 '언어(Sprache)'의 지배적인 힘의 영역에 속해 있다는 사실을 지시한다. 여기서 '언어'는 일찍이 『존재와 시간』에서 '말'의 파생적 현상으로 제시된, 인간이 그것의 주인인 언어, 곧 현존재의 '말함(Reden)'에 의해 밖으로 말해져 도구적으로 존재하고 있는 세계내부적인 것으로서의 언어, 이를테면 '낱말의 전체성' 같은 것을 의미하지 않는다.[29] 위 맥락에서 하이데거가 말하고 있는 '언어'는 끊

28 M. Heidegger, *Unterwegs zur Sprache*(Frankfurt a. M.: Vittorio Klostermann, 1985), p. 9.

29 하이데거의 전기 언어 사유를 담고 있는 『존재와 시간』에서는 '말(Rede)'이 '언어(Sprache)'의 실존론적 · 존재론적 기초로서 제시된 반면, 하이데거의 후기 언어 사유를 담고 있는 여러 저작들, 대표적으로 『언어로의 도상에서』에서는 오히려 정반대로 '언어'가 '말'의 존재론적 근거로서 제시되고 있다. '말'과 '언어'의 이러한 관계 변화에 대해서는 크게 다음의 두 가지 해석이 존재한다. ① 하이데거의 존재 사유에서 '말'과 '언어'의 관계가 '전회'를 기점으로 완전히 역전되었다고 보는 해석. ② 그저 단순한 용법상의 차이일 뿐이

임없이 말을 건네오면서, 인간의 응답을 요구하고 있는 '존재의 언어'를 의미한다.

통상적으로 '언어'는 내면의 심상을 바깥으로 표현하는 인간적 행위 또는 그러한 행위의 산물로 여겨진다. 말하는 것은 인간이요, 그런즉 언어는 인간의 소유물인 것으로 생각되는 것이 일반적이라는 것이다. 하지만 이는 하이데거의 관점에서 보자면 '언어'에 관한 지나치게 협소한 이해라 할 수 있다. 물론 앞서 말한 것처럼 인간은 말하는 자다. 그것은 사실이다. 인간은 말할 수 있음을 자신의 능력으로 소유하고 있다. 하지만 하이데거의 후기 언어 사유에 따르면, 인간이 그렇듯 말할 수 있는 것은 자신에게 부여된 그 능력을 발휘해 말을 하기에 앞서 우선은 존재가 존재자의 존재를 통해 자신을 드러내 보이면서 인간에게 말을 건네오고 있기 때문에 가능하다. 즉, 관계 맺어진 어떤 것, 이해되어야 할 어떤 것, 해석되어야 할 어떤 것, 말하자면 어떤 '의미의 지평'으로서 자신을 나타내 보이면서 '응답(Entspreschen)'을, 즉 '상응하여-말함(Ent-sprechen)'을 요구하며 자신과의 대화에 참여하도록 존재가

라고 보는 해석. 즉, 전기 언어 사유에서 사용되고 있는 '언어'라는 표현과 후기 언어 사유에서 사용되고 있는 '언어'라는 표현은 애초부터 서로 다른 외연을 가진다고 보는 해석.
'언어'라는 표현의 용법이 전기 언어 사유에서와 후기 언어 사유에서 지나칠 정도로 큰 차이를 보인다는 점에 주목해 두 번째 해석을 지지하는 경우도 간혹 있지만, 대부분 연구자들은 첫 번째 해석을 지지하며, 나의 입장 또한 동일하다. 내가 볼 때 '말'과 '언어'의 관계에 대한 하이데거의 서술 방식이 변화하게 된 것은 '언어'에 대한 그의 이해가 더욱 확장되고 심화되었기 때문인 것으로 보이며, 『존재와 시간』 제34절의 말미에서 그가 던지고 있는 다음과 같은 물음들을 볼 때 더욱 그러하다.
"종국에 가서 철학적 탐구는 한 번 결단을 내려서 언어에 어떠한 존재양식이 속해 있는지를 물어보아야 한다. 언어는 일종의 세계내부적으로 손안에 있는 도구인가, 아니면 언어는 현존재의 존재양식을 가지고 있는가, 아니면 둘 중 어느 것도 아닌가? '죽을' 수도 있는 언어의 존재는 어떠한 양식인가? 하나의 언어가 자라기도 하고 사라져버리기도 한다는 것은 존재론적으로 무엇을 말하는가? 우리는 언어학이라는 학문을 가지고 있지만, 그것이 주제로 삼고 있는 그 존재자의 존재는 어둠에 싸여있다." M. Heidegger, *Sein und Zeit*, p. 221.

인간을 부르고 있기 때문에 인간은 '말하는 자'로서 존재할 수 있다는 것이다.[30] 여기서 우리는 하이데거의 후기 사유에서 '대화'의 존재론적 근원이 무엇으로 제시되고 있는지를 보게 된다. 하이데거의 해명에 따르면, 인간을 '말하는 자'로서 존재케 하는 것, 달리 말해 '대화'를 가능케 하는 존재론적 근원은 인간에게로 가까이 다가오면서 인간의 '상응하여-말함'을 요구하고 있는 존재의 '말 건넴(Zuspruch)'이다.

그런데 또 한편으로 여기서 우리는 가장 근원적인 의미에서의 '대화'의 본질이 무엇인지도 보게 되는데, '존재의 말 건넴에 인간이 상응하여 말함'이 바로 그것이다. 하이데거의 관점에 따르면, 이러한 '대화', 곧 존재와 인간의 상호 공속 관계를 바탕으로 하는 가장 근원적인 의미에서의 '대화'는 앞서 '더불어 있음'과 '말'을 존재론적 구성 계기로서 가지는 것으로 밝혀진 대화, 즉 일반적으로는 '소통'을 목표로 하는, 우리가 타인들과 나누는 일상적인 대화를 존재론적으로 포함한다.[31] 앞서 살펴본 것처럼 우리의 일상적인 대화 역시 — '처해 있는-이해를-더불어-나누는-말함'이라는 그것의 존재론적 구조를 고려할 때 알 수 있듯이 — 존재가 말 건네며 자신을 알려오는 존재의 진리 사건을 바탕으로 하고 있기 때문이다.

---

30 존재와 인간의 이러한 '언어적' 만남을 하이데거는 다음과 같이 표현하기도 한다. "언어는 존재의 집이다. 인간은 그 집에 거주한다." M. Heidegger, *Wegmarken*(Frankfurt a. M.: Vittorio Klostermann, 1976), p. 313.

31 이와 관련해 송현아는 다음과 같이 말하고 있다. "… 얼핏 보기에 하이데거 철학에서 논해지는 대화는 일상생활 속에서 이루어지는 대화와 달리 음성화된 말로 이루어지지 않기 때문에 일상적인 대화와 분명히 차이가 존재하고, 그런 까닭에 실질적으로 일상적인 대화의 사태에 기여할 수 있는 바가 없을 것 같다. 하지만 (…) 하이데거 철학에서 말하는 대화는 일상적인 대화와 무관한 것이 아니 (…) 기 때문에 대화라는 사태에 대한 하이데거적 사유는 우리의 일상적 대화와 관련해서 유의미한 것을 말해줄 수 있다." 송현아, 「하이데거 철학에서 대화의 본질」(『인문과학』 119, 연세대학교 인문학연구원, 2020), 183-184쪽.

그런데 하이데거에 따르면 '존재의 말 건넴에 인간이 상응하여 말함'이라는 의미로 밝혀진 가장 근원적인 의미에서의 대화는 우리 인간에게 어떤 특정한 태도를 요구한다. 이와 관련해 하이데거는 다음과 같이 말하고 있다.

> "죽을 자들[32]은 그들이 귀를 기울이는 한에서 말한다. (…) 귀 기울여 들으면서 받아내는 말함이 상응하여-말함이다. (…) 귀 기울여 들으면서 받아내는 것으로서의 응답함은 이와 동시에 인정하는 대꾸함이다. 죽을 자들은 이중적인 방식으로, 즉 받아내면서-대꾸하는 방식으로, 언어에 응답하는 한에서 말한다. 모든 진정한 귀 기울여 들음은 그 자신의 고유한 말함과 함께 자제한다. 왜냐하면 귀 기울여 들음은 청종하고자 스스로 뒤로 물러나 자제하는 것이고, 이러한 청종을 통해 귀 기울여 들음은 정적의 은은한 울림에 고유하게 머무르게 된다. (…) 인간은 그가 언어에 응답하는 한에서 말한다. (…) 응답은 귀 기울여 들음이다."[33]

요컨대 존재와 인간의 근원적 대화는 근대적 인간의 그것과 같은 '자기관철(Sichdurchsetzen)'의 의지가 아니라, 그와는 정반대로 우선은 뒤로 물러나 자제하며 존재의 말 건넴에 귀를 기울이면서 그 말 건넴을 받아내고자 하는 태도를, 이를테면 '초연한 내맡김(Gelassenheit)'의 태도를 인간에게 요구한다는 것이다. 그렇지만 우리가 그러한 요구를

---

32 'die Sterblichen'. 하이데거가 후기 사유에서 '인간'을 가리킬 때 사용한 표현이다.

33 M. Heidegger, *Unterwegs zur Sprache*, pp. 29-30.

따라야 하는 까닭은 무엇인가? 하이데거에 따르면, "인간의 본질을 위한 체류 장소(Aufenthalt für das Wesen des Menschen)", "우리가 그 안에서 친숙해지고 싶어 하는 장소(Ortschaft, in der wir heimisch werden möchten)"에 이르기 위해서다.[34] 즉, 존재망각의 역사로 인해 상실되어버린 인간의 고향을 되찾아와 우리가 인간적 삶의 터전 위에서 일체 만물과 화동하며 인간답게 살아가기 위해서는 그러한 방식으로, 말하자면 지배적 · 폭력적으로 장악하려 하는 것이 아니라, 오히려 한 걸음 물러서서 '있는 것'이 '있는 바 그대로' 자신을 드러낼 수 있도록 허락하는 방식으로 존재와 관계를 맺어야 한다는 것이다.

이처럼 '존재의 말 건넴에 인간이 상응하여 말함'이라는 의미로 밝혀진 가장 근원적인 의미에서의 대화는 모종의 '화해'를 향하면서 — 그러한 화해를 위해 요청되는 태도로서 — 우리가 물러나 자제하면서 존재의 말 건넴에 귀 기울일 것을 요구한다. 그런데 앞서 언급했던 것처럼 근원적인 의미에서의 대화는 우리의 일상적인 대화를 존재론적으로 포함한다. 이는 곧 우리의 일상적인 대화에서도 또한 마찬가지로, 물러나 자제하면서 존재의 말 건넴에 귀를 기울이는 태도가 요구된다는 것을 의미한다.

---

34 *Ibid.*, p. 11.

5. 나가는 말

지금까지 우리는 하이데거의 인간 이해와 언어 사유를 중심으로 '대화'의 현상을 존재론적 관점에서 조명하면서 '대화'의 존재론적 구성 계기와 존재론적 근원이 무엇인지에 대해 생각해보았다. 비록 하이데거의 사유에 전적으로 기댄 것이기는 하지만, 이상의 논의를 통해 밝혀진 내용을 요약하여 정리하자면 다음과 같다.

우선, 우리는 '때에 따라' 대화하거나, 대화하지 않거나 할 수 없다. 앞서 2, 3절에서 살펴본 것처럼 하이데거가 '더불어 있음'과 '말'이라고 부르고 있는 우리 인간의 근원적인 존재방식 자체가 '대화'의 현상을 구성하는 두 가지 계기이기 때문이다.

그런데 또 한편으로 우리는 때에 따라 대화하거나, 대화하지 않거나 '할 수 없다'. 앞서 4절에서 살펴본 것처럼 우리가 대화할 수밖에 없게끔 되어 있는 것은 우리가 결정한 것이 아니기 때문이다. 우리 인간이 대화할 수밖에 없게끔 되어 있는 것은 존재가 우리에게 상응하여-응답함을 요구하면서 끊임없이 말을 건네오고 있기 때문이다. 요컨대 인간은 존재의 말 건넴에 의해 '대화'를 자신의 운명으로 떠맡고 있다.

그렇지만 지금 여기서 계속해서 이야기되고 있는 것, 곧 '인간은 대화하는 자'라는 것은 어떤 종결된, 완료적인 사실에 관한 이야기가 아니다. 하이데거의 사유에서 '인간은 대화하는 자'라는 것은 인간이 대화'할 수밖에 없도록' 소극적 · 부정적으로 운명 지어져 있다는 것을 말하는 것이라기보다 대화'하도록' 적극적 · 긍정적으로 운명 지어져 있다는 것을 말하는 것으로 이해되어야 한다. 하이데거의 사유에 따르면, 우리 인간은 존재의 말 건넴에 이미 어떤 식으로든 응답했지만, 단지 그것으로 끝인 것이 아니라, 앞으로도 계속해서 응답하면서 끊임없이 방향을 찾아가도록, 그렇게 귀 기울이면서 대화에 참여하도록 존재에 의해 부름을 받고 있다. 요컨대 우리 인간은 "더 (잘) 존재하도록(seiender)"[35] 대화에로 내던져져 있다는 것이다.

참으로 수수께끼 같은 이야기다. 하지만 '대화'에 관한 하이데거의 존재론적 해명이 우리에게 수수께끼처럼 느껴진다는 것은 어쩌면 그만큼씩이나 '대화'의 존재가 어둠에 싸여 있다는 것을, 또한 그 정도로 우리가 귀 기울이는 일에 아직 친숙하지 않다는 것을, 말하자면 우리가 '대화하는 자'라는 우리의 본질에서 벗어나 있다는 것을 의미하는 것일지도 모른다.

---

35 M. Heidegger, *Holzwege*(Frankfurt a. M.: Vittorio Klostermann, 1977), p. 30.

참고문헌

송현아, 「하이데거 철학에서 대화의 본질」, 『인문과학』 119, 연세대학교 인문학연구원, 2020, 165-190쪽.

장 폴 사르트르(장소성 옮김), 『존재와 무 I 』 3판, 서울: 동서문화사, 2020.

Heidegger, M., *Die Grundbegriffe der Metaphysik. Welt-Endlichkeit-Einsamkeit*, Frankfurt a. M.: Vittorio Klostermann, 1983.

______, *Holzwege*, Frankfurt a. M.: Vittorio Klostermann, 1977.

______, *Hölderlins Hymenen ›Germanien‹ und ›Der Rhein‹* 3rd ed., Frankfurt a. M.: Vittorio Klostermann, 1999.

______, *Sein und Zeit*, Frankfurt a. M.: Vittorio Klostermann, 1977.

______, *Unterwegs zur Sprache*, Frankfurt a. M.: Vittorio Klostermann, 1985.

______, *Wegmarken*, Frankfurt a. M.: Vittorio Klostermann, 1976.

10

비본래적 언어에서 본래적 언어로: 자유로운 소통을 위한 계기로서의 존재론적 사유

이윤미(경북대학교 철학과 박사수료)

1. 들어가는 글

이 글은 오늘날의 사회에서 억압된 자유가 아닌 진정한 자유를 돌려줄 가능성과 타자를 억압하지 않을 가능성을 하이데거의 본래적 언어를 통해 논의하고 있다. 이러한 시도를 통해 매체가 개인의 욕망에 미치는 영향이 점점 커지고 있는 현대사회에 하이데거 철학이 어떠한 역할을 할 수 있을지 고찰해보고자 한다.

최근 무언가를 결정해야 하는 상황에서 스트레스에 직면하는 선택 장애 또는 전문 용어로 '햄릿 증후군'이 다루어지고 있는 것을 대중

* 이 글은 다음과 같이 먼저 게재된 논문을 수정한 것임을 밝혀둔다. 이윤미, 「비본래적 언어에서 본래적 언어로」(『현대유럽철학연구』 66, 한국하이데거학회, 2022), 237-268쪽.

매체를 통해 볼 수 있다. 선택을 강요받는 상황에서 '글쎄' 혹은 '아마도' 등의 모호한 답변만 하며 남이 결정해주길 기다리고 선택을 피하는 것은 흔히 볼 수 있는 모습이다. 이러한 현상은 무엇에 근거하고 있는가? 왜 스스로 선택하기를 꺼리는 것인가?

선택을 꺼리는 것은 한편으로 그 선택에 대한 자신의 책임을 꺼리는 것이라 할 수 있다. 책임으로부터의 도피는 당장의 편안함을 준다. 그러나 오늘날은 이러한 도피조차 개인 의지의 결과물이 아닌 것처럼 보인다. 왜냐하면 SNS에 대한 접근이 용이해지면서 다수로부터 더 나은 삶을 영위하고 있다고 평가될 수 있는 기준이 개인에게 쉽게 제공되고 영향을 줄 수 있기 때문이다. 스마트폰의 액정은 '좋아요' 수를 통해 우리의 행동 방향을 대신 결정해줄 정도의 영향력을 가지게 되었다. 개인은 자신이 어떠한 상황에 빠지고 있는지조차 모른 채 남들에게 '좋아요'를 받는 것을 '좋은 것'으로 여기게 된다. 이렇듯 자신도 모르는 새 자유가 결핍되는 것이다. 그뿐만 아니라 새로운 게시물이 끊임없이 올라오면서 우리의 호기심을 자극하는 방식으로 거기에 더 사로잡히게 만든다.

이러한 상황에서 개인은 점점 더 자기 자신의 사유 능력에 직면하기 힘들어지고, 그런 까닭에 자신의 고유한 존재 가능성에 대해 망각하게 되는 경향이 있다. 햄릿 증후군 같은 표현이 이와 연관되어 있는 것처럼 보인다. 그러나 타인과 함께 더불어 사는 사회에서 남들과 관계 맺기 위한 수단을 끊어내고 자기 자신과만 관계하며 고립되는 것 또한 마찬가지로 좋은 해결책이 아니다. 그런 까닭에 필자는 공공성 속에서도 어떻게 본래적인 자기 자신을 잃지 않을 수 있을지에 대한 고민, 즉 인간으로 존재하는 이상 마주하게 되는 실존적 갈등 — 공공성과 개별 실존 사이의 갈등 — 의 해결책을 하이데거 철학을 통해 모색해보고자 한다.

이를 위해 본 논문은 『존재와 시간』에서 논의된 비본래성과 본래성 그리고 본래성으로의 이행 계기들을 살펴보고자 한다. 또한 그러한 계기를 통해 도달할 수 있는 본래적 언어가 무엇이고, 어떠한 방식으로 현존재에게 진정한 자유를 돌려줄 뿐만 아니라 자유로운 소통의 계기를 마련함으로써 타자와 화합하는 언어로서 제시될 수 있는지 살펴보고자 한다.

물론 이러한 고찰은 한편으로 하이데거가 거리를 두고자 했던 문화철학적 담론으로 여겨질 우려가 있다. 그러나 필자는 소셜 미디어와 인터넷 자체에 대한 관심보다는 오히려 그와 같은 기술 문명의 발전에 따라 역운적으로 맞이하게 된 현존재의 새로운 실존 양상을 다루는 것을 목적으로 한다는 점에서 본 논의는 존재론적 관심에 기반을 두고 있다.

현존재의 새로운 실존 양상에 대해 존재론적으로 접근함으로써 본 논의는 다음과 같은 의의를 지닐 수 있을 것이다. 첫째로, 공공성에 처해 있는 현존재에게 개별적 실존의 자유 가능성을 마련해준다. 둘째로, 본래적 언어에 대한 존재론적 사유를 통해 다름을 배척하는 타자에 대한 혐오의 언어로부터 멀어지도록 기여할 수 있다. 셋째로, 하이데거의 전기의 실존론적 언어와 후기의 시적 언어 사이의 연관을 문헌에 근거하여 제시하고 있다는 점에서 학문적 의의를 가질 수 있다.

2. 비본래적 언어

하이데거는『존재와 시간』에서 존재에 대한 물음을 새로이 제기하고 있다. 그는 현존재를 존재 물음에 대한 실마리가 걸려있는 존재자로 보았다. 그런 까닭에『존재와 시간』에서 현존재에 대한 분석, 즉 기초존재론에 대한 분석이 주제적으로 수행된다. 그러한 분석에 따르면 현존재의 존재방식은 실존(Existenz)이다. 실존의 실존범주(Existenzialien)에는 처해 있음(Befindlichkeit)과 기분(Stimmung), 이해(Verstehen) 그리고 말(Rede)이 있다.

현존재는 '거기에(da)'로 내던져져 있으면서 "기분 잡힌 처해 있음으로서"[1] 존재한다. 이는 현존재가 이미 세계-내-존재로서 세계에 내맡겨져 거기에 조율되고 있다는 사실을 보여준다. 현존재는 자신의 의지와 무관한[2] 그러한 기분에 사로잡힌 채 다른 존재자와 관계 맺으며 그를 파악한다. "처해 있음의 기분 잡혀 있음이 실존론적으로 현존재의 세계개방성을 구성한다."[3] 한편 이해는 "언제나 기분〔분위기〕 잡힌 이해"[4]로서 처해 있음 속에서 자신의 고유한 존재가능으로부터 의미의 지평을 "**어떤 것을 어떤 것으로서**라는 구조"[5]에서 열어 밝힌다.

---

1 마르틴 하이데거(이기상 옮김),『존재와 시간』(서울: 까치글방, 1998), 189쪽; M. Heidegger, *Sein und Zeit*(Tübingen: Max Niemeyer Verlag, 1967), 135. 이하 SuZ로 병기.

2 "기분은 '밖'에서부터 오는 것도 '안'에서부터 오는 것도 아니며 오히려 세계-내-존재의 방식으로서 이 세계-내-존재 자체에서부터 피어올라온다." 하이데거,『존재와 시간』, 190쪽; Heidegger, SuZ, 136.

3 하이데거,『존재와 시간』, 191쪽; Heidegger, SuZ, 137.

4 같은 책, 198쪽; Heidegger, SuZ, 142.

5 같은 책, 206쪽; Heidegger, SuZ, 149.

"말은 처해 있음과 이해와 실존론적으로 똑같이 근원적이다."[6] 말은 처해 있음과 이해에 근거하여 대상을 분류 파악한다. "세계-내-존재의 처해 있는 이해가능성이 **말로써 밖으로 말해진다.**"[7] 이러한 말함은 현존재가 양심의 소리를 들을 수 있다는 것,[8] 즉 자신의 고유한 존재에 대해 열려있다는 것에 근거한다. 그러나 현존재에게 양심의 소리는 오히려 낯선 것이다. 현존재는 일상적으로 이러한 말함보다 비본래적 말함인 잡담(Gerede)에 더 친숙하다.

말함의 비본래적 양식인 잡담에 대해 논의하기 위해 우선적으로 잡담을 널리 퍼뜨리는 '그들(das Man)'에 대한 파악이 필요하다. '그들'은 누구인가? '그들'은 "**특정한** 타인이 아니다."[9] '그들'은 아무도 아님에도 현존재의 일상성을 철저하게 지배하고 있다. 현존재는 타인과의 차이를 걱정한다. 남들과 비교하면서 남들보다 뒤처져 있는 것은 아닌지를 걱정하고 남들보다 더 나은 삶을 영위하고 있다는 생각이 들면 안심한다. 이때 비교 기준은 '그들'에 의해 제공된 것이다. '그들'의 기준에 따라 현존재는 자기 자신을 평가한다. 이러한 방식으로 현존재는 '그들'에게 자신의 존재를 떠넘긴다.

"'그들'이 일상성의 존재양식을 지정해주고 있다."[10] '그들'의 지배를 따르면서 현존재는 자신의 고유함을 망각한 채 남들과 동일한 이해

---

6 같은 책, 221쪽; Heidegger, SuZ, 161.

7 같은 책, 222쪽; Heidegger, SuZ, 161.

8 "우리가 우선 듣는 것은 음성화를 통해 밖으로 말해진 것이 **아니다.**" 이때 양심의 소리는 오히려 '침묵'이다. 이에 관해서는 3절에서 상세히 다룰 것이다. 하이데거, 『존재와 시간』, 225-226쪽; Heidegger, SuZ, 164.

9 하이데거, 『존재와 시간』, 176쪽; Heidegger, SuZ, 126.

10 같은 책, 177쪽; Heidegger, SuZ, 127.

를 공유하는 평균성에 머무른다. 평균성은 현존재를 남들과 구분되지 않게 함으로써 안정감을 준다. "이렇게 '그들'은 그때마다의 현존재가 짊어진 존재부담을 그의 일상성에서 **면제**해준다."[11] '그들'은 현존재가 모르는 사이에 그들의 고유한 존재를 빼앗음으로써 현존재에게 도피처와 편안함을 제공한다.

현존재는 '우선' '대개' 그들의 해석되어 있음과 평균적 이해에 속해 있다. '그들'의 평균적 이해가 잡담을 통해 널리 퍼뜨려진다. "이러한 뒤따라 말함과 퍼뜨려 말함이 잡담을 구성한다."[12] 대체 누구에 의해 퍼뜨려진 것인지 모르겠지만 '무엇이 좋다', '무엇이 옳다', '무엇이 되어야 한다' 혹은 '적어도 어떤 식으로 행동해야 하지 않겠는가?'라는 식으로 일종의 보편성을 띤 채 잡담은 현존재의 이해뿐만 아니라 그 존재까지도 규정하고자 한다.

잡담의 예시로서 소위 '명절 잔소리' 같은 것을 생각할 수 있을 것이다. 명절 잔소리 현상에서 우리는 '그들'이 평균적인 이해를 제공하면서 현존재의 삶 전체를 규정하고자 시도하는 것을 볼 수 있다. 그것은 평균적인 삶의 기준을 제공해주며 현존재 또한 그에 맞게 규정하고자 한다. 그것은 다음과 같은 질문 형태로 제시된다. 성적은 어느 정도인지, 대학은 어디에 들어갔는지, 취업은 했는지, 연봉은 얼마인지. 그리고 결혼은 했는지, 아이는 낳았는지.

이러한 질문은 삶이 왜 그러한 양상을 따라가야 하는지 그리고 그러한 삶의 양상이 '이상적인 것'으로 규정될 수 있는지 혹은 거기에 결

---

11 같은 책, 178쪽; Heidegger, SuZ, 127.

12 같은 책, 232쪽; Heidegger, SuZ, 168.

여되어 있는 것은 없는지와 같은 의심 없이 피상적인 이해만을 지닌 채 퍼져나간다. 그들에 따르면 어쨌든 그러한 삶은 누구에게나 유익한 것이다. 그러한 질문들에 대해 '잘' 대처할 수 있는 평균적인 삶을 누리는 현존재는 자신이 '잘' 살아가고 있다고 안도감을 느낀다. 반면 그러한 기준을 따라가지 못하고 있는 사람들은 그 결여를 메꾸기 위해 더 노력해야 한다고 여겨진다.

'그들'은 좋은 삶을 규정해주는 방식으로 현존재의 존재를 규정하고 빼앗고자 한다. 각자에게 무엇이 문제가 되고 있는지는 중요하지 않다. 왜냐하면 잡담은 각자성에 관심이 없기 때문이다. 그뿐만 아니라 잡담 안에서 모든 것은 이미 너무도 투명하게 — 사실은 피상적이지만 — 이해된 채로 있어서 '그들'이 제시하고 있는 것 외에 그 밖의 것은 문제로 떠오르지 않는다. "누구든 긁어모을 수 있는 잡담은 진정으로 이해해야 하는 과제로부터 면제해줄 뿐만 아니라, 무차별한 이해가능성을 형성해준다. 이러한 무차별의 이해가능성에는 더 이상 어떤 것도 감추어져 있지 않다."[13]

이렇듯 잡담은 공공의 해석되어 있음을 우선 제공한다. "공공성은 우선 모든 세계 해석과 현존재 해석을 규제하며 모든 것에서 권한을 가지고 있다."[14] 거기서 이루어지는 발언(Aussage)은 "함께 나누며〔전달하며〕 규정하는 제시"[15]이자 서술적 '으로서'로, "해석의 근원적 '으로서'를 눈앞에 있음을 규정하는 '으로서'로 평준화"[16]시킨다. 이는 백과사

---

13 같은 책, 232쪽; Heidegger, SuZ, 169.

14 같은 책, 177쪽; Heidegger, SuZ, 127.

15 같은 책, 216쪽; Heidegger, SuZ, 156.

16 같은 책, 218쪽; Heidegger, SuZ, 158.

전적 지식과 같이 규정하는 말함이라 할 수 있다. 물론 언어는 이러한 방식을 통해 현존재에게 평균적인 이해가능성을 제공해준다는 점에서 실증적(positive)이다. 그러나 다른 한편 피상적으로 이해된 채 전달되기도 한다는 점에서 결여적(privative)이기도 하다. 그런 까닭에 잡담과 발언은 오히려 본질적인 사태를 은폐한다.

하이데거는 『현사실성의 해석학』에서 '오늘'의 해석되어 있음을 중심적으로 비본래적 언어의 결여적 성격에 대한 단초를 보여준다. 특히 그는 역사의식을 공공의 해석되어 있음의 징표로서 논의한다. 역사의식이 현사실성의 근본 형식인 시간성과 밀접히 연관되어 있음에도 학문으로서의 역사는 역설적으로 시간을 보편적으로 규정함의 방식으로만 제시함으로써 무시간성과 관계하고 있기 때문이다. 그러한 관심에서 과거는 단지 지나간 시간으로서 제시되며 이론적-학문적으로 접근되어야 할 하나의 대상이다.

다시 말해 역사학은 한때의 시간(eine Zeit)이 현재(eine Gegenwart)의 시점에서 어떻게 학문의 대상으로서 규정될 수 있는지를 중요한 문제로서 다룬다. 이에 따라 지나간 시간은 파악하고 분류하는 작업에 의해 "교양의식", 주관적인 것의 객관화된 형식인 "문화정신(Kulturseele)" 또는 "문화 유형(Stil)"[17]으로 후대에 전달된다. 특히 미술사의 역사는 이와 같은 형태의 비교 분류하는 작업(das gestaltvergleichende Ordnen)을 잘 보여주고 있다.[18]

---

17 마르틴 하이데거(이기상 · 김재철 옮김), 『현사실성의 해석학』(서울: 서광사, 2002), 78-79쪽; M. Heidegger, *Gesamtausgabe Bd. 63.: Ontologie. Hermeneutik der Faktizität* [Frankfurt(M): Vittorio Klostermann, 1988], 36.

18 하이데거, 『현사실성의 해석학』, 78-82쪽; Heidegger, *Ontologie. Hermeneutik der Faktizität*, pp. 35-39.

물론 이러한 작업은 앞서 말했듯 실증적이며 유용하다. 그뿐만 아니라 동시에 현존재의 중요한 토대이기도 하다.[19] 그러나 로코코와 바로크, 낭만주의, 인상주의, 르네상스 같은 양식에 대한 여러 호칭과 분류 작업은 개별 작품들을 하나의 이름 안으로 집약(Niederschlag)하고자 하는 표현 '형태'에 대한 집착을 보여주고 있다. 그런 의미에서 그것은 결여성, 즉 보편성을 과도하게 지향하는 과정에서 상실한 근본적인 존재연관을 역설적으로 드러내주고 있다. 하이데거는 역사의식에 대한 공공적 해석뿐만 아니라 철학의 공공적 해석 또한 제시한다. 그는 철학의 해석되어 있음에서도 무시간적이고 보편적인 것으로 나아가려는 징후를 비판적으로 고찰한다.[20]

그러한 징후들은 우리에게 지식으로 전수되며, 이는 대개 평준화된 애매한 이해를 통해 받아들여진다. 애매한 이해는 사실상 누구의 이해도 아니며 그러한 이해를 떠받쳐주는, 즉 책임을 떠맡고 있는 구

---

19 발언으로 형성되는 지식과 문화의 양식은 실용적일 뿐만 아니라 현존재의 토대로서 현존재의 앞서 가짐(Vorhabe), 앞서 봄(Vorsicht), 앞서 잡음(Vorgriff)을 형성하는 중요한 역할을 수행한다. 이러한 선이해(Vorverständnis)에 의해 해석학적 순환은 유래를 간직하는 도약의 가능성으로서 지탱될 수 있다. 이에 대해 하이데거는 다음과 같이 말한다. "몰락의 경향은 유혹적인 것으로서 동시에 (공공적인 처해 있음에서) **안심시키는**(beruhigend) 것이다. … 유혹을 증대시켜가는 몰락의 경향은 안심시키는 것인 동시에 **낯설게 하는**(entfremdend) 것이다." 마르틴 하이데거(김재철 옮김), 『아리스토텔레스에 대한 현상학적 해석』(서울: 누멘, 2010), 29쪽. 또한 다음 구절도 주목할 만하다. "삶의 존재는 몰락하는 염려에 대한 대립운동을 통한 **우회로**(Umweg)에서만 통찰되며 …." 하이데거, 『아리스토텔레스에 대한 현상학적 해석』, 34쪽.

20 역사와 철학을 학문적 대상으로 규정하고 그 대상을 이론화하는 작업은 마찬가지로 탈은폐의 한 양식이다. 그러나 주체의 의식작용에서 이루어지는 그러한 작업은 지식 형성을 위해 기여하는 것에 비해 이론화 작업의 토대에 놓여 있는 근원적인 사태(또는 학문의 본질)에 대한 물음을 겨냥하지 못하고 있다. 학문에 관한 하이데거의 좀 더 상세한 논의는 다음을 참조할 것. 마르틴 하이데거(이기상 · 신상희 · 박찬국 옮김), 『강연과 논문』(서울: 이학사, 2008), 51-88쪽; M. Heidegger, *Gesamtausgabe Bd. 7.: Vorträge und Aufsätze*[Frankfurt(M): Vitto Klostermann, 2000], 37-65.

체적인 현존재는 없다. 그 때문에 거기에는 "현존재를 증대하는 무지 반성으로 몰고 갈 그러한 둥둥 떠 있음의 섬뜩함이 그때그때의 현존재 자신에게는 은닉된 채 남아 있다."[21] 다시 말해 현존재의 개별성이 은닉된 채 몰개성과 익명성으로 남아 있는 것이다. 이러한 익명성은 "**책임을 떠맡는 말을 통해서만**"[22] 본래적 실존으로 드러날 수 있다. 그렇다면 여기서 비본래적인 언어와 대조되고 있는 "책임을 떠맡는 말"은 무엇인가? 다음 절에서 필자는 비본래적인 언어가 책임을 떠맡는 말, 즉 본래적인 언어로 이행할 수 있는 계기에 대해 논의할 것이다.

3. 본래적 언어로 이행하는 계기

하이데거에게서 잡담과 구분되는 본래적인 언어는 무엇이며 또한 어떻게 도달될 수 있는 것인가? 이와 관련하여 필자는 본래적 언어에 도달하기 위한 단초로서 하이데거가 『존재와 시간』에서 제시하고 있는 본래성의 계기들 — 불안, 양심(침묵의 소리), 죽음 — 을 살펴보고 이러한 계기를 통해 현존재가 본래적인 말에 가까워지는 과정을 고찰하고자 한다.

앞서 말했듯 현존재는 우선 대개 비본래적인 방식으로 살고 있다.

---

21 하이데거, 『존재와 시간』, 234쪽; Heidegger, SuZ, 170.

22 마르틴 하이데거(김재철 · 송현아 옮김), 『언어의 본질에 대한 물음으로서의 논리학』(서울: 파라아카데미, 2021), 261쪽; M. Heidegger, *Gesamtausgabe Bd. 38A.: Logik als die Frage nach dem Wesen der Sprache*[Frankfurt(M): Vittorio Klostermann, 2020], 167. 이후 38A로 병기.

현존재는 존재론적 구조상 비진리 안에 있다.[23] 그렇다면 현존재는 어떻게 본래적 방식으로 실존할 수 있을 것인가? 우리는 이러한 물음에 대한 대답을 우선 현존재의 존재론적 구조에서 찾을 수 있을 것이다. 현존재는 다른 존재자에 비해 존재론적 우위를 가진다. 이는 현존재가 그 존재론적 구조상 비록 그가 비진리 안에 있다 할지라도 동시에 진리 사건에 관여하고 있음을 드러내준다. 비본래적인 현존재와 본래적인 현존재가 따로 있는 것이 아니며, 현존재라면 누구나 '순간'적으로 진리 사건에 참여할 수 있기 때문이다.[24]

현존재의 존재론적 구조에 비추어볼 때 현존재에게는 본래적으로 실존할 가능성이 열려있다. 그렇다면 현존재가 본래적으로 실존할 수 있는 계기는 무엇인가? 하이데거는 『존재와 시간』에서 본래적 실존의

---

23 하이데거에 따르면 현존재는 우선 비진리 안에 있다. 이때 '비진리'는 논리학적 참과 거짓 개념이 아닌 현상학적 개념으로서 부정적인 가치를 나타내는 것이 아니다. 이는 현존재가 공공의 해석되어 있음에서 비본래적으로 존재하고 있는 사태 자체에 대한 고찰이다. 또는 둘러봄(Umsehen)의 방식 중 특정한 방식에만 매몰되어 있는 현상을 기술하고 있다. 현존재의 비본래성은 『아리스토텔레스에 대한 현상학적 해석』에서 '몰락의 습성'이자 현존재가 현사실적으로 감당해야 하는 '가장 내적인 불운(Verhängnis)'으로 제시되고 있다. 그러나 그것은 '좋은 것' 또는 '나쁜 것'의 이분법적 가치 체계를 표방하고 있는 것이 아니다. 이와 관련하여 다음을 참고할 것. 하이데거, 『아리스토텔레스에 대한 현상학적 해석』, 27-42쪽.

24 필자는 현존재의 비본래성과 본래성이 양립 가능하다고 생각하며, 비본래성과 본래성이 양립하되, 본래성이 결여된 양태가 비본래성이라고 생각한다. 왜냐하면 필자가 생각하기에 비본래성과 본래성의 양립이 불가능하다면, 여느 이분법 문제들이 직면하게 되는 문제를 다시 직면하게 될 것이기 때문이다. 즉 비본래적 실존에서 본래적 실존으로 또는 본래적 실존에서 비본래적 실존으로 어떻게 변화 가능한지에 대해 대답하는 것이 양립 가능성을 전제할 때보다 더 어려운 문제로 다가올 것이라 생각한다. 또한 현존재의 실제 삶의 방식을 고려할 때도 비본래성과 본래성은 공존하고 있는 것처럼 보인다. 그것의 공존은 마치 해와 달의 공존처럼 느껴진다. 본래적이게 되는 순간에도 공공의 언어를 여전히 지니고 있기 때문이다. 물론 현존재가 우선 대개 비본래적으로 존재하다가 때때로 본래적으로 전환되는 것인지(다시 말해 양립 불가능한 것인지) 혹은 비본래성과 본래성이 이미 양립하고 있는 것인지에 대해서는 다양한 해석이 있다. 현존재의 비본래성과 본래성의 양립 가능성 및 그 양상에 관련해서는 다음 논문을 참고할 것. 설민, 「하이데거에서 본래성과 퇴락의 양립가능성에 대한 연구」(『현대유럽철학연구』 19, 한국하이데거학회, 2009).

계기를 제시하고 있는데, 필자는 그러한 계기를 불안, 양심(침묵의 소리), 죽음으로 논의하고자 한다.

현존재는 자신의 존재 가능성을 '그들'의 평균적인 이해에 떠맡기는 방식으로 비본래적으로 존재한다. 이는 곧 "빠져 있음의 돌아섬",[25] "'편치 않음(Unzuhause)'을 '덮어버리는' 돌아섬"[26]이다. 하이데거에 따르면 이러한 '빠져 있음의 돌아섬'은 불안으로부터의 도피다. 그러나 "**불안이 '그것 앞에서' 불안해하는 그것은 세계-내-존재 자체**"[27]로서 "전적으로 규정되어 있지 않다."[28] 다시 말해 현존재는 결정되어 있지 않은 '무(Nichts)'로 남아 있는 그의 고유한 존재 자체 앞에서 "도리어 바로 존재자로서의 그것**에게로** 도망가는 것이다."[29]

그러나 현존재는 그 존재론적 구조상 불안으로부터 분리될 수 없다. 현존재의 현사실성, 즉 그가 세계-내-존재로서 세계 안에서 다른 존재자와 관계 맺고 있을 뿐만 아니라 그러한 관계 맺음을 통해 의미를 열어 밝히고 있다는 그러한 사실은 이미 불안의 근본적인 처해 있음을 보여준다. "불안이 언제나 이미 세계-내-존재를 잠재적으로 규정하고 있기 때문에"[30] 현존재는 그러한 근본 기분으로부터 존재 의미를 이해한다. 이러한 이해는 바로 자신의 존재를 '그 때문에'로 문제 삼는다.[31] 의미는 자신의 존재로부터 관계 맺음을 통해 드러나는 것이다. 이

---

25 하이데거, 『존재와 시간』, 254쪽; Heidegger, SuZ, 186.

26 같은 책, 258쪽; Heidegger, SuZ, 189.

27 같은 책, 255쪽; Heidegger, SuZ, 187.

28 같은 책, 254쪽; Heidegger, SuZ, 186.

29 같은 책, 258쪽; Heidegger, SuZ, 189.

30 같은 책, 259쪽; Heidegger, SuZ, 189.

31 하이데거는 이를 '염려(Sorge)'라고 한다.

로 인해 그때그때마다의 이해는 더욱 근본적인 이해라 할 수 있다.

그러나 그때그때마다 이해의 생겨남이 항상 대상에 대한 평균적인 이해나 실증적인 이해와 무관하거나 그러한 이해를 부정하고 거부하는 것을 의미하지 않는다. 오히려 현존재의 일상성에서 평균적인 이해가 지배적이며 본래적인 이해는 드물게 포착된다. 다시 말해 불안이 존재론적 근본 기분임에도 그러한 기분에 따라 자신의 고유한 존재를 마주하는 그러한 경험은 드물게 일어난다. 하이데거는 현존재를 엄습하는 불안의 경험에 대해 다음과 같이 말하고 있다.

> "불안 속에서 우리에게 엄습해오는, 존재자 전체의 이러한 뒤로 물러감이 우리를 난감하게 한다. 거기에는 붙잡을 것이란 아무것도 없다. 오직 거기에 남아 있어 우리에게 덮쳐오는 것이란, 존재자가 쑥 빠져나감(Entgleiten, 미끄러져 빠져나감)으로써 붙잡을 것이 '아무것도 없다'는 사실뿐이다. 불안이 무를 드러낸다. … 아무것도 붙잡을 것이 있을 수 없는 이런 붕 떠 있음(허전함)이 모든 것을 완전히 뒤흔들어놓는 가운데 오직 순수한 터-있음만이 아직 거기에 있을 뿐이다."[32]

불안의 엄습은 현존재의 의지에 의해 나타나는 것이 아니다. 그런 까닭에 근본 기분의 경험은 좀 더 우연적이며 드문 경험이라 할 수 있다. 그리고 주체의 의지에 의해 이루어지지 않는다는 바로 그러한 점에서 불안의 경험은 세계에 기분 잡혀 있는, 세계와의 관계성 속에 있

32 마르틴 하이데거(신상희 옮김), 『이정표 1』(파주: 한길사, 2005), 160쪽; M. Heidegger, *Gesamtausgabe Bd. 9.: Wegmarken*[Frankfurt(M): Vitto Klostermann, 1976], 112.

는 현존재의 존재론적 구조를 더 잘 드러내주고 있다. 그렇다면 불안이 드러내는 '무'와 불안에서 마주하게 되는 '오직 순수한 터-있음'이란 무엇인가?

오직 순수한 터-있음은 존재 그 자체다. 존재는 존재자의 존재로서 존재자를 통해 스스로를 드러낸다. 그러나 존재자를 통해 드러난 것이 존재 전체인 것은 아니다. 존재는 스스로를 드러내면서 동시에 은닉한다.[33] 그로 인해 존재는 전체로서 규정될 수 없고 가능성으로 남아 있게 된다. 이는 동일한 존재자가 항상 동일한 의미로서 드러나지 않고 그때그때마다의 의미로서 드러날 수 있도록 해주는 근원적인 탈-근거(Ab-grund)를 보여준다. 현존재는 환히 열린 터(Lichtung)로서 불안의 근본 기분에서 무로서의 존재의 심연(Abgrund)을 마주하고 무를 그가 참여하는 세계로서 열어 밝힌다.

이처럼 불안은 우선 대개 일상성에 빠져 있는 현존재를 그의 가장 고유한 존재, 탈-근거에 마주 세움으로써 여전히 가능성으로 남아 있는 그의 존재를 직시하게 한다. 존재자가 다 빠져나가는 경험을 통해 현존재는 '그들'의 잡담에서 널리 전해지는 애매한 이해를 가지고 따라 말하는 것을 멈추고 — 그러한 순간에는 더 이상 따라 말할 것이 없어지기 때문에 — 존재 의미를 사유할 수 있게 된다. 이러한 존재 의미에 대해 사유함에 근거하는 말함이 곧 본래적 말함이다.

---

33 존재의 이러한 이중적 성격에 관해서는 다음을 참고할 것. 마르틴 하이데거(신상희 옮김), 「예술작품의 근원」, 『숲길』(파주: 나남, 2008), 78-79쪽; M. Heidegger, "Der Ursprung des Kunstwerkes", *Gesamtausgabe Bd. 5.: Holzwege*[Frankfurt(M): Vittorio Klostermann, 1977], 51. 거기서 하이데거는 다음과 같이 말한다. "진리는 세계와 대지의 상호대립 속에서 환한 밝힘과 은닉 사이의 투쟁으로서만 현성한다. 진리는 세계와 대지의 이러한 투쟁으로서 작품 속으로 바로세워지기를 원한다〔세계와 대지의 투쟁으로서의 진리가 "작품이 되려는 성향"〕."

본래적 말함의 계기는 불안 외에도 죽음과 양심이 있다. 현존재는 죽음을 향한 존재(Sein zum Tode)로서 죽음을 통해 그의 전체 존재가능에 대해 실존론적으로 조망할 수 있다. 하이데거는 죽음을 향한 존재에 대해 『존재와 시간』에서 다음과 같이 서술한다.

> "현존재는 그가 존재하고 있는 한 이미 자신의 아직-아님으로 **존재하듯이**, 그는 또한 언제나 이미 그의 종말로 **존재한다**. … 죽음은, 현존재가 존재하자마자, 현존재가 떠맡는 그런 존재함의 한 방식이다. '인간은 태어나자마자 이미 죽기에는 충분히 늙어 있다.'"[34]

위의 인용구에서 말했듯, 하이데거에게서 죽음은 현존재의 존재 자체다. 여기서 주목할 만한 것은 현존재가 그의 존재론적 구조상 죽음으로부터 분리되어 있지 않다는 것이다. 사실 논리적으로 보자면 삶과 죽음은 공존할 수 없는 상태다. 그러나 현존재는 분명히 존재하고 있는 동시에 죽어가고 있다. 그런 까닭에 하이데거는 현존재가 아직-아님으로 존재한다고 말한다. 즉, 아직-아님은 다음을 뜻한다. 현존재가 죽음에 도달하여 마침내 그의 존재를 상실하게 되어버린 것이 아직 아니다.

현존재는 살아 있는 동안은 아직-아님으로 존재하지만, 죽음은 언젠가 그에게 도래한다. 죽음은 예외 없이 모든 현존재에게서 모든 가능성을 빼앗아간다. 그런 까닭에 "죽음은 현존재의 단적인 불가능성의

34 하이데거, 『존재와 시간』, 329쪽; Heidegger, SuZ, 245.

가능성인 것이다."[35] 죽음에 의해 모든 가능성이 빼앗길 수 있다는 사실을 통해 비로소 우리는 현존재의 존재 전체에 접근할 수 있다.[36] 현존재가 자신의 존재 전체에 접근한다는 것은 실존론적으로 어떤 의미를 지니는가?

현존재는 자신의 존재 전체를 내다봄으로써 그의 죽음, 즉 그의 **"가장 고유한, 무연관적, 건너뛸 수 없는 가능성"**[37]에 직면한다. 이는 죽음을 '알고 있는 것'과 다르다. 사람들은 "모든 사람은 죽는다"라는 명제를 통해 지식으로서의 죽음을 이미 알고 있다. 그리고 장례식장에서도 타인의 죽음을 접한다. 그러한 경험에서 현존재는 자신도 언젠가는 죽을 것이라고 어렴풋이 이해하고 있다.

그러나 이와 같은 죽음에 대한 일상적이고 피상적인 접근은 죽음을 마치 남의 일인 것처럼, 나에게 속하지 않은 것처럼 여겨지도록 한다. 왜냐하면 죽음이 당장 나에게 닥친 것은 아니기 때문이다. '당장은 아직 아니다'라는 사실은 현존재를 안심시키고 그를 죽음으로부터 도피시킨다. 이러한 방식으로 "일상성은 죽음의 '확실성'을 애매하게 시인하는 데 머물러 있다."[38] 그뿐만 아니라 그러한 "부적합한 확실성은 그것이 확신하고 있는 것을 은폐 속에 간직하고 있다."[39]

죽음은 오히려 현존재의 고유한 가능성으로부터 근원적으로 이

---

35 같은 책, 336쪽; Heidegger, SuZ, 250.

36 하이데거는 죽음에 대한 논의에서 현존재의 존재 전체에 접근을 통해 "현존재의 실존성의 근원적인 존재론적 근거"가 시간성임을 밝혀낸다. 하이데거, 『존재와 시간』, 315쪽; Heidegger, SuZ, 234.

37 하이데거, 『존재와 시간』, 336쪽; Heidegger, SuZ, 250.

38 같은 책, 342쪽; Heidegger, SuZ, 255.

39 같은 책, 343쪽; Heidegger, SuZ, 257.

해되어야 한다. **“어느 누구도 타인에게서 그의 죽음을 빼앗을 수는 없다.”**[40] 타인은 나의 죽음을 대신해줄 수 없다. 죽음은 현존재 각자에게 속해 있다. 물론 누군가가 타인을 위해 희생함으로써 죽을 순 있다. 그러나 그러한 선택을 통해 수행되는 것은 타인의 죽음이 아니라 자신의 죽음이다. 죽음은 모든 현존재가 예외 없이 마주하게 되는 불가피한 가능성이다. 이로부터 다음의 사실이 드러난다. “죽음이 존재론적으로 각자성과 실존에 의해 구성된다는 점이다.”[41]

죽음으로 미리 달려가봄은 “현존재로 하여금 개별 현존재일 것을 요구한다.”[42] 앞서 불안에 의해 일상성과 잡담이 무화되고 심연이 드러날 수 있었던 것과 유사하게 죽음은 현존재를 ‘그들’로부터 각자성으로 되돌려 세움으로써 그의 본래적 존재를 사유하도록 한다. 일상성에서 벗어나 각자성으로 드러나는 본래적 존재는 어떠한 존재인가? “그것을 위한 〔본래적 실존〕 기준을 우리는 어디에서 취해야 하는가?”[43] 하이데거에 따르면 그것은 양심의 소리에 의해 제시되고 있다.

“양심의 부름은 현존재를 그의 가장 고유한 자기존재가능으로 **불러내는** 성격을”[44] 가진다. 그러나 양심은 특정한 내용이나 행위를 지시

---

40 같은 책, 322쪽; Heidegger, SuZ, 240.

41 하이데거, 『존재와 시간』, 322쪽; Heidegger, SuZ, 240. 하이데거에게서 죽음은 ‘존재의 집수처(das Gebirge des Seins)’로 여겨진다. 또한 죽음은 『언어로의 도상에서』도 본래적 언어의 계기로서 제시된다. “죽음 속에는 존재의 가장 지고한 은닉성이 집결되어 있다.” 마르틴 하이데거(신상희 옮김), 『언어로의 도상에서』(파주: 나남, 2012), 34쪽; M. Heidegger, *Gesamtausgabe Bd. 12.: Unterwegs zur Sprache*[Frankfurt(M): Vittorio Klostermann, 1959], 20. 이하 UzS로 병기.

42 하이데거, 『존재와 시간』, 352쪽; Heidegger, SuZ, 263.

43 같은 책, 315쪽; Heidegger, SuZ, 234.

44 같은 책, 360쪽; Heidegger, SuZ, 269.

하고 있지 않다. **"양심은 한결같이 오로지 침묵의 양태로만 말한다."**[45] 즉, "부름은 아무런 이상적 · 보편적 존재가능을 이해할 것으로 주고 있지 않다. 〔다만〕 부름은 존재가능을 그때마다 현존재의 그때마다 개별화된 존재가능으로 열어 밝힌다."[46] 현존재는 양심의 소리에 귀 기울임으로써 '그들'이 대신 선택해주었던 것을 자신의 선택으로 가져오게 된다. 거기서 '그들'이 은폐하고자 했던 '그것'이 현존재에게 드러난다.

그렇다면 현존재는 양심의 소리를 어떻게 들을 수 있는 것이며 '그것'은 무엇인가? 하이데거에 따르면 현존재는 양심의 부름을, 양심을 가지기를 원하기 때문에 이해할 수 있다. 그러나 "부름은 물론 절대로 **우리 자신에 의해** 계획되지도, 준비되지도, 의도적으로 수행되지도 않는다. 기대에 반해서, 심지어 의지에 반해서 "그것"이 부른다."[47] 여기서 그것은 현존재에게 고유한 가능성으로 남아 있는 그의 존재다. 그의 존재는 현존재가 자신의 책임을 '그들'에게 떠넘기지 않고 그의 본래적 존재가능성을 수행하도록 아무런 지시 없이 책임 앞으로 불러 세운다.

현존재는 "그의 존재의 근거에서 탓이 **있다.**"[48] 현존재는 그것에 의해 그의 의도와 관계없이 그의 존재를 부여받았기 때문에[49] 현존재는 그의 존재를 존재해야 하는 책임이 있다. 이러한 까닭에 현존재는 그의 존재를 염려하고 그의 존재 앞에서, 그 때문에 불안해한다. '그들'

---

45 같은 책, 365쪽; Heidegger, SuZ, 273.

46 같은 책, 374쪽; Heidegger, SuZ, 280. 〔 〕 안의 내용은 필자가 추가한 것.

47 같은 책, 367쪽; Heidegger, SuZ, 275.

48 같은 책, 382쪽; Heidegger, SuZ, 286.

49 그러나 이는 자유를 빼앗는 강제와 다르다. 오히려 본래적으로 자유로운 선택을 가능하게 해주기 때문이다. 이에 관해서는 4절에서 좀 더 상세히 논의할 것이다.

은 현존재의 책임, 즉 그의 존재부담을 덜어주는 방식으로 현존재가 그의 존재 앞에 설 용기를 빼앗고 도피하도록 유혹한다. 하지만 '그들'이 현존재의 탓 있음을 현존재의 근원에서부터 탈취할 수는 없다. 죽음에서 알려진 바와 같이 실존은 각자성이기 때문이다. 그로 인해 결국 현존재는 그의 존재론적 구조상 우선 대개 비진리로서 비본래적으로 살아가지만, 그에게서 양심의 부름이 분리되어 있지 않기 때문에 부름에 응답함으로써 본래적으로 실존할 수도 있다.

위의 논의에서 비본래성에서 본래성으로 도약할 수 있는 단초들을 살펴보았다. 불안과 죽음 그리고 양심의 소리가 본래성의 단초들이다. 이러한 계기들은 각각 따로 작동하는 것이 아니다. 세 가지 계기는 어우러져서 현존재에게 그의 탓 있음 또는 자신의 존재에 대한 책임을 시간성 안에서 보여준다. 즉, 그때마다의 각자성과 그의 존재를 전체에서 고찰하는 것은 현존재의 본래적인 시간성으로서 '순간'[50]을 드러내준다. 그러한 계기들로 인해 순간은 과거와 미래를 현재로 모아들이는 시간이며, 자신의 존재 가능성을 스스로 책임지고 견뎌내는 결단성

---

50 하이데거는 본래적인 현재를 '순간(Augenblick)'이라 칭하고, 이와 대조적으로 비본래적인 현재를 '현재화(Gegenwärtigen)'라고 한다. 본래적 시간과 비본래적인 시간은 시간성(Zeitlichkeit)에 대한 하이데거의 고찰을 보여준다. 하이데거는 과거-현재-미래의 시간성을 기재(Gewesenheit)-현재(Gegenwart)-도래(Zukunft)로 분류하며 이러한 시간성을 다시 본래적 시간과 비본래적 시간으로 구분한다. 이러한 구분에 따르면 본래적 시간은 '반복(Wiederholung)-순간(Augenblick)-선구(Vorlaufen)'이며 비본래적 시간은 '망각(Vergessen)-현재화(Gegenwärtigen)-예기(Gewärtigen) 또는 기대함(Erwarten)'이다. 하이데거, 『존재와 시간』, 429-439쪽 및 442-449쪽 참조; Heidegger, SuZ, 323-331; Heidegger, SuZ, 334-339. 여기서 본래적 시간과 비본래적 순간을 구분 짓는 중요한 계기는 시간의 탈자태(Ekstase)다. 본래적인 시간은 과거와 현재 그리고 미래가 분리되어 있는 것이 아니라 오히려 세 겹의 시간이 중첩되어 서로에게로 뻗어나가고 있는 시간이다. 『언어로의 도상에서』에도 시간화에 대한 논의가 언급되고 있다. 이와 관련해서는 다음을 참고할 것. 하이데거, 『언어로의 도상에서』, 294-296쪽; Heidegger, UzS, 201-202.

(Entschlossenheit)이자 자유[51]다.

그뿐만 아니라 그러한 계기들을 통해 존재와 현존재의 근본적인 연관이 제시될 수 있다. 존재와 현존재의 근본적인 연관은 존재와 현존재의 상호 공속성 또는 존재와 현존재의 근원적인 가까움이다. 이러한 상호 간의 존재론적 가까움에 근거하여 하이데거는 언어의 본질에 대해 해명한다. 언어의 본질에 대한 해명은 다음 절에서 본래적 언어에 대해 논의함으로써 제시될 수 있을 것이다.

4. 본래적 언어

불안, 양심의 소리, 죽음으로의 선구를 계기로 드러나는 본래적 언어란 무엇인가? 하이데거에게서 비본래적 언어와 본래적 언어에 대한 대비는 비본래성과 본래성의 대비만큼 직접적으로 다루어지고 있지는 않다. 그러나 언어와 언어의 본질에 관한 하이데거의 여러 문헌학적 근거들을 통해 '본래적 언어'가 무엇인지 추측해볼 수 있다. 필자는 이 절에서 그러한 근거들을 통해 비본래적 언어와 비교하여 본래적 언어를 제시하고 본래적 언어가 지니는 시의성에 대해 고찰해보고자 한다.

---

51 "의미되고 있는 무성은 현존재가 자신의 실존적 가능성에 대해 자유롭다는 사실에 속한다. 그런데 자유는 오직 하나를 선택하는 데 있다. 다시 말해 다른 것은 선택하지 않았음, 다른 것을 또 선택할 수는 없음을 견뎌내는 데 있는 것이다." 하이데거, 『존재와 시간』, 381쪽; Heidegger, SuZ, 285.

우선 본래적 언어는 『존재와 시간』에서 비본래성의 양상으로 제시되는 잡담, 호기심, 애매함과의 대비를 통해 암시될 수 있다. 비본래적 언어로서 잡담은 다음과 같은 특징을 지닌다. 첫째로 잡담은 '함께 나눔'으로써 "공통적으로 동일한 평균성"[52]과 피상적인 이해를 겨냥한다. 그것은 1차적인 존재연관에 근거하지 않은 채 "그저 **퍼뜨려 말하고 뒤따라 말하는** 방법"[53]으로 끊임없이 전달된다. 잡담을 통해 전달되는 데서 중요한 것은 각자성과 무관하게 남들 또한 동일한 이해를 공유하고 그렇게 말하고 있다는 것이다. 둘째로 이러한 무차별한 이해가능성은 "일종의 닫아버림"[54]으로써 현존재에게서 본래적인 존재연관을 은폐하고 단절시킨다. 왜냐하면 그것은 더 이상 드러낼 것이 없는 자명한 이해로 제시되기 때문이다.

하이데거는 『존재와 시간』에서 본래적 언어에 대해 명백히 주제화하여 다루고 있지 않지만, 잡담의 이러한 특징은 본래적 언어에 대한 실마리를 제공해주고 있다. 이에 따르면 본래적 언어는 첫째로 1차적인 존재연관에 근거할 뿐만 아니라 각자성에 근거한다. 그런 의미에서 본래적 언어는 피상적인 이해로부터 생겨날 수 있지만, 단순히 피상적인 이해는 아니다. 둘째로 본래적 언어는 폐쇄하고 은폐하는 언어가 아니라 열어 밝히는 개방의 언어라 할 수 있다.

그 밖에도 호기심과 애매함의 성질을 살펴봄으로써 본래적인 언어를 더 자세히 고찰할 수 있을 것이다. 왜냐하면 잡담은 비본래성의 또 다른 양상들인 호기심과 애매함을 수반하기 때문이다. 호기심은 늘

---

52 하이데거, 『존재와 시간』, 231쪽; Heidegger, SuZ, 168.

53 같은 책, 231쪽; Heidegger, SuZ, 168.

54 같은 책, 232쪽; Heidegger, SuZ, 169.

새로운 것을 추구하며 "**겉모양**〔보임새〕에서만 볼 수 있는 가능성을 배려"[55]한다. 또한 어느 한 곳에 머무르지 않으려고 한다. 그러나 "호기심은 존재자를 경탄하면서 고찰하는 것, 즉 타우마체인(θαυμαζειν)과는 아무 상관이 없다."[56] 오히려 호기심은 새로운 것에 대한 평균적인 이해를 지식으로써 획득하는 것에만 관심이 있으며, 앎이 충족되고 나면 관심은 사라지고 또다시 새로운 것으로 눈을 돌린다. 이러한 호기심과 비교할 때 본래적인 언어는 존재에 대한 경이로움을 포함하고 있다고 할 수 있다.

물론 현존재는 어떤 것이 잡담이고 어떤 것이 1차적인 존재연관에 근거한 이해인지 결정을 내리기 쉽지 않다. 왜냐하면 잡담은 호기심에 이끌릴 뿐만 아니라 애매한 이해를 퍼뜨리기 때문이다. "모든 것이 진정으로 이해되고 파악되고 말해진 것처럼 보이지만, 근본에서는 그렇지 못하고"[57] 있다. 애매한 이해에서 현존재는 대개 존재자 전체를 파악한 것처럼 예감하고 있다. 그러한 방식으로 모든 사태는 투명한 것처럼 드러나는 까닭에 현존재 각자의 이해를 필요로 하지 않을 뿐만 아니라 심지어 개별적인 이해를 은폐시킨다.

그에 따라 현존재는 무력화되고 "언제나 애매하게 '거기에' 존재한다. … 일상적으로는 모든 것이 일어나고 있지만, 근본에서는 아무것도 일어나고 있지 않은 곳인 거기에 존재한다."[58] 애매함에 대한 논의에서 이끌어낼 수 있는 본래적인 언어에 대한 실마리는 다음과 같

---

55 같은 책, 236쪽; Heidegger, SuZ, 172.

56 같은 책, 236쪽; Heidegger, SuZ, 172.

57 같은 책, 237쪽; Heidegger, SuZ, 173.

58 같은 책, 239쪽; Heidegger, SuZ, 174.

다. 애매함이 '그들'의 이해 — 사실 그것은 누구의 이해도 아니다. 왜냐하면 책임지는 사람이 아무도 없기 때문이다 — 에 근거하는 데 반해 본래적인 언어는 개별적인 현존재의 1차적인 존재연관에 근거한다.

위의 논의에서 『존재와 시간』의 비본래성의 양상에 대한 분석을 통해 본래적인 언어란 어떤 것인지 고찰해보았다. 요약하자면, 본래적 언어는 각자성에 근거하여 은닉된 존재를 열어 밝히는 언어다. 따라서 현존재의 고유함을 무력화시키지 않는다. 또한 그러한 개방은 지식을 위한 욕망이 아닌 경이로움에 근거하고 있다. 이는 『존재와 시간』의 잡담, 호기심, 애매함을 통해 드러나는 본래적 언어에 대한 하이데거의 암시라 할 수 있다. 그러나 이외에도 하이데거는 본래적 언어에 대한 좀 더 직접적이고 중요한 단초를 『존재와 시간』에서 남겨놓고 있다.

본래적 언어의 특징은 하이데거가 남긴 다음의 단초와 긴밀한 연관을 지닌다. "처해 있음의 실존론적 가능성을 함께 나누는 것, 다시 말해 실존을 열어 밝히는 것이 **"시를 짓는" 말**의 고유한 목표가 될 수 있다."[59] 이로부터 알 수 있는 것은 하이데거가 『존재와 시간』에서부터 후기의 시 짓는 언어를 겨냥하고 있다는 것이다.[60] 그러므로 본래적 언어에 대한 좀 더 상세한 논의를 위해 언어의 본질과 시 지음(Dichtung)

---

59 같은 책, 224쪽; Heidegger, SuZ, 162. 강조는 필자에 의한 것.

60 물론 이는 필자의 해석을 다소 강하게 드러낸 것이다. 이러한 해석은 『언어로의 도상에서』를 중심으로 전개되고 있다. 그런 까닭에 『강연과 논문』 중 「로고스」에서 드러나는 로고스 개념과 언어의 관계 그리고 특히 『철학에의 기여』에서 비중을 차지하고 있는 시원적 사유로서 그리스적 사유를 후기 언어와의 긴밀한 관계 속에서 다루고 있지 않다는 점에서 필자의 해석은 어느 정도 제한될 수 있을 것이다. 필자가 논의에서 제시하는 본래적인 말함은 여전히 실존론적 언어의 차원을 더욱 강조하고 있는 반면, 로고스 개념과의 연관에서 해석되는 후기 언어는 오히려 존재의 시원적인 모아들임이 강조되고 있기 때문이다. 로고스에 대한 하이데거의 논의는 다음을 참조할 것. 하이데거, 『강연과 논문』, 269-285쪽; Heidegger, *Vorträge und Aufsätze*, pp. 211-222.

에 대한 하이데거의 고찰을 참고할 필요가 있다.

하이데거에 따르면 "근원적인 언어는 **시 짓기의 언어**다."[61] 시 짓기의 언어는 존재의 소리에 대해 현존재가 상응하여 말하는 응답(Entsprechen)[62]이자 본래적인 들음이다. 언어에 대한 하이데거의 견해는 오늘날 언어학 또는 언어철학과는 다소 상이한 경향을 보여주고 있다. 이러한 차이는 언어의 본질에 대한 서로 다른 이해로부터 생겨나는 것처럼 보인다. 따라서 시 짓기의 언어에 대한 논의는 언어의 본질에 대한 새로운 접근을 필요로 하고, 다음의 물음에 직면하게 된다. 그렇다면 언어의 본질은 무엇인가?

하이데거에 따르면 "언어의 본질은 언어를 **오용, 평준화, 왜곡 속에서 소통 수단으로 여기고, 소위 내적인 것의 단순한** 외적 표현으로 격하시키는 **곳에서는** 알려지지 **않는다.**"[63] 이는 언어에 대한 학문적인 접근을 부정하고자 하는 시도가 아니다. 오히려 언어에 대한 현존재의 학문적 접근이 무엇에 근거하고 있는지 좀 더 근원적인 물음 안으로 들어가고자 시도하는 것이고 그러한 시도의 필요성에 대한 표명이다. 또한 언어를 향한 근원적인 물음이 언어에 대한 인간의 주체적인 관점으로부터 물어질 수 없다는 것이다.[64] 그 때문에 언어의 본질에 대한 물음이 언어 자체로부터 제기되어야 한다. 다시 말해 우리는 언어

---

61 하이데거, 『언어의 본질에 대한 물음으로서의 논리학』, 263쪽; Heidegger, *38A*, 168.

62 하이데거, 『언어로의 도상에서』, 50쪽; Heidegger, UzS, 29.

63 하이데거, 『언어의 본질에 대한 물음으로서의 논리학』 263쪽; Heidegger, *38A*, 168.

64 그것은 주체-객체의 이분법 도식에서 물어질 수 없다. 왜냐하면 "물음은 사유의 경건함이기 때문이다." 즉, 현존재가 존재를 더 이상 대상으로서 설정하지 않고 오히려 존재와의 상호 공속성에 체류함으로써 비로소 물음이 물어질 수 있는 것이다. 하이데거, 『강연과 논문』, 49쪽; Heidegger, *Vorträge und Aufsätze*, 36.

의 본질을 재고찰해보아야 한다.

"언어의 본질〔은〕 — : 본질의 언어〔다〕."[65] 이는 언어가 스스로 말하는 사태에 대한 이해로부터 파악될 수 있다. '언어가 말한다(Die Sprache spricht).'[66] 여기서 언어는 인간의 말함(Sprechen)과 구분되는 참말(Sagen)로서 존재 자체가 스스로 생기함으로써 현존재에게 보내온 눈짓이다.[67] 이러한 존재 자체의 생기함이 본질이며 그로부터 보내진 눈짓은 곧 본질의 언어다. 본질의 언어는 "정적의 은은한 울림(das Geläut der Stille)"[68]이다. 현존재는 사유해야 할 사태로부터 울려오는 그러한 침묵을 뒤따라-사유하고(nach-denken) 참말을 들음으로써 말할 수 있게 된다. 따라서 현존재의 언어의 본질은 본질의 언어다. 본질의 언어에 대한 청종(Gehör, 聽從)은 현존재와 존재 사이의 존재론적 가까움(Nähe), 즉 상호 공속성(Zusammengehörigkeit)의 본질적 연관관계(Bezugsverhätnis)로부터 가능하다. "우리가 〔우리에게〕 말 건네진 것에 **속해 있을**(gehören) 때, 우리는 귀를 기울이고 있었다."[69] 즉, 언어는 "이미 참말에 속하게-함(das Gehörenlassen)으로부터 오는 것이다."[70]

이러한 공속성으로부터 오는 참말을 듣는 현존재의 탁월한 방

---

65 하이데거, 『언어로의 도상에서』, 235쪽; Heidegger, UzS, 166.

66 같은 책, 19쪽; Heidegger, UzS, 17.

67 이 눈짓은 근원적-알림(Ur-Kunde, 근원적-기별)으로서 "사유할 만한 귀중한 것(das Denkwürdige)"을 가리키고 있다. 하이데거, 『언어로의 도상에서』, 258쪽; Heidegger, UzS, 182. 이러한 가리킴(Zeigen)의 역할에 근거하여 하이데거는 다음과 같이 말한다. "말〔은〕: 주는 것(das Gebende)〔이다〕. … 말은 : 존재를 준다." 하이데거, 『언어로의 도상에서』, 259쪽; Heidegger, UzS, 182.

68 하이데거, 『언어로의 도상에서』, 299쪽; Heidegger, UzS, 204.

69 하이데거, 『강연과 논문』, 282쪽; Heidegger, *Vorträge und Aufsätze*, 220.

70 하이데거, 『언어로의 도상에서』, 360쪽; Heidegger, UzS, 245.

식이 사유함(Denken)과 시작함(Dichten)이다.[71] 시작함이 본래적인 들음인 한에서, 시 짓기의 언어는 "스스로 뒤로 물러나 자제하는(sich zurückhalten) 것",[72] 뒤로 물러섬(Schritt zurück) 또는 "단념함(Entsagen)"[73]이다. 단념함은 곧 체념함(verzichten)이다. 그러나 그것은 말함을 포기하는 것이 아니라 오히려 말함의 한 방식으로서 말하고 있는 것이다.[74] 이러한 말함은 현존재의 말함이 멈춘 곳에서 생기하는 존재 자체의 말함이다. 현존재는 체념함의 말함을 통해 "언어의 말 건네옴(Anspruch, 요청)에 〔관여해〕 들어가고 그것에 스스로 순응함(sich fügen)으로써, 우리로 하여금 언어의 말 걸어옴에 의해 고유하게 관계한다".[75]

현존재는 존재의 이중성(드러냄과 은닉함)에 따라 존재의 필요로 함에 의해 그리고 존재가 스스로를 드러내고 허락해주는 눈짓에 순응하여 말할 수 있다. 이러한 말함이 곧 "'언어를 언어로써 언어로 데려온다'(Die Sprache als die Sprache zur Sprache bringen)"[76]는 것이며 본래적인 말함,

---

71 사유함과 시 지음은 존재 자체의 생기로부터 발원하는 동근원적인 사태다. 그러나 그것이 동근원적인 사태임에도 사유함에 관한 논의는 주제로부터 다소 멀어질 가능성이 있어 본 논문에서는 다루지 않고자 한다. 사유함과 시 지음의 관계와 관련해서는 다음을 참조할 것. 마르틴 하이데거(권순홍 옮김), 『사유란 무엇인가』(서울: 길, 2005), 243-262쪽; 하이데거, 『강연과 논문』, 161-182쪽; 하이데거, 『언어로의 도상에서』, 248-266쪽.

72 하이데거, 『언어로의 도상에서』, 51쪽; Heidegger, UzS, 29.

73 같은 책, 223쪽; Heidegger, UzS, 158. 말함(sagen)을 놓아버리는(Ent-) 것을 의미한다.

74 'verzichten'의 zichten(꾸짖다)의 어원학적 근거를 고려할 때, 체념함 또한 말함의 한 방식이다. 왜냐하면 zichten은 어원학적으로 그리스어 δείκνυμι(가리키다, 나타나게 하다)와 라틴어 dicere(가리키다, 말하다)이기 때문이다. 하이데거, 『언어로의 도상에서』, 306쪽; Heidegger, UzS, 210.

75 하이데거, 『언어로의 도상에서』, 210쪽; Heidegger, UzS, 159. 그런 까닭에 하이데거는 다음과 같이 말한다. "체념한다는 것은 이제 비로소 하나의 사물을 사물로서 존재하게 하는 그런 말의 더욱 지고한 주제를 자신에게 수락하는 것이다." 하이데거, 『언어로의 도상에서』, 320쪽; Heidegger, UzS, 220.

76 하이데거, 『언어로의 도상에서』, 334쪽; Heidegger, UzS, 230. 필자는 이를 다음과 같이 이

즉 시 짓는 말함이다. 그것은 존재의 스스로 생기함을 그 자체로부터 드러내는 탈-생기하는 말함이다. 그러나 "이러한 탈생기함(Enteignen)은 사물에게서 아무것도 빼앗지 않는다. 그것은 사물을 비로소 사물 자신의 고유함으로, 즉 사물이 세계에 머무르도록 해방한다(entheben)."[77]

위의 논의들로부터 본래적인 언어인 시 짓는 말함은 상호 공속성의 언어라 할 수 있다. 왜냐하면 시 짓는 말함은 존재와 인간 사이의 근원적인 가까움에 현존재가 체류하면서 존재의 생기함에 대한 현존재의 참여이기 때문이다. "이러한 결속이 고유하게-생기함으로써 그것은 화합한다(verbindet)."[78] 시 짓는 말함에 참여함으로써 현존재는 다른 존재자의 존재뿐만 아니라 자신의 고유한 존재를 보존할 수 있다.

그런 까닭에 현존재는 본래적인 언어 안에서 가장 자유롭다. 현존재의 자유로움은 존재와의 이웃 관계를 보존함과 연관되어 있다. 즉, 현존재는 존재로부터 멀어져 주체성을 회복함으로써 자유로워지는 것이 아니라 존재와의 공속 관계에 더 잘 체류할수록 더 자유로워질 수 있다. 따라서 비본래적 언어에서 본래적 언어로의 이행은 현존재의 진정한 자유를 향한 이행이다. 이는 현존재의 존재 양상이 우선 대개 비본래적인 것을 고려할 때 특히 두드러질 수 있다.

현존재는 우선 대개 '그들'의 잡담과 지식을 추구하는 발언 안에서 비본래적으로 살아간다. 그러나 비본래적 삶의 양상은 누구도 책임져주지 않는 말을 가지고 현존재의 삶을 규정하고자 하고 그를 통해

해한다. 현존재의 언어(Sprechen)를 언어다움으로 보존하여 존재 자체의 생기함, 즉 본질의 언어(Sage)로 데려온다.

77 하이데거, 『언어로의 도상에서』, 44-45쪽; Heidegger, UzS, 26.

78 같은 책, 371쪽; Heidegger, UzS, 251.

그의 고유한 존재 가능성을 빼앗아간다. 현존재는 그러한 방식으로 자신의 존재를 '그들'에게 떠넘기고 공공성이 제시하는 기준을 무조건적으로 수용함으로써 그의 인간다움,[79] 즉 본래적으로 사유하며 시적으로 거주하는 삶의 가능성으로부터 배제된다. 그가 사유함으로부터 소외되고 그의 고유한 삶의 가능성에 대한 책임으로부터 멀어지는 까닭에 이는 자유의 결여다.

그러나 현존재의 존재론적 구조는 불안과 죽음으로의 선구, 양심의 계기를 통해 — 물론 이러한 계기가 현존재의 의지에 의존하지 않을지라도 — 본래적 언어로 이행할 가능성에도 열려있다. 그러한 계기를 통해 본래적인 말함인 시 짓는 말함으로 이행한다. 현존재는 그러한 방식으로 존재와의 이웃 관계를 회복하고 자신의 고유한 존재의 소리에 귀 기울임으로써 본래적으로 실존하게 된다. 즉, 본래적인 말함은 현존재에게 그의 책임을 되돌려줌으로써 그에게 그 자신의 삶을 선택할 가능성을 돌려준다.

또한 본래적 말함은 현존재의 자유를 위한 말함일 뿐만 아니라 다른 존재자의 존재 가능성까지도 열어놓는 화합의 언어다. 왜냐하면 현존재는 본래적으로 말하는 한에서 한 발짝 뒤로 물러섬과 자제함 그리고 단념함의 태도를 요청받는다. 이는 주체가 객체를 대상화하여 규정하는 말함을 멈출 것에 대한 요구다. 규정하는 말함은 대상을 정의 내림으로써 존재자를 그 존재자의 은닉되어 있는 존재로부터 소외시키

---

79 여기서 인간다움은 존재와의 이웃 관계에 체류하며 존재의 생기함을 듣고 그에 따라 언어를 존재의 집으로서 사유하는 것을 의미한다. "말하는 자로서 인간은 존재한다[:]인간으로." 하이데거, 『언어로의 도상에서』, 16쪽; Heidegger, UzS, 11. 이에 대한 좀 더 상세한 논의는 다음을 참조할 것. 마르틴 하이데거(이선일 옮김), 「휴머니즘 서간」, 『이정표 2』(파주: 한길사, 2005), 123-182쪽; Heidegger, *Wegmarken*, 313-364.

는 것이다.

이에 반해 본래적인 말함은 존재의 허락하에 말하는 말함으로서 사물의 고유성, 존재의 경이로움 그리고 그 비밀을 간직하는 말함이다. 이는 사물뿐만 아니라 타자와의 관계에서도 마찬가지다. 본래적인 말함은 결여되지 않은 심려(Fürsorge)[80]의 태도를 간직하는 말함으로서 타자에게 좋은 삶을 평가받는 구체적인 기준을 제시해주는 것이 아니라 타자가 그의 존재를 스스로 책임질 수 있도록 하는 말함이다. 그 때문에 본래적인 말함은 자신의 말함을 강요하지 않고 존재 자체의 생기함에 초연한 내맡김(Gelassenheit)이다. 따라서 본래적 말함은 자기 자신뿐만 아니라 타자와의 관계에서도 화합의 언어로서 이중적으로 기능할 수 있다. 그런 까닭에 본래적 언어는 자유로운 소통에 기여한다.

5. 나가는 말

위의 논의들을 정리하면 다음과 같다. 우선 『존재와 시간』에서 제시되는 비본래성의 양상을 특히 잡담을 중점적으로 살펴보았다. 그러한 고찰에서 드러나는 것은 잡담은 사실 누구도 아닌 '그들'에 의해 말해진 것이고, 애매한 이해를 널리 퍼뜨리며 각각의 현존재에게 위력을

80 심려에는 두 가지 양상이 있다. '대신 뛰어들어 지배하는 심려'와 '앞서 뛰어들며 자유롭게 하는 심려'다. 전자는 타자의 염려를 빼앗아버리는 결여된 심려이지만, 후자는 타자가 그의 염려에 대해 자유롭게 될 수 있도록 도와주는 것이다. 하이데거, 『존재와 시간』, 170-171쪽 참조; Heidegger, SuZ, 122.

갖는다는 것이다. 현존재는 대개 비본래적으로 살아가면서 공공의 해석되어 있음을 크게 자각하는 것 없이 받아들인다. 하이데거는 『존재와 시간』을 통해 이러한 비본래성에서 본래성으로의 이행 계기를 불안과 죽음, 양심의 침묵하는 소리로 제시하고 있다.

본래적 언어는 어떠한 것인가? 본래적 언어는 자기 자신의 존재를 떠맡는 '책임지는 말'이자 존재 자체의 생기함에 귀 기울이는 '자제하고 단념하는 말함'이다. 그런 까닭에 본래적 언어는 현존재와 존재의 이웃 관계 그리고 존재론적 상호 공속성을 회복한다. 존재론적 가까움의 회복은 현존재가 인간다움으로, 즉 존재 진리의 파수꾼으로서 실존하도록 해주는데 이러한 관계성 속에서 현존재는 자신의 책임을 떠맡을 수 있게 된다. 실존적 갈등 상황에 직면했을 때 자신의 책임을 떠맡는다는 점에서 본래적 언어는 자유의 언어다.

그뿐만 아니라 앞서 언급했듯 본래적 언어는 주체로서 규정하는 말함이 아닌 뒤로 물러서는 말함으로서 다른 존재자의 고유한 존재를 인정하는 말함이다. 자신의 입장을 내세우지 않는 들음의 태도는 타자로 하여금 그의 존재 책임을 떠맡을 수 있도록 해주고 사물 존재와 현존재 사이의 1차적인 존재연관을 드러내준다. 그런 까닭에 본래적 언어는 다름을 배제하지 않고 고유함을 인정하는 화합의 언어다. 이러한 화합은 자기 자신의 존재와 자신 이외의 존재의 본래적 생기함으로 되돌아간다는 점에서 이중적인 역할을 수행한다.

따라서 필자는 현존재가 우선 대개 공공성에 스스로를 맡긴 채 살아가지만 존재론적 근본기분인 불안의 엄습함과 함께 도래하는 본래적 언어를 통해 자기 존재에 대한 책임을 떠맡음으로써 현존재의 본래적인 자유를 성찰할 수 있다고 생각한다. 다시 말해 현존재는 본래성을 향한 존재론적 구조에 근거하여 '그들' 속에서도 자신의 고유함에 머무르며 더불어 실존할 수 있고 이에 근거하여 이데올로기에 의해 왜곡되지 않은 자유로운 소통의 가능성을 마련할 수 있다.

물론 이러한 주장은 실제로는 우리에게 현실적인 해결책을 제공해주지 않는다는 비판에 직면할 수 있다. 왜냐하면 존재는 고요한 울림으로서 침묵의 소리이기 때문이다. 그에 따라 존재의 소리에 귀 기울임으로써 본래성으로 돌아가기 위한 구체적인 해결 방안을 제시할 수 없다는 한계를 지니게 된다. 그러나 필자가 보기에 하이데거가 구체적인 해결 방안을 제시하지 않은 것이야말로 하이데거 철학의 진정한 의의를 드러내주는 것이다.

구체적인 방안을 제시하는 순간 그것은 하나의 사유로의 집결을 요구한다. 그에 따라 현존재는 특정한 경향성에 매몰된다. 이는 현존재의 행위의 방식을 규정짓는 행위로서 현존재의 자유를 빼앗는 것이다. 특히 하나의 방식만을 긍정하는 것은 하이데거가 기술과학 시대에 대한 비판에서 가장 피하고자 했던 태도다. 그는 과학적이고 실용적인 관점에서만 존재자의 존재를 다루지 말 것을 요구하고 있기 때문이다.

그런 까닭에 구체적인 방안을 제시하는 것은 필연적으로 한계를 가지고 있다. 그것은 마치 법이 분쟁이 일어났을 때 구체적인 방안을 가지고 사람들 간의 협의를 도와주지만, 그 속에 있는 갈등의 해소에는 관여하지 않는 것과 같다. 오히려 법원에 의존하는 상황은 갈등의 가장 심화된 형태다.

물론 구체적인 방안을 제시해주는 것은 중요하며 분명히 실용적이다. 그러나 다음과 같은 물음에 주목해볼 필요가 있다. 철학의 정체성은 무엇인가? 이와 관련하여 하이데거의 존재 사유가 지니는 의의를 고찰해볼 수 있을 것이다.

구체적인 지시 또한 필요하며 그러한 역할을 수행해준 학문 덕분에 문명은 발전할 수 있었다. 그러나 그러한 발전은 우리 스스로도 모르게 우리의 사고방식을 지배하고 있다. 우리는 어느덧 자연을 자원 저장소로, 인간을 노동력으로 계산하는 바라봄에 익숙해졌으며 어떻게 하면 싼값에 그러한 자원을 조달할 수 있을지에 대해서만 고민하고 있다. 특히 땅을 바라보는 우리의 시선은 그러한 계산함을 잘 보여준다.

유용함과 편리함 속에서 특정한 경향으로 편중되는 것은 극으로 치닫고 있다. 이는 자신과 다름을 극단적으로 배척하는 오늘날 혐오사회의 갈등 상황과도 유사하다. 이러한 상황에서 철학은 어떠한 역할을 수행할 수 있을 것인가? 하이데거는 본래성으로 돌아갈 것을, 즉 침묵의 소리에 귀 기울여야 한다고 요구한다. 침묵의 소리는 어떠한 구체적인 방안도 아니며 현존재에게 어떠한 행위를 하라고 지시하지 않는다. 그러나 그러한 침묵의 소리는 아무것도 말하지 않음으로써 오히려 사유의 방향을 전환시키는 여백의 사유다. 그러한 여백에서 우리는 다름을 사유할 수 있고 자유로운 소통을 위한 계기를 마련할 수 있다.

참고문헌

마르틴 하이데거(이기상 옮김), 『존재와 시간』, 서울: 까치글방, 1998.

______(이기상 · 김재철 옮김), 『현사실성의 해석학』, 서울: 서광사, 2002.

______(신상희 옮김), 『이정표 1』, 파주: 한길사, 2005.

______(이선일 옮김), 『이정표 2』, 파주: 한길사, 2005.

______(권순홍 옮김), 『사유란 무엇인가』, 서울: 길, 2005.

______(이기상 · 신상희 · 박찬국 옮김), 『강연과 논문』, 서울: 이학사, 2008.

______(김재철 옮김), 『아리스토텔레스에 대한 현상학적 해석』, 서울: 누멘, 2010.

______(신상희 옮김), 『언어로의 도상에서』, 파주: 나남, 2012.

______(김재철 · 송현아 옮김), 『언어의 본질에 대한 물음으로서의 논리학』, 서울: 파라아카데미, 2021.

설민, 「하이데거에서 본래성과 퇴락의 양립가능성에 대한 연구」, 『현대유럽철학연구』 19, 한국하이데거학회, 2009, 155-196쪽.

Heidegger, M., *Sein und Zeit*, Tübingen: Max Niemeyer Verlag, 1967.

______, *Gesamtausgabe Bd. 9.: Wegmarken*, Frankfurt(M): Vitto Klostermann, 1976.

______, "Der Ursprung des Kunstwerkes," *Gesamtausgabe Bd. 5.: Holzwege*, Frankfurt(M): Vittorio Klostermann, 1977.

______, *Gesamtausgabe Bd. 63.: Ontologie. Hermeneutik der Faktizität*, Frankfurt(M): Vittorio Klostermann, 1988,

______, *Gesamtausgabe Bd. 7.: Vorträge und Aufsätze*, Frankfurt(M): Vitto Klostermann, 2000.

______, *Gesamtausgabe Bd. 38A*, Frankfurt(M): Vittorio Klostermann, 2020.

11

명명과 소통: 벤야민의 언어철학 및 '경험' 개념을 중심으로

최태상(경북대학교 철학과 박사과정)

1. 들어가는 말

1985년 개봉한 클로드 란즈만(Claude Lanzmann) 감독의 〈쇼아(Shoah)〉는 나치 치하에서 벌어진 유대인 학살을 다룬 다큐멘터리다. 이 작품은 나치 정권에 의해 유대인 학살이 이루어졌던 트레블링카(Treblinka), 바르샤바(Warschau), 첼모(Chelmno), 그리고 아우슈비츠(Auschwitz) 수용소를 배경으로 삼아 학살에서 생존한 사람들의 인터뷰를 중심으로 전개된다. 그런데 〈쇼아〉에 등장하는 일부 생존자들이 공통적으로 증언하고 있는 것은 나치 군인들이 유대인을 인간과 관련된 이름으로 부르는 것을 금지했다는 사실이다. 심지어 나치는 그들이 학살한 유대인의 시체를 '시체'라고 부르는 것마저 금지했다. 예를 들어, 나치 군인들은 유대인 희생자들의 시체를 '인형' 등을 의미하는 호칭으로 부르도록 강제했다. 죽은 유대인의 시체를 인간과 관련된 이름으로 부른 사람들에게는 심한 구타가 이어졌다.

수용소 생존자들이 증언하고 있는 나치 군인들의 만행(蠻行)은 이름에 대한 어떤 사고방식을 전제하고 있는 것으로 보인다. 즉, 유대인에게서 이름을 빼앗고 그 이름 대신에 경멸적이고 혐오스러운 호칭을 붙이는 나치 독일군의 비인간적인 행동은 이름이 명명(命名)된 대상의 본질을 반영한다는 사고방식을 전제하고 있는 것처럼 보인다. 이러한 사고방식을 바탕으로 나치는 유대인에게 혐오스러운 호칭을 붙임으로써 그들을 비(非)인간으로 상정하고자 했다. 〈쇼아〉에서 란즈만 감독이 수용소 생존자들의 증언을 빌려서 지적했던 것처럼, 그렇게 함으로써 나치 군인들은 그들 자신과 똑같은 인간인 유대인을 학살하고 있다는 죄책감에서 벗어나고자 했다.

그런데 나치 군인들의 잘못된 행위가 전제하고 있는 사고방식, 즉 대상의 이름이 그 대상의 본질을 반영한다는 사고방식은 시대를 불문하고 전 세계의 문화권에서 발견된다. 플라톤(Plato)은 대화록 『크라튈로스(Kratylos)』에서 대상의 이름이 관습적 · 문화적 배경 아래에서 지어지는 것이 아니라 대상의 본질에 따라 지어진다는 고대 그리스의 언어관을 소개하고 있다. 그리고 유대 신비주의적인 세계관에서도 최초의 인간인 아담(Adam)은 창조물들의 이름을 자의적으로 짓지 않고 하나님이 그 대상을 창조한 모양에 따라 짓는다. 즉, 이름이 명명된 대상에 내재되어 있는 하나님의 말씀을 반영한다는 것이다. 동양 문화권에서 흔히 발견되는 작명에 쓰이지 않는 불용한자나 이름 뜻풀이 등의 사례를 생각해보자. 이처럼 이름이 대상의 본질을 반영한다는 언어관은 동서양을 가리지 않고 전 세계의 문화권에서 발견된다.

하지만 잘못된 명명의 사례 역시 오늘날 쉽게 발견할 수 있다. 그 사례들로는 하나의 정치 진영에 속한 사람이 상대 정치 진영의 사람에게 붙이는 경멸적인 호칭이나, 특정 인종 혹은 성별에 붙이는 혐오스러운 호칭 등이 있다. 이렇듯 정치적 · 사회적 · 인종적인 이유로 올바르지 않은 이름을 대상에게 부여하는 것은 비단 과거의 문제만이 아니다. 즉, 오늘날에도 대상을 멸시하고 비인간화하는 명명 행위가 횡행하고 있다. 그리고 오늘날 우리가 직면하고 있는 성별, 인종, 정치 등의 다양한 영역의 문제를 해결하는 데 있어서 타자에게 혐오스러운 명명을 사용하는 것은 사태를 지나치게 단순화시키고 그 본질을 파악하지 못하게 만드는 여러 요소 중 하나다.

이러한 문제의식에서 이 글은 테오도어 아도르노(Theodor Adorno)와 같은 1세대 비판이론가 중 한 명인 발터 벤야민(Walter Benjamin)의 초기 언어철학적 논의를 바탕으로 '경험(Erfahrung)' 개념이 등장하는 벤야민의 『경험과 빈곤(Erfahrung und Armut)』을 재해석함으로써 잘못된 명명이 가져오는 해악이 어떤 것이 있는지를 밝히는 것을 목적으로 한다. 이 글의 중심 주장은 다음과 같다. 잘못된 명명은 기껏해야 명명된 대상을 추상화시키고 그 대상이 가지고 있는 정신적 내용을 변질시키는 것에 불과할 뿐, 있는 그대로의 대상을 반영하지 못한다. 더 나아가, 잘못된 명명은 이름 지어진 대상과 주체 사이의 소통 가능성 자체를 부정하는 결과마저 초래할 수 있다.

명명에 대한 여러 이론 중에서도 벤야민의 초기 언어철학을 선택한 이유는 우선 벤야민 자신이 나치 치하에서 탄압당하던 유대인이었기 때문이다. 그뿐만 아니라 벤야민은 그 자신의 뿌리라고 할 수 있는 유대교의 신비주의적 세계관을 바탕으로 언어 이론을 전개하고 있다.

비록 벤야민의 초기 언어철학 저서들이 나치 집권 초기인 1918년에서 1933년 사이에 출판되기는 했지만, 그의 저서에 등장하는 많은 테제(These)와 개념은 독일 사회민주당(Sozialdemokratische Partei Deutschlands)과 나치즘 및 파시즘을 비판하는 후기 정치 · 역사 철학 저서에도 잔존해 있다. 그리고 그 개념 중 하나가 바로 벤야민의 언어 이론과 예술 이론, 더 나아가 정치 이론의 중심에 있는 '미메시스(Mimesis)'다. 이 지점에서 내가 벤야민의 이론을 선택한 마지막 이유가 드러난다.

벤야민의 언어 이론의 중심에 있는 '미메시스' 개념은 벤야민 자신뿐만 아니라 1세대 비판이론가들의 이론을 관통하는 핵심 개념이다. 여기서 '미메시스'는 원래 예술에 대한 논의에서 사용되는 개념으로서, 예술을 창작하는 주체가 특정 대상을 모방하여 작품을 만들어내는 것을 의미한다. 하지만 비판이론가들은 '미메시스' 개념을 주체와 타자 사이의 동화(同化)적인 관계를 의미하는 것으로 재정의함으로써 그 개념을 예술 분야뿐만 아니라 사회, 정치, 역사 등을 포괄하는 인류학적인 개념으로 확장시킨다. 이러한 맥락에서 '미메시스' 개념을 중심으로 벤야민의 언어 이론을 재해석함으로써 이름이 대상의 본질을 있는 그대로 반영한다는 벤야민의 신비주의적이고 종교적인 언어관을 1900년대 초반뿐만 아니라 오늘날의 사회 및 정치적 상황에 대한 비판과 연결할 수 있을 것이다.

2. 벤야민의 유대 신비주의적 언어관

1) 명명과 인간의 말

벤야민은 『언어일반과 인간의 언어에 대하여(Über Sprache überhaupt und über die Sprache des Menschen)』, 『유사성론(Lehre vom Ähnlichen)』, 그리고 『미메시스 능력에 대하여(Über das mimetische Vermögen)』에서 언어에 대한 이론을 개진한다. 다만 벤야민이 사용하는 '언어(Sprache)'라는 용어는 자국어나 외국어 같은 문자, 혹은 구술 언어만 의미하지는 않는다. 벤야민의 주장에 따르면, "정신적 내용을 전달하는 것이면 모두 언어"[1]이기 때문이다. 이러한 벤야민의 주장은 곧잘 의사소통 매체로서의 문자 및 구술 언어뿐만 아니라 예술, 종교 등의 다양한 범주를 포괄하는 넓은 의미에서의 매체(Medium) 이론을 시사(示唆)하는 것으로 여겨져왔다. 하지만 이 글에서는 그 취지에 맞게 문자 및 구술 언어에만 국한하여 논의를 전개하고자 한다.

그러나 이 글에서의 논의를 구술 및 문자 언어에 국한한다고 해도 여전히 남아 있는 문제는 벤야민이 언어가 전달하는 것으로 간주하는 '정신적 내용'이라는 것이 정확히 무엇인지 분명하지 않다는 것이다. 벤야민은 『언어일반과 인간의 언어에 대하여』에서 언어, 그중에서도 대상의 이름을 짓는 행위인 '명명'을 인식과 연결한다. 즉, 벤야민은 어떤 대상에게 올바른 이름을 부여하는 것을 대상을 올바르게 인식한 것으로 간주한다. 비록 그 인식이 정확히 어떻게 이루어지는지에 대한

---

1 발터 벤야민(최성만 옮김), 『언어 일반과 인간의 언어에 대하여, 번역자의 과제 외』(서울: 길, 2016), 71쪽.

서술은 존재하지 않지만, 여기서 우리는 언어가 전달하는 '정신적 내용'이라는 것이 대상을 어떤 방식으로든 반영하고 있다고 유추할 수 있을 것이다. 다만 여기서 반드시 짚고 넘어가야 할 것은 벤야민이 사용하고 있는 '명명'이라는 표현이 대상에게 이름을 부여하는 일반적인 행위 모두를 지칭하는 것이 아니라는 점이다.

벤야민의 언어철학적 논의에서 '명명'은 구약성경의 창세기(Genesis)에 등장하는 아담이라는 한 개별자의 행위, 혹은 아담의 행위처럼 대상의 본질을 제대로 반영하는 올바른 명명 행위를 지칭한다. 창세기에서 아담은 하나님이 창조한 자연물들의 이름을 짓는 데 그 자신만의 자의적인 기준에 따라 이름을 짓는다. 즉, 대상의 이름은 하나님이 창조한 대상의 꼴[像]을 모방하여, 말하자면 하나님이라는 절대적이고 객관적인 기준을 따라 지어진다. 이렇듯 구약성경의 창세기를 근거로 제시하면서, 벤야민은 창조된 대상 안에 들어있는 하나님의 말씀을 제외한다면 '명명'이 가장 높은 위상을 가진 언어라고 주장한다. 대상의 이름을 아담과 같이 명명하는 것은 대상의 겉보기만이 아니라 대상 안에 내재되어 있는 하나님의 말씀을 인식하는 것이다. 그렇기에 아담의 명명 행위는 곧 대상을 올바르게 인식하는 행위와 다름없다.

벤야민은 아담의 명명 언어가 가지고 있는 특성을 '직접성(Unmittelbarkeit)'이라고 부른다. '직접성'이라는 새로운 용어를 사용하고 있기는 하지만, 이 용어를 통해 벤야민이 지적하고자 하는 점은 다분히 상식적이다. 벤야민의 주장에 따르면, 언어가 직접성을 가지고 있다는 것은 다름 아니라 어떤 언어를 통해 가장 직접적으로 전달될 수 있는 것이 언어 자신이라는 것을 의미할 뿐이다. 매체로서의 모든 언어는 어떤 내용을 전달하기도 하지만, 그보다 앞서서 언어 자신을 먼저 전달한다.[2] 아담이 하나님에 의해 창조된 대상의 이름을 지을 때 사용한 명명 언어가 여타 다른 모든 언어보다 높은 위상을 가지는 것은 그 언어와 내용이 전혀 구별되지 않기 때문이다. 즉, 아담의 명명 행위에서는 이름 자체와 그 이름이 전달하는 정신적 내용이 동시에, 구분되지 않고 전달된다.

언어의 직접성을 근거로 벤야민은 태초의 인간이 선악과(善惡果)를 먹음으로써 얻게 된 원죄(Südenfall) 역시 인간의 언어가 명명 언어로부터 멀어지게 된 것으로 해석한다.[3] 이렇듯 매체로서의 모든 언어는 대상의 본질을 얼마나 직접적으로 전달할 수 있는지 그 정도에서의 차이만 있을 뿐 모두 직접성을 가지고 있기 때문에 태초의 명명 언어와 그 이후 인간의 언어는 일종의 근친적인(verwandt) 관계에 있다. 이러한 맥락에서, 벤야민은 모든 언어가 직접성을 가지고 있다는 것을 근거로 삼아 모든 언어 사이에 상호 번역 가능성(Übersetzbarkeit)이 존재한다고 주장한다.

여기서 사용되는 '번역(Übersetzung)'이라는 용어는 일반적으로 특정 언어를 다른 언어로 옮겨놓는 행위를 의미한다. 예를 들어 서로 다른 언어를 사용하는 화자들끼리 말이 통하게끔 독일어를 영어로 옮기

---

2 대표적인 매체 이론가 중 한 명인 마셜 매클루언(Marshall McLuhan) 역시 벤야민과 마찬가지로 매체가 그 매체를 통해 전달되는 내용보다 그 자신을 먼저 전달한다는 점을 강조한다. 매클루언은 매체를 인간의 감각이 확장된 것으로 정의함으로써 매체가 인간, 더 나아가 사회에 끼치는 영향을 연구하고자 했다. 이러한 매체사적인 맥락을 고려했을 때, 벤야민을 매체 이론가, 더 나아가 매체의 내용보다는 매체의 형식과 그것이 인간에게 끼치는 영향 및 효과를 중점적으로 연구하는 형식주의 매체 이론의 선구자로 평가하는 것은 무리가 없어 보인다.

3 "원죄는 인간의 말이 태어나는 순간으로서, 이 말 속에서 이름은 더 이상 훼손되지 않은 채 살아 있지 못한다."(발터 벤야민, 『언어 일반과 인간의 언어에 대하여, 번역자의 과제 외』, 89쪽)

거나, 한국어를 영어로 옮겨놓는 것처럼 말이다. 『번역자의 과제 외(Die Aufgabe des Übersetzers)』에서 벤야민은 역시 이러한 의미에서 '번역'이라는 용어를 사용한다. 그러나 『언어일반과 인간의 언어에 대하여』에서 벤야민은 '번역'이라는 용어의 의미를 낮은 수준의 직접성을 가진 언어를 더 높은 수준의 직접성을 가진 언어로, 궁극적으로는 대상의 정신적 내용을 다른 그 어떤 언어보다 직접적으로 전달할 수 있는 '이름(der Name)'으로 옮기는 행위로 확장한다. 그리고 이러한 번역 행위의 객관성은 다름 아니라 하나님이라는 절대적이고 초월적인 기준에 의해 보장되어 있다.

> "이러한 번역의 객관성은 신 안에 보증되어 있다. 왜냐하면 신은 사물들을 창조했고, 그 사물들 속의 창조적 말씀은 신이 각각의 사물을 창조한 뒤에 마지막에 그것들에 이름을 부여했듯이 인식하는 이름의 싹이기 때문이다."[4]

하지만 유대교 세계관을 공유하지 않는 다른 문화권의 사람들이 이러한 벤야민의 유대 신비주의적인 언어관을 받아들이는 것은 쉬운 일이 아니다. 다만 이 부분에 대해서는 첫 번째로 벤야민이 자신의 언어철학에서 제시하고 있는 대상에게 주어진 이름이 사물의 본질을 반영한다는 신비주의적인 언어관이 유대교적 세계관에서뿐만 아니라 동서양을 막론하고 과거부터 지금까지의 여러 문화권과 시대에서도 발견된다는 사실을 지적하고 싶다. 글의 시작 부분에서 사례로 제시한

---

4 발터 벤야민, 『언어 일반과 인간의 언어에 대하여, 번역자의 과제 외』, 87쪽.

나치 군인들의 만행이나 작명에 쓰이지 않는 불용한자, 혹은 피휘(避諱) 등을 생각해보자.[5] 또한 플라톤은 대화록 『크라튈로스』에서 이름에 대한 고대 그리스의 언어관을 소개하고 있기도 하다.

> "소크라테스님, 여기 있는 크라튈로스의 주장에 따르면 존재하는 사물에는 저마다 올바른 이름이 있는데, 그것은 본성적인 것이지 관습적인 것이 아니래요. 말하자면 그것은 그 사물에 적용하기로 인간들이 합의한 목소리의 일부가 아니라, 사물에는 본성적으로 올바른 이름이 있는데, 이 점은 헬라스인들에게나 이민족에게나 마찬가지래요."[6]

이러한 맥락에서 언어가 대상의 본질을 반영한다는 사고방식은 유대 신비주의적인 세계관에서나 통용되는 주술적이고 미신적인 사고방식만이 아니다. 이름이 대상의 본질을 반영한다는 언어관은 오늘날에도 은연중에 통용되고 있다. 〈쇼아〉에서 볼 수 있는 유대인 수용소의 사례나 오늘날의 혐오 표현처럼 대상을 다르게 명명함으로써 그 대상의 본질을 바꾸고, 심지어는 그 본질을 배제할 수도 있다는 사고방식 역시 이름이 대상의 본질을 반영한다는 사고방식을 전제해야 가능하다. 비록 유대교적인 용어를 사용하고 있기는 하지만, 벤야민의 언어철학은 이러한 점을 지적하고 있다. 더 나아가 벤야민은 현실 속에

---

5 여기서 '피휘'는 과거 군주나 왕의 이름에 사용되는 한자를 그 외의 다른 사람의 이름을 작명할 때 사용하지 않는 관습을 의미한다. 예를 들어 관세음(觀世音)보살의 또 다른 이름인 관음(觀音)보살은 당나라 태종 이세민(李世民)과 같은 한자를 사용하지 않기 위해 피휘된 이름이다. 엄격하게 지켜지지는 않지만, 피휘는 오늘날에도 경칭의 일종으로 남아 있다.

6 플라톤(천병희 옮김), 『이온, 크라튈로스』(파주: 도서출판 숲, 2014), 44쪽.

서 명명 언어가 변질되고 오용될 가능성 역시 지적하고 있다.

2) 계몽과 추상화

내가 두 번째로 지적하고자 하는 것은 벤야민이 속해 있는 비판이론의 용어만 사용하여 유대 신비주의적인 요소를 완전히 배제하고도 그의 언어철학을 설명할 수 있다는 점이다. 벤야민은 언어의 타락, 즉 원죄의 사례로서 추상화(Abstraktion)를 제시한다.[7] 그런데 '추상화'는 인류의 자기보존, 더 나아가 인류의 진보를 목적으로 하는 계몽이 종국에는 체제를 위한 인간 희생을 불러왔다고 비판하는 『계몽의 변증법(Dialektik der Aufklärung)』과 『도구적 이성 비판(Zur Kritik der instrumentellen Vernunft)』에도 등장한다. 비판이론가들의 주장에 따르면, 근대 이전의 인간은 신비로운 마력(魔力)을 가지고 있어 이해할 수 없는 대상으로 여겨졌던 자연을 닮고자 하고 그것에 동화됨으로써 자기보존을 추구했다. 이러한 주체와 대상 사이의 동화작용을 비판이론가들은 '미메시스'라고 부른다.

'미메시스'는 원래 예술 분야에서 사용되는 용어로, 예술가가 작품을 통해 실제 세계에 존재하는 대상을 재현하는 행위를 의미하며 일반적으로 '모방'이라고 번역된다. 하지만 비판이론가들은 '미메시스' 개념을 자연과 인간 사이의 동화 상태라는 인류학적인 관점으로 확장

---

7 "추상화의 기원도 언어정신의 능력으로서 원죄상황에서 찾을 수 있으리라는 점이다. (…) 추상의 전달 속에 있는 이 직접성은, 인간이 원죄를 저지름으로써 구체적인 것의 전달 속의 직접성을 떠나고 이름을 떠나서 모든 전달의 간접성이라는 (…) 심연으로 추락했을 때 판정하면서 등장한다."(발터 벤야민, 『언어 일반과 인간의 언어에 대하여, 번역자의 과제 외』, 91쪽)

하며, 이 개념을 중심으로 고대부터 이어져온 계몽의 역사를 검토하고자 한다. 진보의 과정을 거듭해나감으로써 근대인은 더 이상 자연에 굴복하지 않고 그것을 개념화시킴으로써 주체에 동화시키고, 자기보존을 위해 이용하고자 한다. 즉, 원래 자연 중심의 미메시스를 추구하던 인간이 주체 중심의 미메시스를 추구하게 된 것이다. 『미메시스(Mimesis)』의 저자인 군터 게바우어(Gunter Gebauer)와 크리스토프 불프(Christoph Wulf)는 비판이론가들의 주장을 인용하면서 미메시스의 변천사를 다음과 같이 요약하고 있다.

> "그렇게 해서 인간과 자연 사이의 미메시스적 관계가 점차 변한다. 죽은 것에의 동화를 통해 생겨난 것이 우선 막강한 자연 앞에서 죽은 체하기의 조건반사였다면, 인간은 이제 점차 원하는 상태를 선취하여, 자연이 그것을 '따라줄' 것을 기대하게 되었다."[8]

문제는 미메시스가 기껏해야 주체와 객체 사이의 '유사성'을 인식하고 재현하는 능력에 불과하다는 사실에 있다. 즉, 인간이 자연과의 미메시스적 관계를 통해 지각하고 재현할 수 있는 것은 기껏해야 주체와 객체 사이에 존재하는 유사성뿐이지, 동일성이 아니다. 고대의 인간과 자연 사이의 미메시스적 관계의 대표적인 사례인 토테미즘(totemism)을 생각해보자. 고대인은 특정 동물을 신앙의 대상으로 삼고, 신화나 전설 등을 통해 사회구성원들과 그 동물 사이에 모종의 친족관계가 있다고 상정했다. 그러나 인간이 토테미즘을 통해 동물을 숭배하

8 군터 게바우어, 크리스토프 불프(최성만 옮김), 『미메시스』(파주: 글항아리, 2015), 58쪽.

고 모방할 수는 있어도 그 동물 자체가 될 수는 없다.

이러한 사정은 근대에 와서도 마찬가지다. 아무리 인간이 자신의 이성적 능력을 개발하더라도 자연을 인간으로 만들 수는 없으며, 기껏해야 인간의 기준이나 법칙에 자연물들을 동화시킬 수 있을 뿐이다. 그러나 근대의 인간 주체는 객체를 개념화함으로써 자연 대상을 주체와 동일하게 만들고 인류의 자기보존과 진보를 위한 재료로 사용하고자 한다. 개념화와 보편화를 통해 얻어지는 객체상이 그저 주체의 이익이라는 하나의 절대적인 기준 아래에서 파편화된 객체에 대한 상이라는 사실을 알지 못한 채 말이다.

더 나아가, 인간의 자기보존을 위한다는 명목으로 자행되는 근대 주체의 동일성의 폭력은 자연뿐만 아니라 인간 자신 역시 그 대상으로 삼는다. 근대의 문명사회와 자본주의 체제 속에서 인간의 "전체적인 삶을, 그것을 유지해야 한다는 요구에 종속시킴으로써 명령을 내리는 소수는 그들 자신의 안전과 함께 전체의 존속 또한 보장"[9]한다. 즉, 근대의 계몽은 인류의 자기보존과 진보라는 원래의 목적을 상실하고, 오로지 체제와 그 체제 지배자들의 존속만 견고히 할 뿐이라는 것이다. 이렇듯 계몽의 기만 아래에서 인간의 자기보존을 위한 기획은 종국에는 체제 유지를 명목으로 인간 희생을 초래한다.

벤야민이 사용하는 '추상화'를 1세대 비판이론가들의 사상을 바탕으로 해석할 수 있는 것은 벤야민 자신 역시 1세대 비판이론가 중 한 명이라는 단순한 이유에서만은 아니다. 이 해석에 타당성을 더해주는 또 다른 근거는 벤야민이 중기 언어철학 저서인 『유사성론』 및 『미

---

9 테오도어 아도르노, 막스 호르크하이머(김유동 옮김), 『계몽의 변증법』(서울: 문학과지성사, 2016), 63쪽.

메시스 능력에 대하여』에서 언어 능력을 대상과의 감각적 · 비감각적 유사성을 지각하고 재현하는 미메시스 능력으로 정의하고 있다는 사실이다. 즉, 고대 이래로 인류의 자기보존과 진보를 위해 사용되던 미메시스 능력이 오늘날에 와서 넓은 의미에서의 언어 능력이 되었다는 것이다. 다만 벤야민은 언어 능력을 정의하는 데 있어서 '비감각적 유사성(unsinnliche Ähnlichkeit)'이라는 표현을 사용한다.

그럼에도 내가 미메시스로서의 언어 능력을 비감각적 유사성만이 아니라 감각적 유사성 역시 지각하고 재현하는 능력이라고 설명한 이유는 여기서 '감각'이라는 말이 계몽에 의해 추상화된 부정적인 현실의 감각적 요소들을 지칭하기 때문이다. 즉, 벤야민이 미메시스 능력을 통해 재현되는 유사성을 비감각적인 것이라고 주장할 때, 그 의도는 어디까지나 계몽의 기획에 대한 전면적인 반대를 표명하는 데 있다는 것이다.[10] 정리하자면, 벤야민이 미메시스 능력을 정의할 때 '비감각적'이라는 말을 첨언했다고 해서 그가 감각적 요소를 완전히 배제했다고 보기는 어렵다. 벤야민이 말하는 언어의 정신적 요소는 어디까지나 대상의 본질을 반영하고 직접적으로 전달하는 언어의 성질, 즉 언어의 직접성을 의미할 뿐이다.

여기서 중요한 것은 언어 능력 역시 미메시스 능력인 한에서는 대상과 주체 사이의 동일성을 지각하고 재현하는 능력이 아니라는 점이다. 벤야민의 언어철학에서 가장 높은 위상을 차지하는 명명, 즉 '아담

---

10 이러한 사정은 『계몽의 변증법』의 공동 저자인 1세대 비판이론가 아도르노에게 있어서도 마찬가지다. 아도르노는 '비감각적 유사성'이라는 표현과 유사하게 '비대상적 유사성(ungegenständliche Ähnlichkeit)'이라는 표현을 사용한다. 아도르노의 의도 역시 계몽의 기획 속에서 모든 대상이 개념화되고 보편화될 수밖에 없는 현실을 비판하기 위해 '비대상적 유사성'이라는 표현을 사용한 것이다.

의 언어(adamitische Sprache)' 역시 대상과 동일한 언어가 아니라 기껏해야 인간이 사용하는 여러 언어 중에서 가장 직접적이고 대상을 잘 반영하는 언어일 뿐이다. 벤야민의 주장에 따르면, 대상과 '동일'하다고 말할 수 있는 언어는 엄밀히 말해서 하나님이 세상을 창조할 때 자연물에 불어넣은 그분의 '말씀'뿐이다.

그렇다면 명명보다 낮은 직접성을 가진 개념화와 보편화 역시 기껏해야 주체와 대상 사이의 유사성을 재현하는 언어에 불과하다. 그럼에도 계몽은 개념화와 보편화를 통해 추상화된 객체상을 객체와 동일시하는 동일성의 폭력을 저지르고 있다. 이러한 맥락에서 추상화를 원죄의 대표적인 사례로 제시하는 벤야민의 언어철학은 계몽의 기획 아래에서 인간을 포함한 자연이 인간의 자기보존이라는 절대적인 기준 아래에서 추상화되고 종국에는 체제 유지를 위해 희생당하게 되는 현실을 유대 신비주의적 용어를 사용해 재서술한 데 지나지 않는다.

지금까지의 논의에서 잠정적으로 내릴 수 있는 결론은 ① 벤야민의 언어철학에서 볼 수 있는 것과 같이 이름이 대상의 본질을 반영한다는 사고방식이 비단 유대 신비주의적 세계관에서뿐만 아니라 시대와 문화를 불문하고 은연중에 통용되고 있다는 것, ② 나치 군인들의 만행처럼 특정 의도를 위해 대상에게 혐오스러운 이름을 부여하는 것은 이름이 대상의 본질을 반영한다는 사고방식을 전제해야 가능하다는 것이다. 그리고 마지막으로 ③ 잘못된 명명은 대상을 추상화시킴으로써 체제 유지를 위해 이용하고자 하는 계몽의 연장선상에 있다는 것이다. 이러한 결론에서 더 나아가, 나는 잘못된 명명이 대상을 추상화시킬 뿐만 아니라 그 대상을 소통 과정에서 배제해버리기도 한다고 주장하고자 한다. 이러한 주장의 근거는 벤야민이 중기 언어철학 저서들과 동일한 시기에 저술한 『경험과 빈곤』이라는 저서다.

3. '경험'과 언어

1) 경험의 빈곤

벤야민은 1933년 출판한 『경험과 빈곤』에서 1914년부터 1918년까지 계속되었던 제1차 세계대전 이후 사회에 만연하게 된 어떤 현상에 주목한다. 과거에 무수히 많은 전쟁이 있었음에도 벤야민이 제1차 세계대전에 주목하는 이유는 그 전쟁이 지금까지 인류의 진보를 목적으로 발전해온 기술들이 집약되어 사람이 사람을 죽이는 데 이용된 대표적인 사례이기 때문이다. 계몽이 기만적으로나마 표방하듯이 기술은 인류의 자기보존과 진보를 위한 것임에도 체제의 지배자들은 그 체제를 유지하기 위해 개념화와 보편화의 집약체인 기술을 인간 사이의 전쟁에 이용했다.

이러한 맥락에서 벤야민은 개념화와 보편화라는 계몽의 기획이 종국에는 체제 유지를 명목으로 인간을 희생시킨다는 사실을 가장 분명하게 보여주는 사례로서 제1차 세계대전을 제시하고 있다.[11] 1936

---

11 벤야민의 기계화된 전쟁에 대한 비판은 『기술복제시대의 예술작품(Das Kunstwerk im Zeitalter seiner technischen Reproduzierbarkeit)』의 마지막 장에서도 드러난다. 〈추기〉에서 벤야민은 기계화된 전쟁을 통해 파시즘이 체제와 노동관계 변혁에 대한 국민의 정당한 요구를 무시하고, 하나의 공동 목적 아래에서 국민을 지배하고 착취하고 있다고 주장한다. 벤야민은 이러한 파시즘의 대중 기만을 예술을 통한 노동자들의 사회 변혁 시도인 '예술의

년 집필한 『이야기꾼: 니콜라이 레스코프의 작품에 대한 고찰(Der Erzähler: Betrachtungen zum Werk Nikolai Leskows)』에서도 벤야민은 제1차 세계대전에 대해 동일한 입장을 견지하고 있다. 이 두 저서에서 벤야민은 전례 없는 대규모의 전쟁에서 살아 돌아온 군인들의 경험이 그 이전의 것들과는 완전히 다른 성질을 갖고 있었음을 지적한다. 그렇다면 과거의 경험과 전쟁 이후의 경험 사이에는 어떤 차이가 있을까?

세계대전에서 돌아온 청년들의 경험과 과거 경험 사이의 가장 근본적인 차이는 그것의 공유 가능성에 있다. 호메로스(Homer)의 서사시에서 볼 수 있는 것처럼, 세계대전 이전에는 전쟁처럼 비극적이고 끔찍한 경험들마저 본질적으로 공유 가능했다. 그러나 최초의 세계적인 규모의 기계화된 전쟁 이후에는 경험이 그 공유 가능성을 상실하게 되었다는 것이다. 벤야민이 '이야기(Erzählung)'를 "경험을 나눌 줄 아는 능력"[12]으로 정의한다는 점을 고려해서 제1차 세계대전 후의 청년들이 이야기할 수 있는 능력을 상실하게 되었다고 표현할 수도 있을 것이다. 이러한 이야기하는 능력의 상실이라는 사회적인 현상을 벤야민은 '경험의 빈곤(Armut)'이라고 부른다.

> "경험은 유통 가치가 떨어졌고, 그것은 1914~18년 사이 세계사적으로 끔찍한 경험들 중의 하나를 겪었던 세대에서 일어난 일이다. (…) 그 당시 사람들이 전쟁터에서 말없이 돌아오는 모습을 똑똑히 보지 않았던가? 전달 가능한 경험을 풍부하게 갖고 온 것

정치화(Politisierung der Kunst)'와 대비하여 '정치의 심미화(Ästhetisierung der Politik)'라고 부른다.

12 발터 벤야민(최성만 옮김), 『서사, 기억, 비평의 자리』(서울: 길, 2015), 417쪽.

이 아니라 그럴 경험이 거의 없는 상태로 돌아온 그들을? 10년 뒤 전쟁 소설들의 홍수 속에서 쏟아져 나온 것은 입에서 귀로 흘러가는 경험과는 전혀 다른 것이었다."[13]

2) 명명과 소통의 가능성

제1차 세계대전 이후 사회에 만연하게 된 경험의 빈곤이라는 현상에서 벤야민이 지적하는 점은 전쟁 이후의 사회에서는 경험의 공유 가능성이 사라져버렸다는 것이다. 그런데 벤야민이 공유 가능성을 경험의 본질로 상정할 수 있는 근거는 무엇인가? 이 지점에서 명명 언어에 대한 벤야민의 논의로 돌아가보자. 명명 언어를 포함한 모든 언어는 그 본질로서 '직접성'을 가지고 있는 매체였다. 여기서 '직접성'은 언어가 자신이 전달하는 내용 이전에 자기 자신을 먼저 전달한다는 것을 의미한다. 그렇다면 언어가 그 본질로서 직접성을 가지고 있다는 것은 곧 언어가 본질적으로 전달 가능한 매체라는 것을 의미한다. 만약에 타인에게 그 무엇도 전달할 수 없는 언어가 존재한다면, 그것은 언어가 아니다.

"언어는 그렇다면 사물들의 정신적 본질이다. 정신적 본질은 그에 따라 처음부터 전달 가능한 것으로 설정되며, 아니 오히려 전달 가능성(Mitteilbarkeit) 속으로 설정된다. (…) 언어들 사이의 차이는 말하자면 밀도에 따라, 즉 정도에서 구별될 뿐인 매체들의 차이

13 발터 벤야민, 『역사의 개념에 대하여, 폭력비판을 위하여, 초현실주의 외』, 172쪽.

이다."[14]

경험 역시 오로지 언어를 통해서만 사람들 사이에서 공유될 수 있다는 점을 고려하면, 벤야민이 주장하는 경험의 본질, 즉 그 공유 가능성이 언어의 전달 가능성을 전제한다는 점을 알 수 있을 것이다. 전달 가능성을 전제하지 않는 언어는 그것의 본질인 직접성을 상실한 것이기 때문에 언어가 아니다. 또한 언어를 통해서만 공유될 수 있는 경험이 타인과의 공유 가능성을 전제하지 않는다면 경험 자체가 될 수도 없다. 벤야민이 제시하고 있는 제1차 세계대전 등의 모종의 이유로 언어의 본질이라고 할 수 있는 직접성이 사라진다면, 필연적으로 경험의 공유 가능성 역시 사라질 것으로 추측할 수 있을 것이다.

이러한 맥락에서 경험의 공유 가능성이 상실되었다는 1900년대 초반의 시대적 상황에 대한 벤야민의 진단은 명명 언어에 대한 그의 초기 언어철학의 연장선상에 있다. 즉, 벤야민이 이야기의 가능성, 말하자면 경험의 공유 가능성을 주장할 수 있는 것은 다름 아니라 그가 언어의 본질로서 직접성을 전제했기 때문에 가능하다는 것이다. 벤야민 연구자 미리엄 한센(Miriam Hansen)은 '시선(gaze)'이라는 표현을 사용하면서 명명 언어의 전달 가능성과 경험의 공유 가능성을 연결하고 다음과 같이 서술하고 있다.

"명명이라는 개념은 특별한 종류의 주의를 기울이는 행위 혹은 수용성, 즉 타인에게 시선을 주거나 의도적으로 다른 사람의

14 발터 벤야민, 『언어 일반과 인간의 언어에 대하여, 번역자의 과제 외』, 79쪽.

시선에 반응하는 인간의 능력을 의미한다. 또한 명명은 (인간이 아닌) 자연과의 간주관적인 경험을 현실화하는 것을 의미하기도 한다."[15]

벤야민을 포함한 1세대 비판이론가들의 논의에서 기계화된 전쟁 같은 기술의 오용은 계몽이 진행됨에 따라 인간 사고의 중심에 서게 된 개념화와 보편화, 즉 추상화의 대표적인 사례다. 유대 신비주의적이라고 할 수 있는 '원죄'라는 용어를 사용하고 있기는 하지만, 언어 타락의 역사에 대한 벤야민의 주장은 이 부분을 지적하고 있다. 계몽의 기획이 '추상화'를 대상을 완전하게, 또한 직접적으로 반영하는 언어로 상정하게 될 경우, 언어가 전달하는 내용이 변질될 뿐만 아니라 언어의 직접성 자체가 사라지게 된다는 것이다. 그렇다면 추상화의 가장 극단적인 사례인 기계화된 전쟁 후에 경험의 공유 가능성이 사라지는 이유는 다름 아니라 언어의 직접성이 상실되었기 때문이다. 여기서 언어의 전달 가능성, 혹은 경험의 공유 가능성을 사람들 사이의 소통 가능성과 동일시해도 무방할 것이다.

마지막으로 지적해야 할 것은 언어의 근친성에 대한 벤야민의 주장, 즉 창조물 안에 내재되어 있는 하나님의 말씀과 명명 언어, 그리고 인간의 말 사이의 근친성에 대한 주장이다. 벤야민의 주장에 따르면, 명명 언어는 대상의 본질을 직접적으로 전달하는 언어다. 여타 다른 모든 언어 역시 직접성을 가지고 있다는 점에서 명명 언어와 근친적

---

15 M. Hansen, "Benjamin, Cinema and Experience: 'The Blue Flower in the Land of Technology'"(*New German Critique*, no. 40, Durham: Duke University Press, 1987), p. 188.

인 관계에 있으며, 그렇기에 번역되고 전달될 수 있다. 언어의 근친성에 대한 벤야민의 주장을 인간이 명명 언어를 잃어버리고 말았다는 비관적인 어조로 해석할 수도 있겠지만, 그럼에도 인간이 더욱 직접적인 언어를 향해 계속해서 나아갈 수 있다는 긍정적인 어조로 해석할 수도 있다.

즉, "모든 상위 언어는 하위 언어의 번역이고, 이 번역은 이 언어 운동의 통일인 신의 말씀이 마지막 명징함 속에서 전개될 때까지 지속된다"[16]는 것이다. 이러한 벤야민의 서술에서 유대 신비주의적인 용어를 뺀다면 다음과 같이 옮겨놓을 수 있을 것이다. "우리는 대상을 있는 그대로 전달하고 사태를 올바르게 인식할 때까지 이어지는 무한한 소통의 과정을 거쳐야만 한다"고. 그리고 이러한 주장의 전제는 다름 아니라 벤야민이 그 자신의 언어철학에서 언어의 본질로 상정하고 있는 전달 가능성, 즉 직접성이다.

이러한 맥락에서, 태초의 명명 언어가 가지고 있었던 완전한 직접성은 개념화와 보편화를 포함한 모든 하위 언어들이 추구해야 할 이상(理想)이다. 또한 언어의 직접성은 공동체 구성원들이 서로의 경험을 공유하고 소통할 수 있도록 만들어주는 필수조건이기도 하다. 그렇다면 비판이론가들이 종국에는 인간 희생을 초래한다고 비판하는 '추상화' 같은 잘못된 명명이 절대화할 경우 그 결과는 단순히 언어를 통해 전달되는 대상과 내용이 변질되는 데 그치지 않는다. 더 나아가, 잘못된 명명은 언어의 전달 가능성 자체를 상실시키며, 종국에는 사람들 사이의 건전한 소통 자체를 불가능하게 만든다. 혐오 표현 같은 잘

---

16 발터 벤야민, 『언어 일반과 인간의 언어에 대하여, 번역자의 과제 외』, 95쪽.

못된 명명 사례를 오늘날에도 쉽게 발견할 수 있다는 사실을 고려한다면, 벤야민이 진단했던 1900년대 초반과 마찬가지로 현대인 역시 '이야기할 수 있는 능력'을 상실해가고 있다고 진단 내릴 수 있을 것이다.

4. 맺음말

나는 벤야민의 초기 언어철학 논의를 근거로 그가 제1차 세계대전 이후의 사회 현상을 진단한 『경험과 빈곤』을 재해석하고 나름의 결론을 내리고자 했다. 벤야민이 주장하고자 한 것은 태초의 명명 언어가 대상의 본질을 있는 그대로 전달할 수 있는 가장 직접적인 언어라는 것이었다. 그리고 명명 언어보다 낮은 위상을 가지고 있는 다른 언어 역시 불완전하게나마 직접성을 가지고 있다는 것이었다. 더 나아가, 명명 언어의 직접성에 근거한 언어 사이의 근친성은 번역, 더 나아가 소통의 전제가 된다는 점을 벤야민의 초기 언어철학에서 알 수 있었다.

하지만 계몽의 기획은 개념화와 보편화라는 불완전한 언어가 대상을 직접적으로 반영한다고 간주하며, 더 나아가 추상화된 세계상을 있는 그대로의 세계로 간주한다. 이렇듯 명명에서 떨어져나온 잘못된 언어관의 결과가 바로 제1차 세계대전 같은 기계화된 전쟁이다. 그리고 벤야민은 전례가 없었던 대규모의 전쟁 후에 인간이 전쟁 이전에는 가지고 있었던 경험과 소통의 가능성 자체를 잃어버리게 되었다고 진단한다. 이러한 논의를 근거로 나는 추상화와 같이 명명에서 떨어져나온 언어가 대상에 대한 올바른 인식을 가지지 못하게 할 뿐만 아니라,

사람들 사이의 소통 자체를 불가능하게 만든다고 결론 내렸다. 그리고 혐오 표현이 오늘날에도 만연하다는 점을 고려한다면, 21세기를 살아가는 현대인 역시 점점 타인과 소통할 능력을 상실해가고 있다고 진단했다.

만약에 벤야민의 주장을 극단적으로 밀고 나가 에덴동산(Garden of Eden)에서 사용되던 "인간의 낙원적 언어"[17]로 돌아가자고 주장한다면, 그것은 지나치게 낭만주의적이고 현실적이지 않은 주장일 것이다. 그리고 추상화와 같이 낮은 위상의 언어를 절대화하는 것만큼이나 위험한 주장일 것이다. 벤야민은 실제로 이런 것을 주장하고 있지 않다. 왜냐하면 벤야민이 사용하고 있는 '번역'이라는 용어는 비록 그 자신이 유대 신비주의적인 세계관을 기반으로 설명하고 있기는 하지만, 어떤 형이상학적인 행위를 의미하는 것이 아니기 때문이다. 벤야민의 언어철학에서 '번역'은 인간이 세상을 살아가면서 타인과 계속해서 이어나가는 소통과 합의 과정을 포괄한다.

이러한 맥락에서 벤야민의 언어철학을 기반으로 하는 이 글에서 순수한 직접성을 가지고 있는 명명 언어가 정확히 무엇인지 정의 내리고 그 사례를 제시하는 것은 무리가 있다고 생각한다. 따라서 이 글에서는 다음의 소극적인 결론으로 만족하고자 한다. 즉, 벤야민의 언어철학적 논의가 우리에게 대상을 올바르게 인식하지 못하게 만드는 잘못된 명명을 절대화하는 것을 피하고, 더 높은 직접성을 가지고 있는 언어로 향하는 끊임없는 소통과 합의 과정을 거쳐야 한다는 것을 시사해줄 수 있다는 것이다.

---

17 같은 책, 91쪽.

참고문헌

군터 게바우어, 크리스토프 불프(최성만 옮김), 『미메시스』. 파주: 글항아리, 2015.

막스 호르크하이머(박구용 옮김), 『도구적 이성 비판』, 서울: 문예출판사, 2006.

발터 벤야민(최성만 옮김), 『기술복제시대의 예술작품, 사진의 작은 역사 외』, 서울: 길, 2016.

______, 『서사, 기억, 비평의 자리』, 서울: 길, 2015.

______, 『언어 일반과 인간의 언어에 대하여, 번역자의 과제 외』, 서울: 길, 2016.

______, 『역사의 개념에 대하여, 폭력비판을 위하여, 초현실주의 외』, 서울: 길, 2015.

최성만, 『발터 벤야민: 기억의 정치학』, 서울: 길, 2014.

테오도어 아도르노, 막스 호르크하이머(김유동 옮김), 『계몽의 변증법』, 서울: 문학과 지성사, 2016.

플라톤(천병희 옮김), 『이온, 크라튈로스』, 파주: 도서출판 숲, 2014.

Hansen, M., "Benjamin, Cinema and Experience: 'The Blue Flower in the Land of Technology'" *New German Critique*, no. 40, Durham: Duke University Press, pp. 179-224.

찾아보기

ㅇ

ㅌ

ㅍ

ㅎ